十字軍国家

櫻井康人
Sakurai Yasuto

筑摩選書

十字軍国家　目次

III　ラテン・ギリシア

Ⅳ　騎士修道会国家

レーバル
リガ
トランシルヴァニア
ワラキア
黒海
カスピ海
コンスタンティノープル
タブリーズ
クレタ島
キプロス島
ハマダーン
エルサレム
カイロ

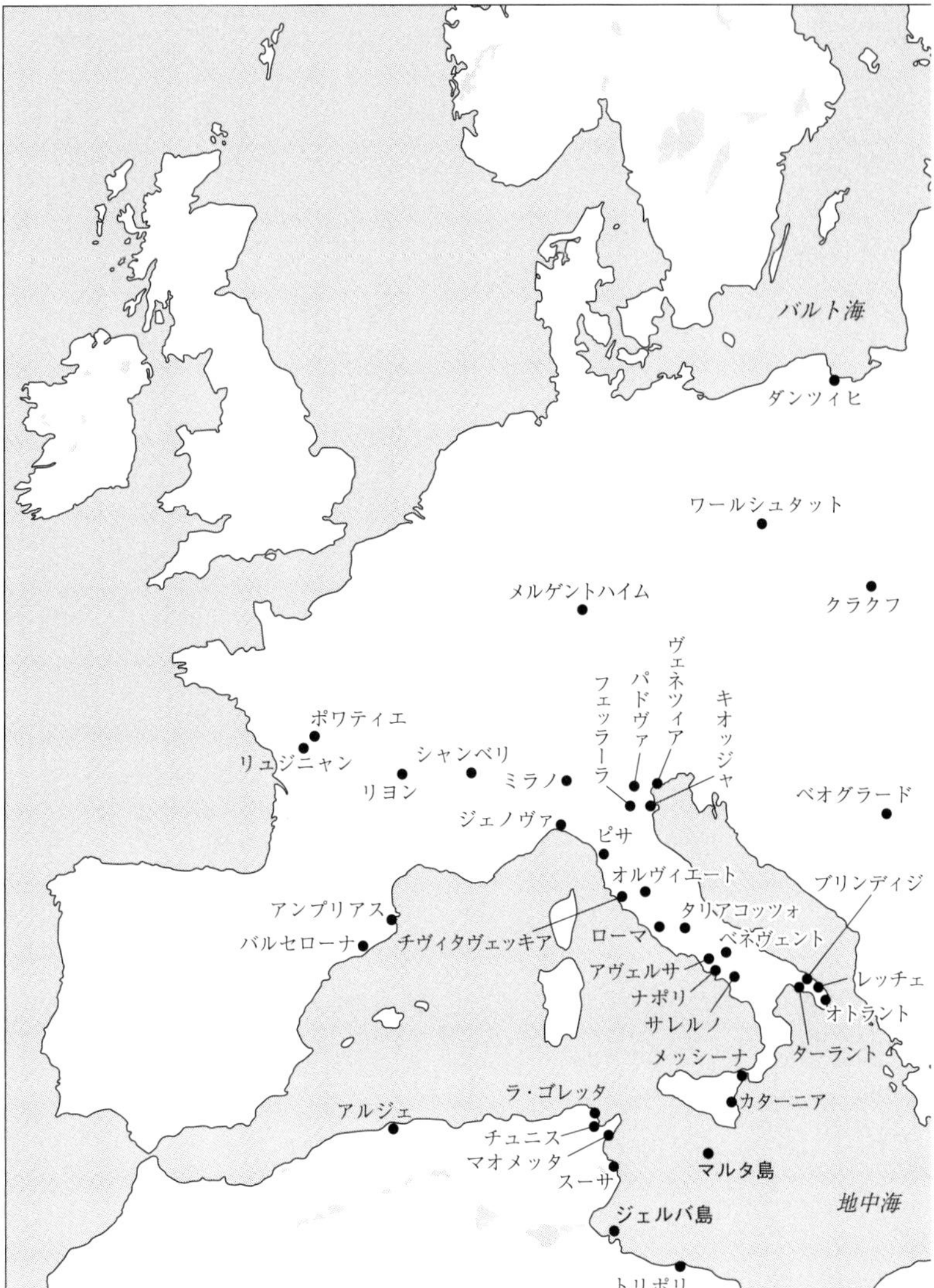

地図０－１　ヨーロッパ・地中海地域

黒 海
コンスタンティノープル
ダフヌシア
ヘラクレア
ニコメディア
ニカイア
トレビゾンド
カルス
アニ
シヴァス
バシュケント
チャルディラーン
マラズギルド
カルプト
ドゥゾヴグク
カエサレア
メリテネ
イコニウム
ティアナ
ヴァカ
コクソン
ベスニ
サモサタ
ベイシェヒル湖
ヘラクレア・キビストラ
マラシュ
ケソウン
エデッサ
マルディン
アダリア
カラマン
ランプロン
アインターブ
ハッラーン
アラヤ
セレウキア
コリクス
アレッポ
シンジャール
モースル
地 中 海
地図０−２　小アジア地域

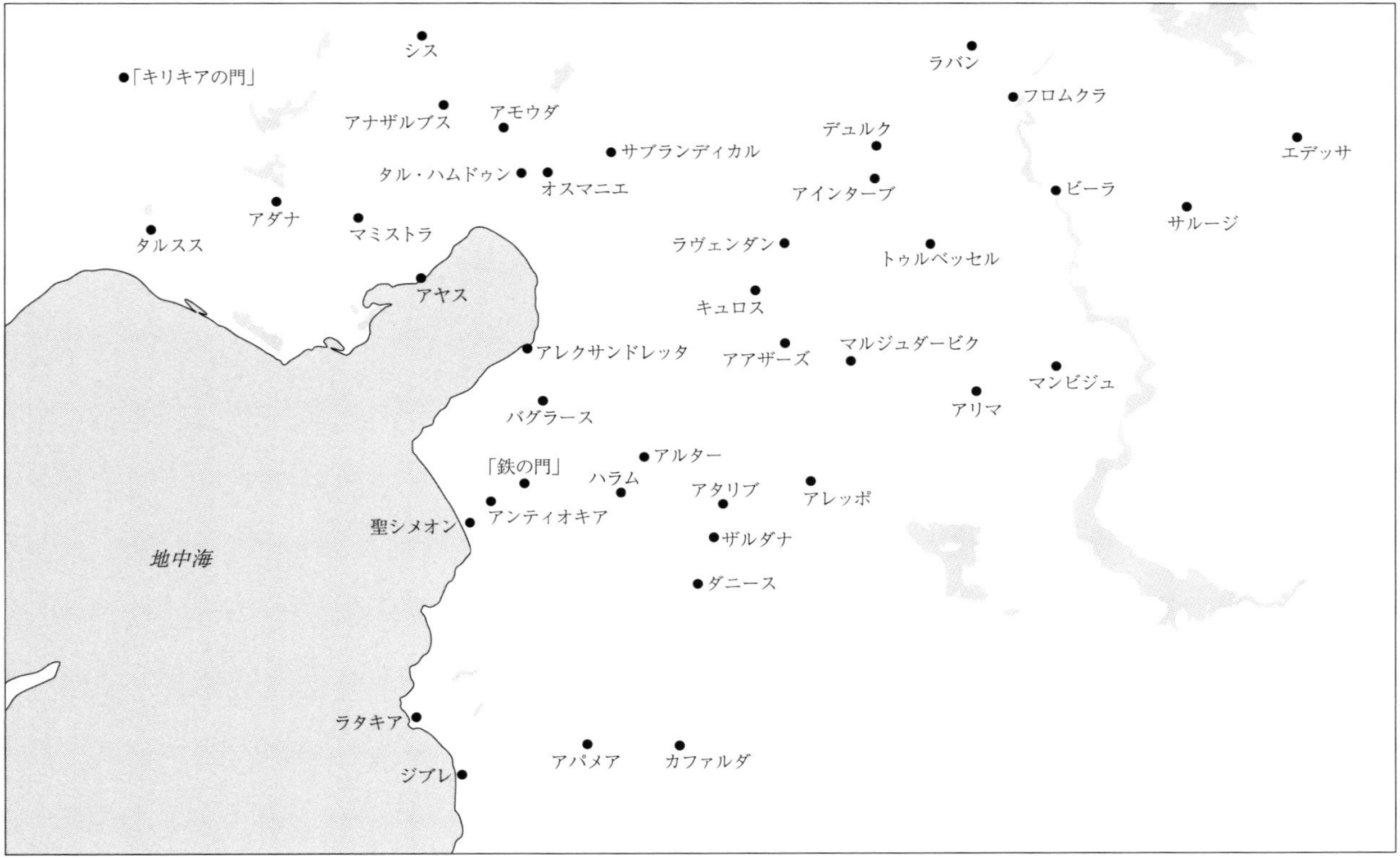
シス
「キリキアの門」
アナザルブス
アモウダ
タル・ハムドゥン
オスマニエ
サブランディカル
アダナ
タルスス
マミストラ
アヤス
ラバン
フロムクラ
デュルク
アインターブ
ビーラ
エデッサ
サルージ
ラヴェンダン
トゥルベッセル
キュロス
アレクサンドレッタ
アアザーズ
マルジュダービク
マンビジュ
アリマ
バグラース
「鉄の門」
ハラム
アルター
アタリブ
アレッポ
アンティオキア
聖シメオン
地中海
ザルダナ
ダニース
ラタキア
アパメア
カファルダ
ジブレ

地図０－３　シリア北部

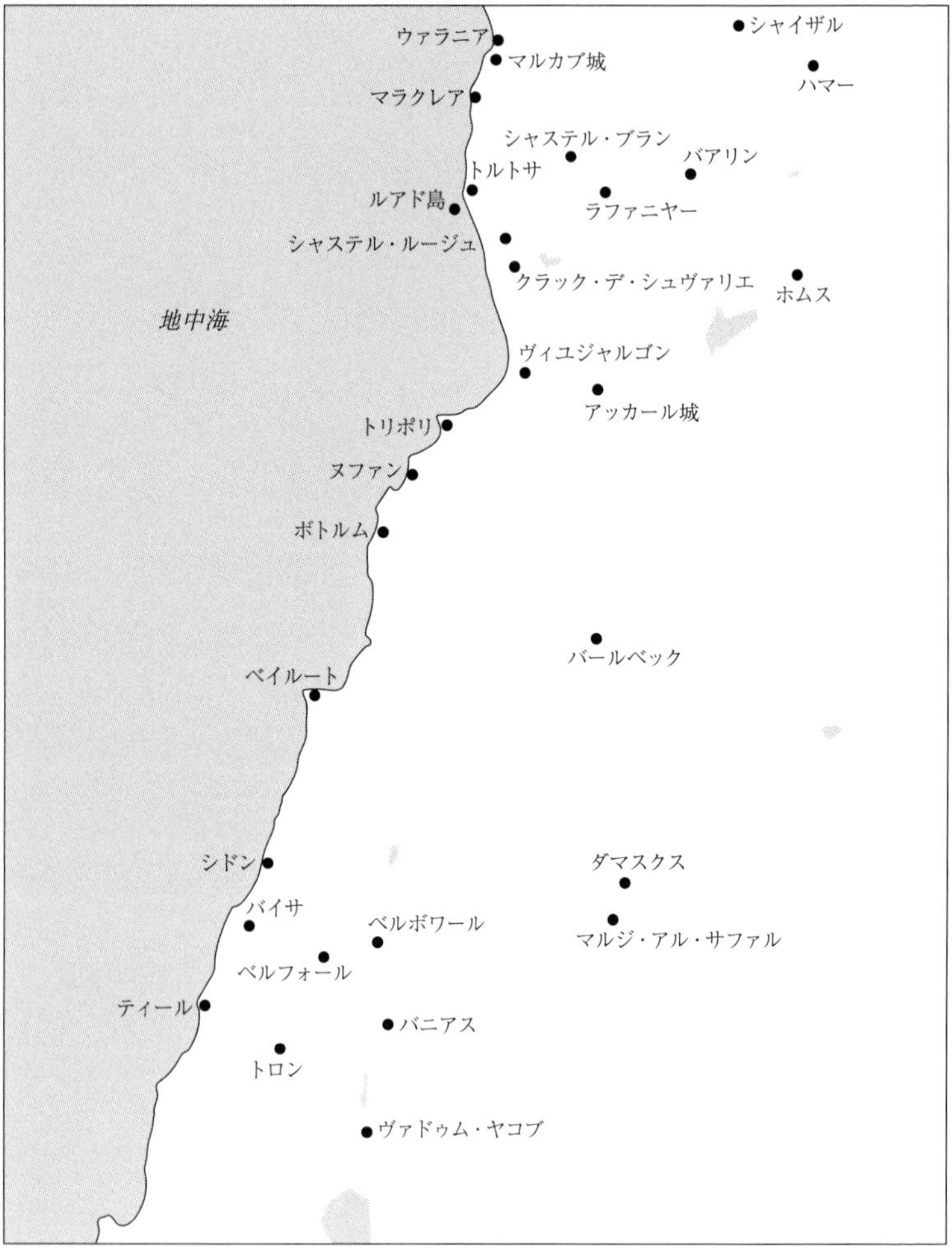

地図0-4　シリア南部周辺地域

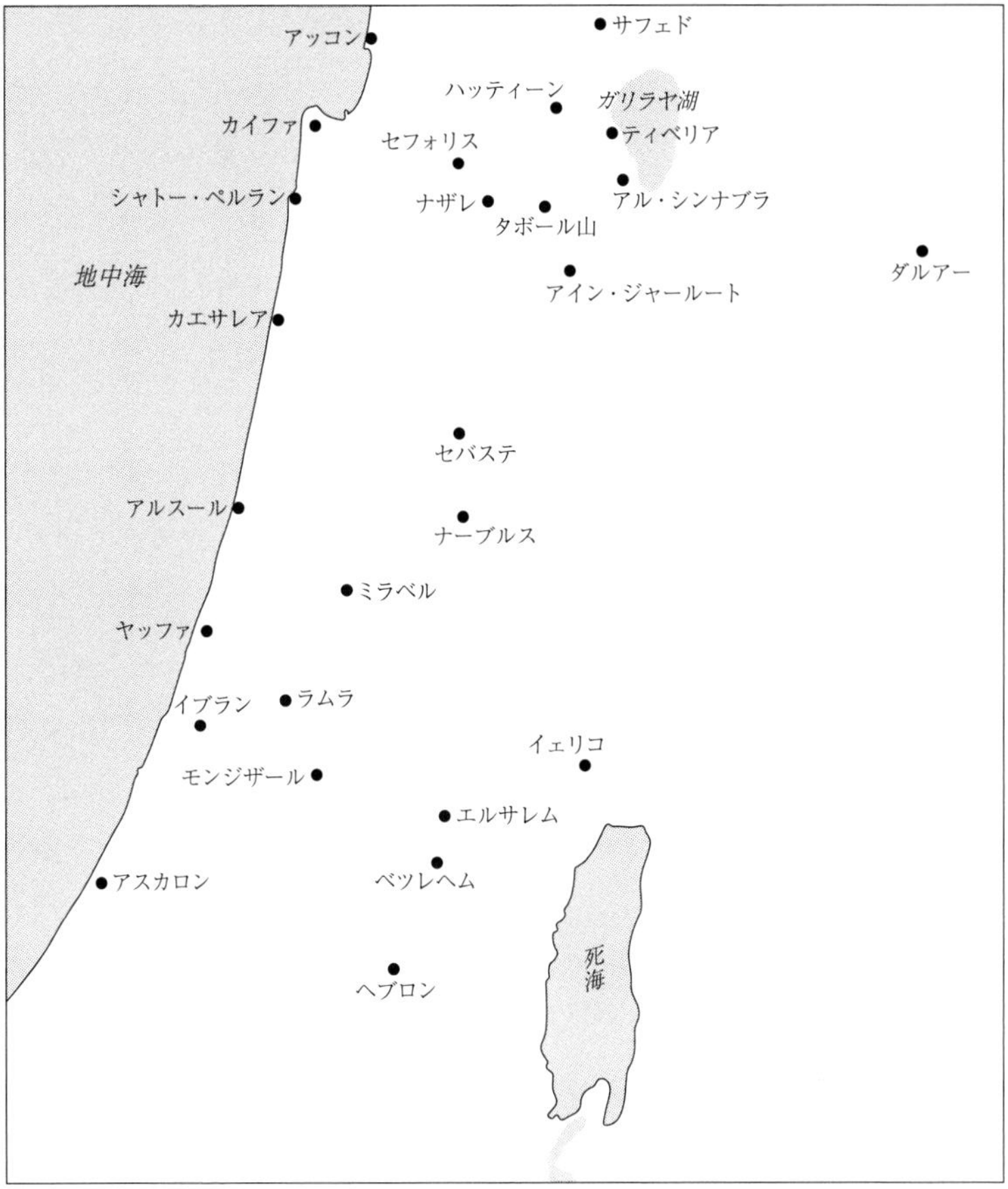

地図0-5　パレスチナ周辺地域

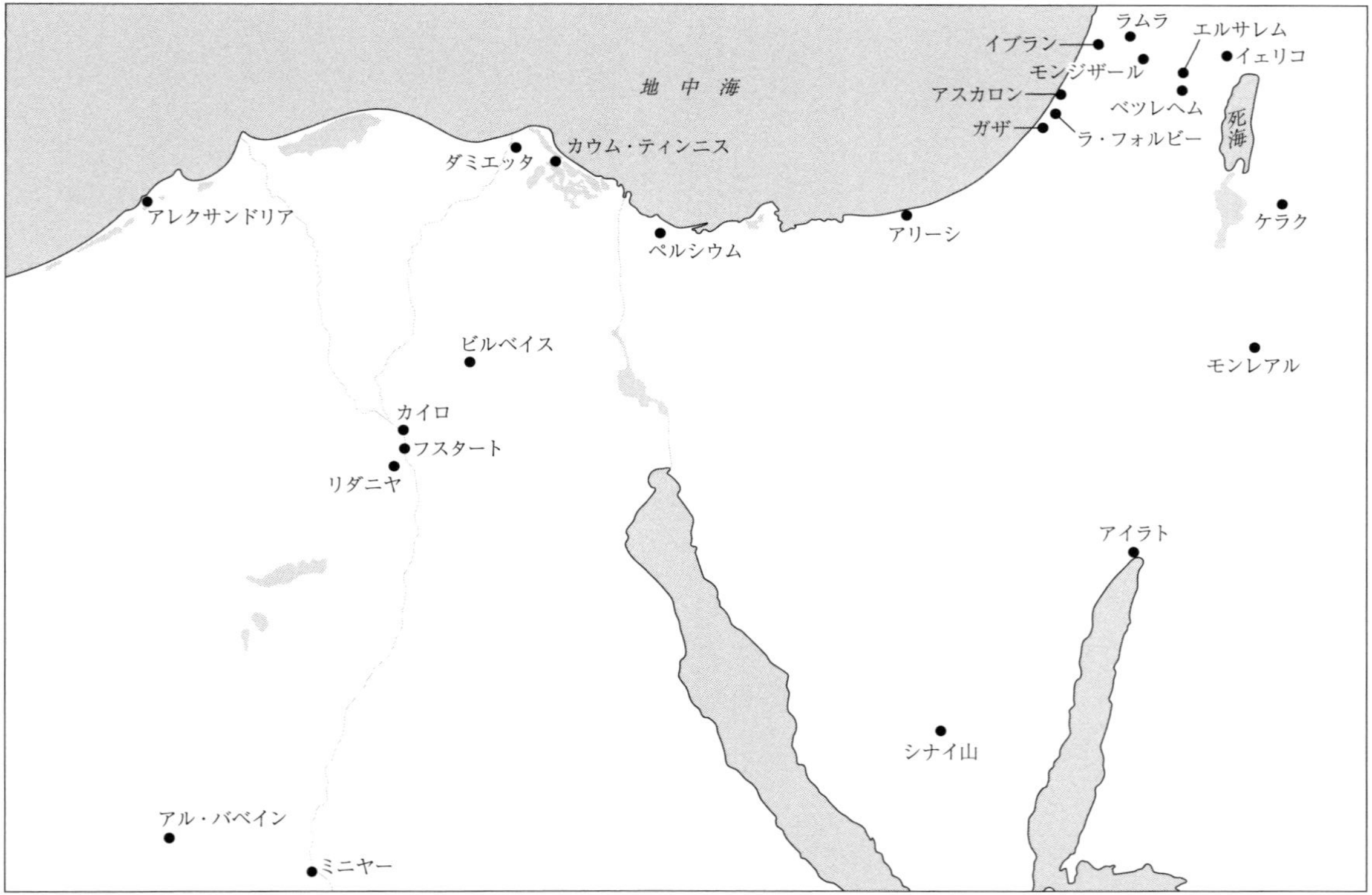

地図0−6　エジプト周辺地域

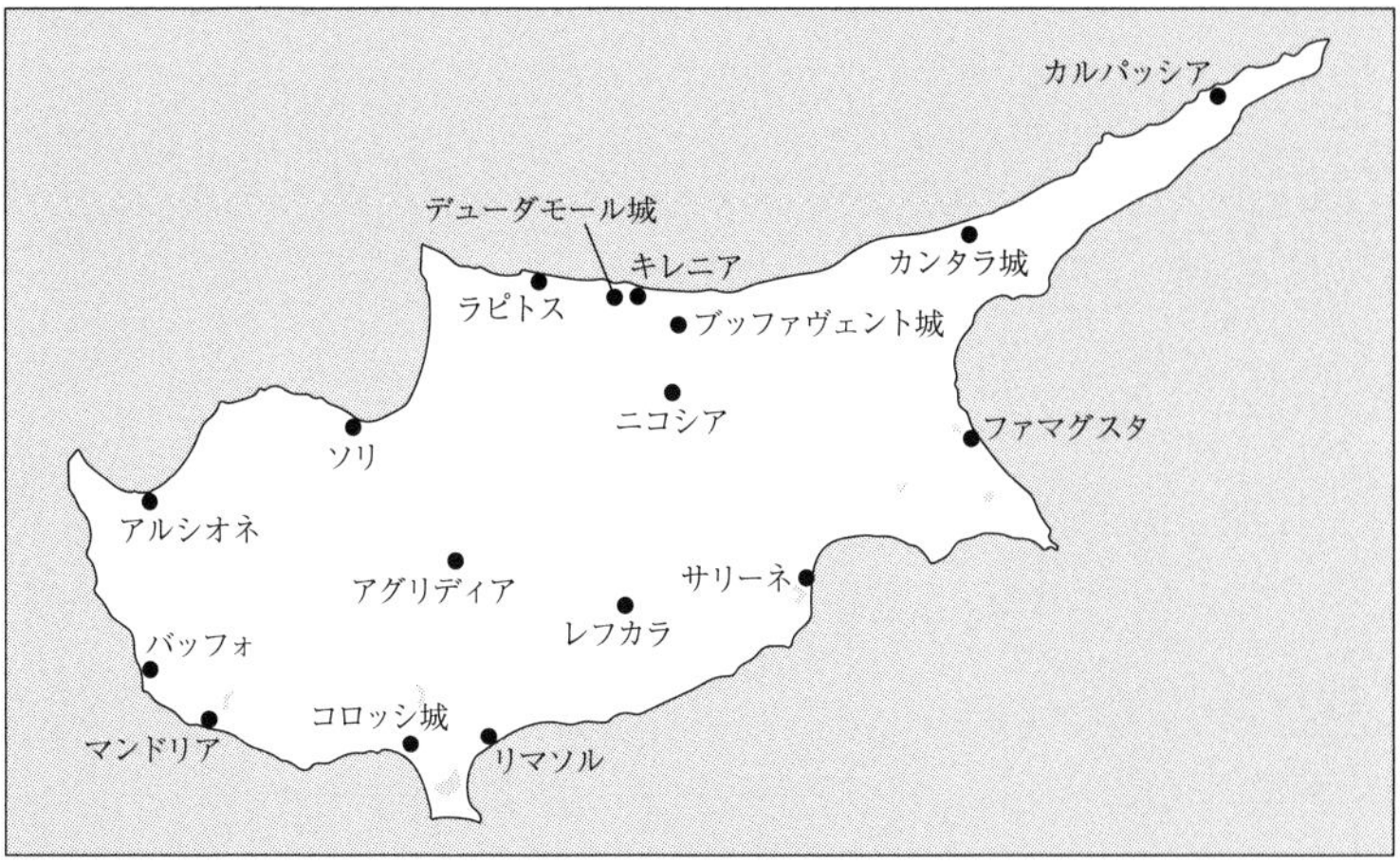

地図０−７　キプロス島

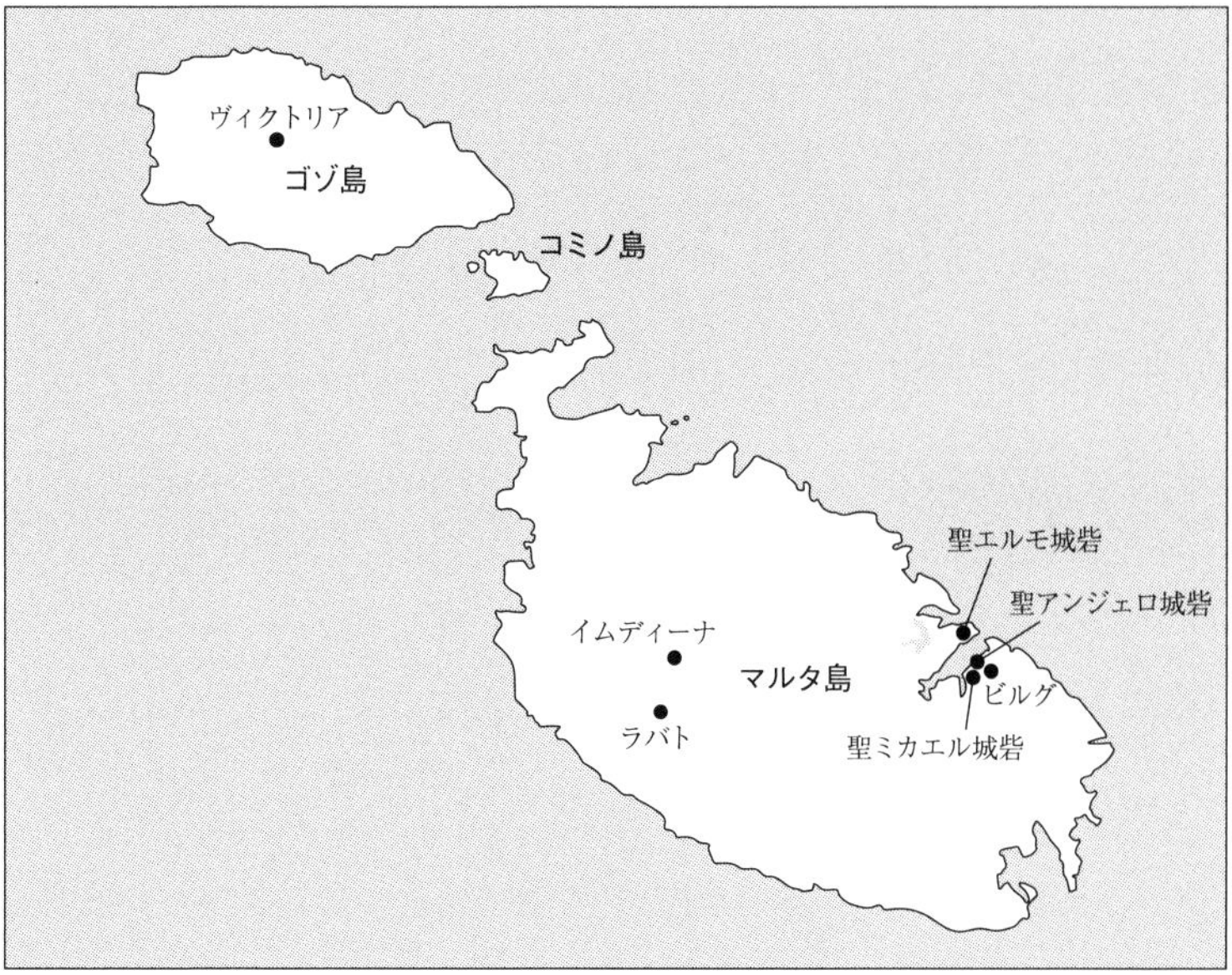

地図０−８　マルタ島

タルノヴォ
黒　海
ブルガリア
フィリッポポリス
クロコトニツァ
チェルメノン
アドリアノープル
ゲヌア
ヴィズヤ
ヴェリッサ
ディディモテイホ
トラキア
ツルルム
コンスタンティノープル
マルマラ海
タソス島
サモトラキ島
ガリポリ
キュジコス
ペガエ
ランサクス
ブルサ
アトス山
インブロス島
ポイマネノン
リムノス島
レンティアナ
ニンファイオン
アキラオス
アドラミティオン
エーゲ海
スキロス島
キオス島

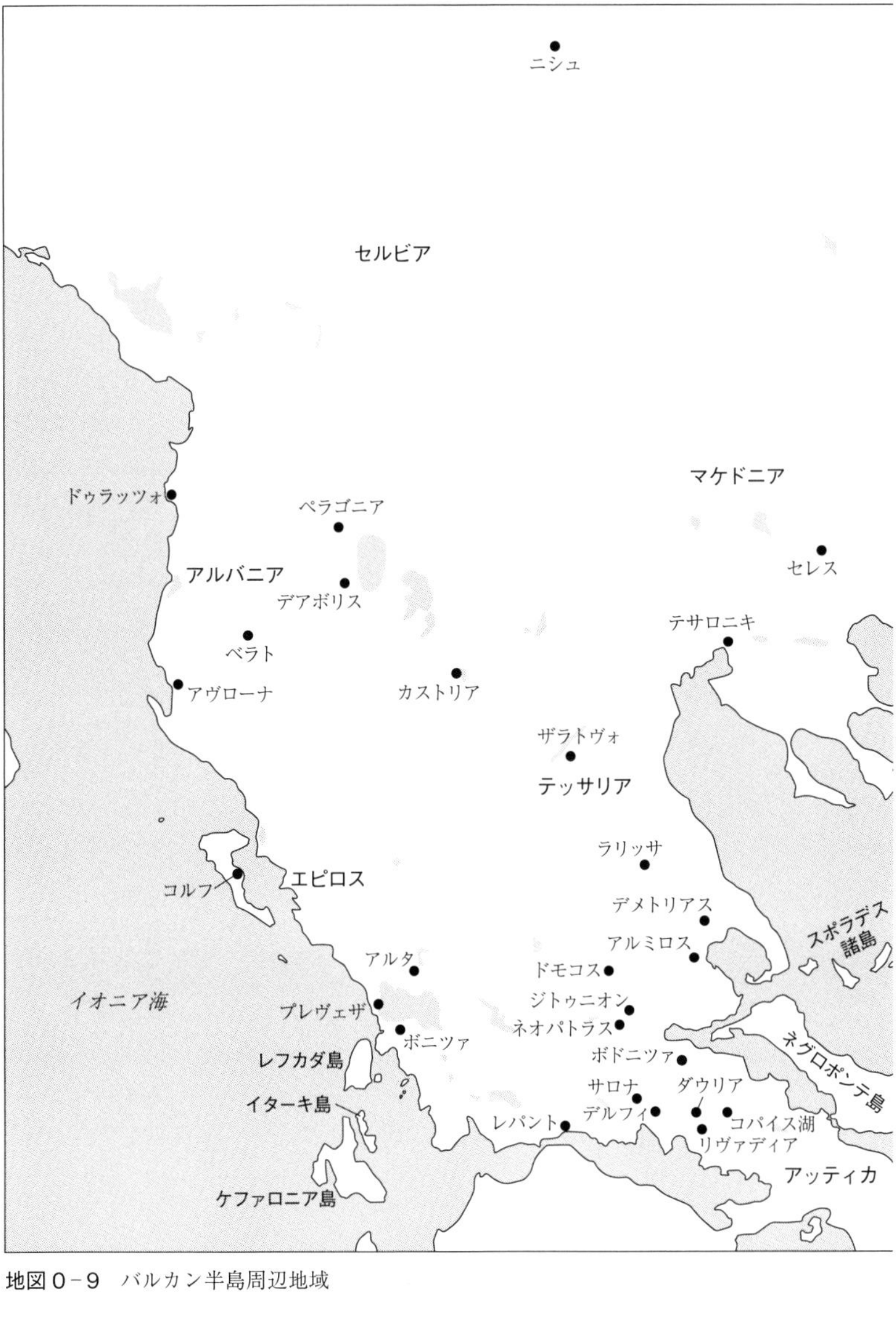

地図０－９　バルカン半島周辺地域

スミルナ
フィラデルフィア
アンドロス島
エーゲ海
サモス島
レロス島
ナクソス
ボドルム
エドミレト湾
コス島
シミ島
アスティパレア島
ロドス
ニシロス島
サントリニ島
アナフィ島
ロドス島
リンドス
カンディア

地図０－10　ペロポネソス半島、エーゲ海周辺地域

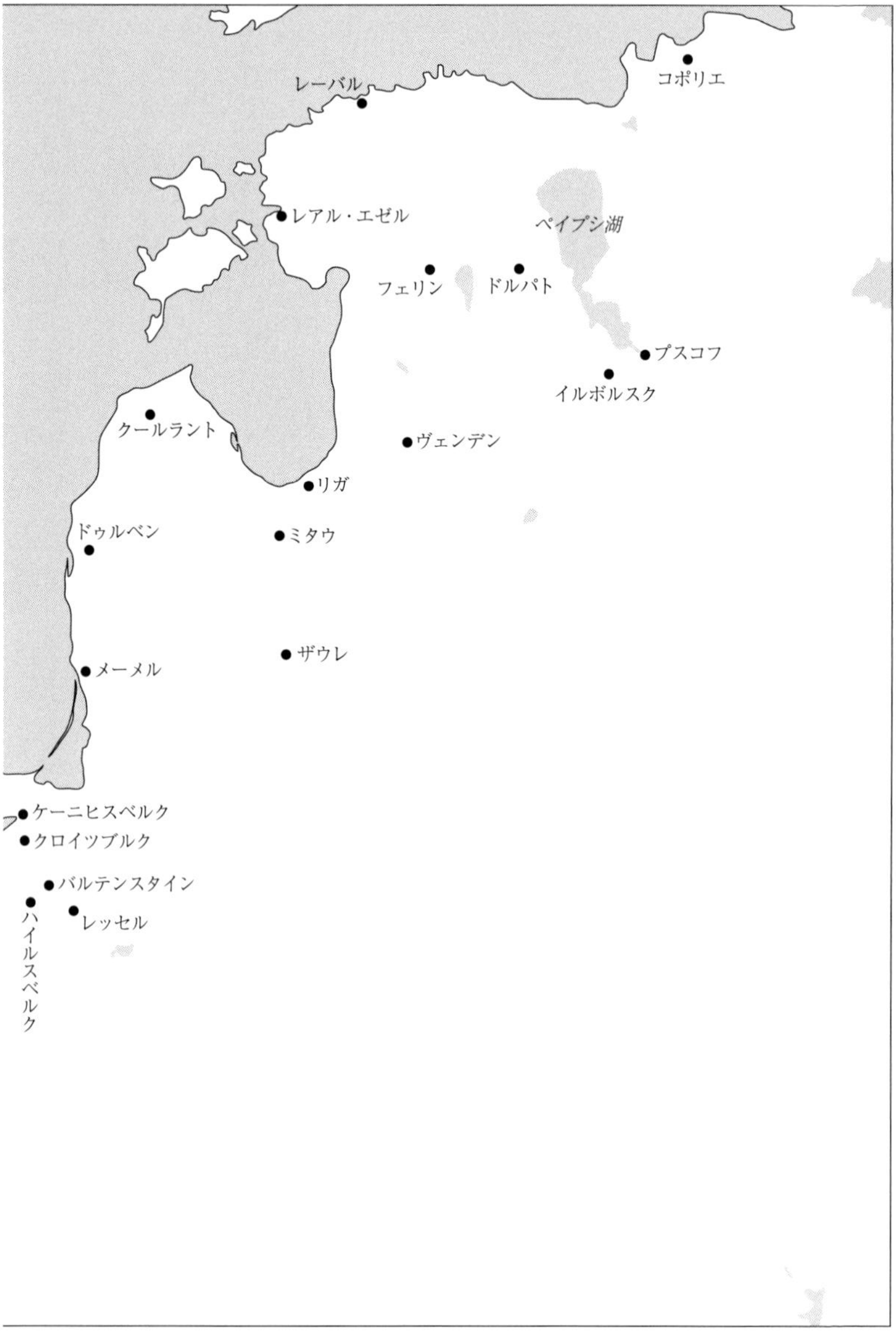
レーバル
コポリエ
レアル・エゼル
ペイプシ湖
フェリン
ドルパト
プスコフ
イルボルスク
クールラント
ヴェンデン
リガ
ドゥルベン
ミタウ
ザウレ
メーメル
ケーニヒスベルク
クロイツブルク
バルテンスタイン
ハイルスベルク
レッセル

地図０－11　バルト海沿岸地域

表0－1　おもだった第一回十字軍の参加者たち

非正規十字軍　フランス民衆十字軍

統率者名	出発日	コンスタンティノープル到着日	結末
サンザヴォワール領主ゴーティエ	1096年4月3日	1096年7月20日	小アジアで死去
隠者ピエール	1096年4月19日	1096年8月1日	軍勢は小アジアで壊滅したが、ピエールは正規十字軍に合流

非正規十字軍　ドイツ民衆十字軍

説教師フォルクマール	1096年4月	—	ドイツ地域でポグロム（ユダヤ人虐殺）を繰り返した後に、ハンガリー王国軍により壊滅された
騎士ゴットシャルク	1096年5月		
ライニンゲン伯エミコ	1096年6月3日		

正規十字軍　南フランス

ル・ピュイ司教アデマール	1096年10月	1097年4月21日	アンティオキアで病没
トゥールーズ伯レーモン4世・ド・サンジル			トリポリ攻略中に死去（その後、息子のベルトランが1109年にトリポリを占領し、トリポリ伯国を建国）

正規十字軍　北フランス

ヴェルマンドワ伯ユーグ（フランス国王フィリップ1世の弟）	1096年8月	1096年12月	離脱
ユスターシュ3世・ド・ブーローニュ	1096年8月	1096年12月23日	エルサレム到着後に帰郷
下ロレーヌ公ゴドフロワ・ド・ブイヨン			「聖墳墓の守護者」（エルサレム王国建国（1099年7月15日））
ボードゥアン・ド・ブーローニュ			エデッサ伯国建国（1098年3月ごろ）
フランドル伯ロベール2世			エルサレム到着後に帰郷
ノルマンディー公ロベール2世（イングランド国王ウィリアム1世征服王の長男）	1096年10月	1097年5月	エルサレム到着後に帰郷
ブロワ伯エティエンヌ			離脱

正規十字軍　南イタリア

ターラント侯ボエモンド	1096年10月	1097年5月	アンティオキア侯国建国（1098年6月）
タンクレーディ			ガリラヤ侯国建国（1099年7月、ただし翌年にタンクレーディがアンティオキア侯国の摂政となることで、ガリラヤ侯国はエルサレム王国に吸収）

十字軍国家

序　十字軍国家とは何か

「十字軍」の定義

十字軍国家とは何かを考えるうえでまず必要になるのは、「十字軍」とは何であったのかを明確にしておくことである。現在の十字軍史学界においては、「十字軍」は次のように定義されている。

十字軍の本質はキリスト教会の敵と戦うことによって得られる贖罪であり、その運動は時間的には一〇九五年のクレルモン教会会議でローマ教皇ウルバヌス二世による呼びかけに始まり、一七九八年のナポレオンによるマルタ島占領で終わる。そして、空間的には中近東や北アフリカのみならずヨーロッパ各地で展開された、と。

詳細は省くが、ここで押さえておきたいのは、十字軍運動は約七〇〇年間にわたってさまざまな地域で展開されたものであり、一三世紀までの聖地の維持・奪回のためのムスリムとの戦いに限定されない、ということである。

十字軍士と十字軍特権

上記のとおり十字軍の本質は贖罪であるが、十字軍運動に身を投じれば自動的に贖罪を得られるというわけでもない。あくまでも贖罪を認定するのは、教皇を頂点とするカトリック教会だったからである。参加希望者は事前に教会に申請し、それが認められて初めて「キリストの騎士(miles Christi)」たる十字軍士としての資格を得たのであった。

教会と十字軍士との間には、後者による軍事奉仕の見返りとして贖罪が与えられるという、封建主従関係を模した契約関係が成立した。教会から十字軍士に授与されるものを一般的には十字軍特権というが、それは贖罪に限定されたものでもなく、時代によって変化していった。

ウルバヌス二世による初めての十字軍の呼びかけから十字軍特権として認められていたのは、贖罪に加えて、遠征で不在となる間における十字軍士の財産や家族の身柄などの保護であった。そこに、第一回十字軍の過程で遠征中に死去した場合は殉教として認定されることが加わった。その後、一一四七年に始まる第二回十字軍を呼びかける過程で、来世における魂の救済と、十字軍士が借金をしている場合には、不在時における利子の支払いの免除が、さらに加わることとなった。

十字軍士として十字軍に参加する者たちは多額の遠征費を負担せねばならず、この点が大規模な十字軍の編成を困難なものにしていった。そこで一一六九年、教皇アレクサンデル三世が導入したのが、十字軍宣誓代償制である。十字軍宣誓代償制とは、自分自身が十字軍に参加する代わりに参加者の必要経費を一部負担することで、贖罪などの十字軍特権を享受することのできる制度である。当初は騎士階級に限定されたが、一一九八年に教皇インノケンティウス三世は対象を全キリスト教徒に拡大した。そして、それはやがて十字軍税に転化することになるが、このようにして十字軍士以外の全キリスト教徒は間接的に十字軍に参加することとなった。以上のような十字軍宣誓代償制および十字軍税の制度は、一二七四年に教皇グレゴリウス一〇世の下で完成することになるが、その段階において十字軍士が享受できる十字軍特権には、代償金や税金の受領権、および自身の税免除特権が加わることとなったのである。

永続的十字軍特権と十字軍の終焉

基本的には、以上のような十字軍特権は十字軍士として自ら十字軍に参加する者個人に認められるものであった。しかし、それとは異なる次元の、もう一つの十字軍特権があった。それは、永続的十字軍特権と呼ばれるものである。

永続的十字軍特権とは組織や政治体に与えられたものであり、独自の判断に基づいて、すなわち逐次教皇の判断を仰がずとも現地で十字軍士を創出できる権限であり、この特権が付与された団体・集団は三つあった。プロイセンにおいて植民活動を行っていたドイツ騎士修道会には一二四五年、ロドス島を占拠することとなった聖ヨハネ修道会には一三〇九年、そしてキプロス王国には一三四一年に付与された。

しかし、ドイツ騎士修道会については一五二五年に総長がプロテスタントに改宗することで、キプロス王国については一四八九年にヴェネツィア共和国の支配下に置かれることで同特権は消滅した。そして、一五二二年にマルタ島に拠点を移した聖ヨハネ修道会であったが、一七九八年に同島をナポレオン・ボナパルトに制圧されることで同特権も消滅した。ここに十字軍運動は終焉を迎えることとなったのである。

十字軍国家の定義と本書の構成

十字軍国家とは、英語では「十字軍士たちの国家（Crusaders' States）」と表現されるように、十字軍士たちによって樹立された国家のことである。したがって、例えばイベリア半島において展開されたレコンキスタではしばしば十字軍士たちが活躍したが、同半島のキリスト教諸国家は十字軍士たちによって創設されたものではないので、十字軍国家とはならない。

このような定義に基づくと、十字軍国家には大きく見て四つのカテゴリーが存在することとなる。まず一つは、第一回十字軍の結果としてシリアやパレスチナに建国された四つの国家、すなわち、エルサレム王国、アンティオキア侯国、エデッサ伯国、トリポリ伯国である。英語では一般的に「ラテン・シリア（Latin Syria：ラテン人支配下のシリア）」や「フランキッシュ・シリア（Frankish Syria：フランク人支配下のシリア）」と呼ばれる地域に樹立されたこれらの国家は、それぞれ自立しながらも、ときには連携し、ときには敵対するというかたちで、互いに密接な関係を持っていた。本書の第Ⅰ部では、シリアおよびパレスチナ地域における十字軍諸国家樹立の前夜となる第一回十字軍の小アジア進軍から話を始め、六章に分けて時系列的にその変遷を辿ってみたい。

二つ目は、第三回十字軍の過程で制圧され、その後に王国としての認可を受けたキプロス王国である。よく知られるようにキプロス王国はシリアやパレスチナの十字軍諸国家と深い関係にあったが、後者がイスラーム文化圏にあったのに対してキプロス王国はギリシア文化圏に建国された国家であるので、本書では第Ⅱ部として独立して扱うこととした。なお、上記のとおりキプロスは一四八九年にヴェネツィアの支配下に置かれることで十字軍国家としての性格を失ったが、本書では補章というかたちでヴェネツィア支配下のキプロスについても触れることとした。また、第一回十字軍のときから十字軍士たちや十字軍国家と深い関わりをもったキリキアのアルメニア人の国家について、これ自体は十字軍国家ではないが、アルメニア王国としての認可がキプロス王国のそれと密接な関連を持ったこと、および最終的にはキプロス国王がアルメニア国王を兼務することになったことから、この第Ⅱ部で補章を設けて取り上げることとした。

三つ目は、第四回十字軍の結果、ビザンツ帝国領に樹立された十字軍国家群である。英語では「ラテン・グリース（Latin Greece）」もしくは「フランキッシュ・グリース（Frankish Greece）」と表現されるこの世界が、本書の第Ⅲ部の対象となる。ビザンツ帝国の首都コンスタンティノープル（現イスタンブル）を拠点としたラテン帝国、および第二の都市テサロニキを中心としたテサロニキ王国は、いずれも短命であった。それに対して、中世ヨーロッパ世界においては「モレア（Morea）」と表現されるペロポネソス半島とその周辺域に成立したアカイア侯国を中心とする十字軍国家は、一五世紀まで存続した。一三一一年にカタルーニャ傭兵団がモレアの世界を混乱に陥れるが、モレアの状況についてはその前後で二つの章に分けて取り上げることとする。そのカタルーニャ傭兵団は、バルカン半島にネオパトラス公国を建国することになるが、当然のことながらこれは十字軍国家には当たらない。しかし、ときには十字軍の攻撃対象となった傭兵団ではあったが、ときには十字軍特権を付与されるなどして、モレアの十字軍諸国家とはさまざまなかたちで深く関わることとなった。また、一四世紀後半よりフィレンツェの銀行家であるアッチャイオーリ家も、決して十字軍士ではないが、モレアの支配に大きく関与していった。これら二つの勢力については補章というかたちで扱うこととするが、また異なる角度からモレアの十字軍諸国家を照射してくれるであろう。

最後は、騎士修道会によって樹立された国家である。一一一九年に設立され、一一二九年に教皇ホノリウス二世に認可されることで、初めての騎士修道会組織であるテンプル騎士修道会が誕生した。これに刺激を受けるかたちで一一三〇年代には聖ヨハネ修道会も騎士修道会化した。また、一一九八年には教皇インノケンティウス三世によってドイツ騎士修道会が認可を受けるが、ここにいわゆる三大騎士修道会が出そろうこととなった。三大騎士修道会はいずれも本部をエルサレム王国のアッコン（現アッコ）に置き、騎士修道会士たちには十字軍士と同等の特権が認められていた。これらのうち、いち早く他の世界に活動の場を広めていったのが、ドイツ騎士修道会である。一二二〇年代からプロイセン地域に本格的に進出していった同騎士修道会はそこに初めての騎士修道会国家を樹立するが、一二四五年に同騎士修道会に永続的十字軍特権が認められたことは上記のとおりである。シリアやパレスチナの十字軍諸国家の滅亡後、一三〇五年ごろからテンプル騎士修道会の解体作業が着手されるが、その一方で聖ヨハネ修道会は、一三一〇年、前年に付与されていた永続的十字軍特権の効果もあり、新たな拠点となるロドス島を制圧し、そこに騎士修道会国家を樹立した。一五二三年に同島はオスマン朝によって制圧されるが、聖ヨハネ修道会はマルタ島を新たな拠点として一七九八年まで騎士修道会国家を維持・運営することとなった。本書の第Ⅳ部では、これらの騎士修道会国家が対象となる。

以上、本書の構成を見てきたが、本書の目的はあくまでも十字軍国家の歴史を追うことにある。したがって、十字軍の歴史に関する情報は、必要最低限に抑えたことをあらかじめ断っておきたい。

I　ラテン・シリア

第1章

ラテン・シリアの誕生（一〇九七―一〇九九年）

アルメニア人の居住地域へ

コンスタンティノープルに集結した第一回十字軍参加者たちは、ビザンツ皇帝アレクシオス一世コムネノスよりあてがわれたタティキオスの案内の下で小アジアに渡り、一〇九七年六月二六日、ニカイア（現イズニク）を出発した（表0－1参照）。経験したことのない暑さの中で渇きと病がフランク人（ヨーロッパ世界から到来したキリスト教徒の総称）を襲ったが、八月半ばにイコニウム（現コンヤ）に到着すると、そこで一息ついた。

ヘラクレア・キビストラ（現エレリ）でセルジューク朝軍に勝利すると、ここでタンクレーディ、ボードゥアン・ド・ブーローニュ、ボードゥアン・ド・ブールたちは本隊から離れ、ティアナ（現ケメルヒサル）を経由して、トロス（タウロス）山脈からキリキア平原へと抜ける、いわゆる「キリキアの門」（現ギュレク峠）を目指した。一方の本隊は、九月末にはカエサレア（現カイセリ）に至り、そこからコクソン（現ギョクスン）、そしてマラシュ（現カフラマンマラシュ）に至った。一〇月一五日にマラシュを出発してアンティオキア（現アンタキヤの南西約八キロメートル）を目指した本隊は、同月二五日にはオロンテス川に架かる「鉄の門」（現アンタキヤ近郊）に至った。このようにして、本隊および別働部隊はアルメニア人の居住地域へと入っていった。

もともとはカスピ海西部に居住していたアルメニア人たちであったが、セルジューク朝の西進に伴ってビザンツ帝国領内に移動し、ビザンツ皇帝からトロス山脈の山岳地域に居住することを許されていた。したがって、基本的にはビザンツ皇帝の家臣であったが、アルメニア人の諸侯たちのスタンスはまちまちであった。アルメニア人は各諸侯を中心とする小集団に分割されていたが、その中でもヘトゥム家とルーベン家が勢力を持っていた。

写真1－1　「キリキアの門」ことギュレク峠

ランプロン（現ナムルン）を中心とする「キリキアの門」の西部地域はヘトゥム家によって支配された。ヘトゥム家は親ビザンツの立場をとり、信仰もギリシア正教を受容した。一方でシス（現コザン）を中心とする東部は反ビザンツの立場をとるルーベン家の支配下にあり、信仰はアルメニア聖使徒教を維持した。一〇七一年のマラズギルド（マンツィケルト）の戦いでビザンツ皇帝ロマノス四世ディオゲネスがセルジューク朝スルタンのアルプ・アルスラーンに敗北すると、ルーベン家支配地域はビザンツ帝国から自立していった。

しかし、一〇七九年にルーベン家の長ガギク二世・バグルトゥニが死去すると、その領域はルーベン家を中心としつつも、小諸侯領に分裂していった。小諸侯の中の主だった者には、マラシュを拠点とするタトゥル、ラバン（現アラバン）やケソウン（現ケイスン）を拠点とするコグ・ヴァシル、メリテネ（現マラティィヤ）を拠点とするコーリル、エデッサ（現シャンルウルファ）を拠点とするトロスなどがいた。なお、コグ・ヴァシルがアルメニア聖使徒教徒であったのに対して、残りの三人はギリシア正教徒であった。これらの小諸侯たちは、近隣のセルジューク朝勢力に貢納することでその地位を保っていたが、おしなべて十字軍士たちを利用して現状からの脱却を図った。また、これらの者たちは、十字軍士たちにとっては重要な情報源となった。例えば、ボードゥアン・ド・ブーローニュは、コグ・ヴァシルの弟パクラドを家臣として召し抱え、彼からユーフラテス川方面の情報を得たのであった。

ボードゥアン・ド・ブーローニュとタンクレーディの対立

本隊から離脱したタンクレーディは、「キリキアの門」からタルススを目指して、その占拠に成功した。しかし、遅れてやってきたボードゥアン・ド・ブーローニュがその領有権を主張した。数に劣るタンクレーディは、タルススをボードゥアンに明け渡すと、その東にあるアダナを目指した。

タンクレーディが去った後、彼と同郷のノルマン人部隊がやってきて、タルススでの休息を求めたが、ボードゥアンは彼らの入城を拒否した。城外で陣を張らざるをえなくなったノルマン人たちにセルジューク朝の軍勢が夜襲をしかけ、ノルマン人部隊は全滅した。タルスス内にいるボードゥアンも危機的状況に立たされた。折しもギンヌメール・ド・ブーローニュ率いる軍勢が来なければ、ボードゥアンの命は危なかった。ボードゥアンと同郷のギンヌメールは海賊であり、十字軍士をサポートするためにデーン人、フリース人、フランドル人などをかき集めて、低地地方を一〇九七年の春に出航していたのであった。ボードゥアンの家臣となったギンヌメールにタルススを委ねると、ボードゥアンはタンクレーディを追ってアダナに向かった。

当時のアダナは、半分をヘトゥム家のオーシンが、半分をセルジューク朝勢力が支配する状態にあった。タンクレーディの軍勢が近づいてくるとの報を耳にしたセルジューク軍は、町から逃亡した。しかし、ボードゥアンの家臣ウェルフがいち早くアダナの町に入り、オーシンから町の支配権を受け取っていた。またもや煮え湯を飲まされたタンクレーディは、さらに東のマミストラ（ギリシア語名モプスエスティア、現ミシス／ヤカプナル）を目指した。オーシンから、マミストラの住民たちがセルジューク朝の支配からの脱却を願っているとの報を受けてのことであった。

一〇九七年一〇月初旬にマミストラに到着したタンクレーディは、すでにセルジューク軍が逃亡していたために入市した。彼を追っていたボードゥアンがマミストラ入城を要求すると、今度はタンクレーディが拒否した。一触即発の危機であったが、最終的に両者ともにキリキアを立ち去る、ということで和解した。

エデッサ伯国の成立

その後、タンクレーディは、アレクサンドレッタ（現イスケンデルン）を目指して進軍した。そして、ギンヌメールの助力を得て、アレクサンドレッタを占領した。そこで、アンティオキアを目指す本隊と合流した。

一方のボードゥアンは、マラシュにて本隊と合流した。病に倒れた妻ゴドヒルド・ド・トニを、本隊に残していたからであった。そこで妻の死を看取った彼は、一〇〇人の騎兵のみを率いて本隊から再び離れ、東のアインターブ（現ガズィアンテプ）に向かった。アインターブを始めとして、彼は随所でアルメニア人たちに歓迎された。それのみならず、例えばサモサタの総督（アミール）のバルドゥクなど、現地のトルコ人有力者たちもほとんど抵抗しなかった。

とりわけボードゥアンをサポートしたのが、フェルとニクススという二人のアルメニア人小領主であった。彼らの協力でボードゥアンは、二つの主要都市ラヴェンダン（現ラバンダ）とトゥルベッセル（現テル・バシル）を占領し、前者をパクラドに、後者をフェルに下封した。ボードゥアンがトゥルベッセルにいる間、エデッサ領主トロスの使者が彼を訪れた。

ギリシア正教徒であったトロスは、支配下のアルメニア聖使徒教徒やヤコブ派の住民たちからは不人気であった。加えて、モースルのアタベク（摂政）であったカル・ブガー（ケルボガ）からの脅威に苦しんでいた。そこでトロスは、妻を失っていたボードゥアンに娘アルダを嫁がせたうえで、エデッサを共同統治しようと打診したのであった。ボードゥアンは、それを受諾した。

しかし、ある事件がボードゥアンに足止めさせた。

彼が依然としてトゥルベッセルにいる間、フェルとパクラドとの間に対立が生じた。フェルは、パクラドが兄コグ・ヴァシルと提携して謀反を起こそうとしている、との情報をボードゥアンの耳に入れた。ボードゥアンはパクラドを捕らえたが、その後すぐに脱獄された。パクラドは兄の下に行き、ともに逃亡したのであった。

このような出来事のために、ボードゥアンがエデッサに向かうことができたのは、一〇九八年二月のこととなった。途中でバルドゥクからの妨害を受けつつもうまくそれを回避し、二月六日にエデッサに到着した。エデッサの統治者としてのボードゥアンの最初の仕事は、バルドゥクを押さえることであった。サモサタそのものは制圧できずとも、近隣の村落を押さえることでその動きを封じた。

しかし、むしろ問題は内政にあった。トロスの家臣コスタンディンを中心とする暴動が、三月七日に発生した。トロスは、反乱軍に対して、妻とともに彼女の父コーリルの治めるメリテネに隠居することを約束した。これに対してボードゥアンは、トロスにエデッサを離れることを禁じたが、逃げようとして窓から転落した彼は、暴徒によって殺害されてしまった。

そして、三月一〇日、ボードゥアンは住民たちの前で、自身をエデッサ伯として認めさせた。ここに、第一の十字軍国家であるエデッサ伯国が誕生する。本来ならば、エデッサはビザンツ皇帝に返還されるべきであったが、監視役でもあったタティキオスが本隊に留まっていたために、その縛りから逃れることができた。その後、アレクシオス一世も特にエデッサの返還を求めなかった。

アンティオキア占領

そのころ、本隊はアンティオキアを目指して南下していた。(東)ローマ皇帝ユスティニアヌスによって城塞化された町は、その後も防備が施されていき、四〇〇の塔を抱える堅牢なまさに要塞であった。一〇八五年にセルジューク朝によって占領された町の統治者として、一〇八七年、スルタンのマリク・シャーは配下のヤギー・シヤーンを据えた。一〇九五年二月にアレッポ総督のリドワーンの宗主下に組み入れられるが、彼に対して抵抗感を持つヤギー・シヤーンは、モースルのカル・ブガーおよびダマスクス総督ドゥカクと提携していた。

フランク人の接近を察知したヤギー・シヤーンは、同盟者たちに援助を求めた。ドゥカクは摂政のトゥグテキーンを派遣した。かねてよりアレッポとアンティオキアの支配を目指していたカル・ブガーも応じた。ヤギー・シヤーンは、アンティオキア市内からギリシア人やアルメニア人を追放した。

一〇九七年一〇月二〇日、十字軍士たちはヤギー・シヤーン支配領内に入った。すばやい攻撃を主張するレーモン四世・ド・サンジルと、軍備増強のため待機することを主張したボエモンド・デル・ターラントとの間で意見が割れたが、話し合いの結果、ボエモンドの意見が採択された。先も触れたように、このころにタンクレーディが本隊に合流した。同年一一月には、一三隻のジェノヴァ船が、アンティオキアの外港である聖シメオンに到着した。ボエモンドはアンティオキア東方にあるハラムの町の占領に成功したが、冬を迎えて食糧の備蓄が危機的な状態になった。

ボエモンドとフランドル伯ロベール一世の軍勢が食糧調達のために陣を離れていた隙に、一二月二九日の夜、ヤギー・シヤーンが本陣を奇襲した。レーモンがそれを退けるも、両軍の被害は甚大であった。一方のボエモンドたちもダマスクスの軍勢の攻撃を受け、辛くも勝利するも、やはりその被害は甚大であった。食糧調達も成果を挙げることができなかった。年が明けるころには飢餓状態は頂点に達し、全体の七分の一が餓死し、多くの馬も失われた。当時キプロス島に逃

写真1－2　かつてのアンティオキアの外港として機能した聖シメオンにあり、フランク人によって再建された登塔者の小聖シメオン修道院の遺跡。後にアンティオキアを占領したマムルーク朝はそこを徹底的に破壊し、約8キロ北東に町を移転させた

れていたエルサレム総主教シメオンが、果物、ベーコン、ワインなどを支援物資として送ったが、焼け石に水であった。多くの逃亡者が出た。

一〇九八年二月には、十字軍士たちを監視していたタティキオスも姿を消した。十字軍士たちは、それをアンティオキアの領有権をビザンツ帝国が放棄したものと解釈した。ボエモンドは、自身の十字軍からの離脱を駆け引きの道具として用いつつ、占領された暁にはアンティオキアの領有権は彼のものであることを、他の十字軍士たちに認めさせた。

一方のヤギー・シヤーンは、リドワーンとの和解

にこぎ着け、アレッポからの援軍を得た。それによりハラムは奪還されたが、十字軍士たちがすばやくそれを再占領した。これにより十字軍士たちの士気は上がったが、食糧に加えて、アンティオキアを包囲するための攻城器を建造するための材料も不足していた。そこに、三月四日、イングランドやジェノヴァなどの艦隊が聖シメオンにやってきた。だが、その出迎えにいったレーモンとボエモンドを、ヤギー・シヤーンの軍勢が襲った。彼らが絶命したとの噂が十字軍士たちの陣に広まった。救援に向かったゴドフロワ・ド・ブイヨンも攻撃を受けたが、そこに食糧と必要物資を携えたレーモンとボエモンドが現れた。ヤギー・シヤーンの軍勢も、市内に撤退した。攻城器が建造されると、今度はアンティオキア市内の人々が食糧不足に苦しむこととなった。

このころ、十字軍士の陣営をファーティマ朝カリフのアル・ムスタアリー・ビッラーの使者が訪れた。セルジューク朝支配下のシリアの北部をフランク人が、南部をファーティマ朝が領有する、という分割案の提示のためであった。しかし、十字軍士たちはこの申し出を却下する。するとこれを受けて、ファーティマ朝の宰相（ワズィール）のアル・アフダルがパレスチナに侵攻し、一〇九八年八月にはエルサレムも制圧した。

一方で、包囲されたアンティオキアに救援の手を差し伸べるべく、同年五月初頭にカル・ブガーがモースルを出発した。小アジア南東部に勢力を拡大しつつあったイール・ガーズィーや、リドワーンからの援軍がそこに加わった。この援軍が来ると、十字軍士たちによるアンティオキア包囲は難しくなると思われた。しかし、彼らにとって幸いであったのが、カル・ブガーの軍勢が道中でエデッサ攻撃を試みたが失敗し、そのために三週間の足止めを食ったことであった。

この間、ボエモンドは、他の十字軍士たちにも秘密裏に、ヤギー・シヤーンの指揮官の一人で、棄教アルメニア教徒のフィールーズとの接触に成功していた。そして、ボエモンドはアンティオキアの支配権を改めて公式に要求した。これにはレーモンと、霊的統率者として十字軍を率いていた教皇特使のル・ピュイ（・アン・ブレ）司教アデマールのみが、難色を示した。彼らの主張は、アンティオキアはビザンツ皇帝に返還すべき、というものであった。議論の末、もしボエモンドが誰よりも先に市内に入り、かつ、もしビザンツ皇帝が自らアンティオキアにやってきてその領有権を主張しないのであれば、町はボエモンドのものとなることが決定された。

六月初頭、フィールーズより、夜のうちに城壁に梯子をかけておく、という計略の準備が整ったとの報告がボエモンドにもたらされた。これによって市内に入ったボエモンドの軍勢が、内側から城門の鍵を開けた。一〇九八年六月三日の夜のことであった。全十字軍士たちが市内になだれ込んだ。ヤギー・シヤーンは逃げ出すも、落馬して捕らえられ、アルメニア人の農民たちによって殺害された。その首はボエモンドに差し出された。城壁内の宮殿にはまだヤギー・シヤーンの家臣たちが残っていたが、ようやく十字軍士たちは市内に落ち着くことができた。

アンティオキア侯国の誕生

しかし、一〇九八年六月七日、エデッサで足止めを食らっていたカル・ブガーの軍勢がアンティオキアの周りに陣を張った。今度は、十字軍士たちが町を防衛する立場となった。町の支配権の問題以上に、存命のためにはビザンツ皇帝の到来が十字軍士たちにとって一つの頼みの綱であった。皇帝アレクシオス一世は、六月初頭にアンティオキアに向けてコンスタンティノープルを出立した。しかし、道中で出会ったアンティオキアからの逃亡者に状況を聞いたアレクシオスは時すでに遅しと判断し、進軍を取り止めた。後にはこのことがビザンツ皇帝によるアンティオキア放棄の根拠となるが、皇帝軍の踵《きびす》返しはアンティオキアでの籠城を余儀なくされていた十字軍士たちにとっては絶望を意味した。

この危機的状況を救ったのは、イエスが磔刑に処された際に用いられた聖槍の発見であった。六月一〇日の朝、ピエール・バルテルミーなる騎士が、聖槍が埋没している場所に関する幻視を経験したことを、皆に告げた。それに基づき、四日後に聖槍が発見された。教皇特使アデマールがこれに懐疑的であったように、恐らくはピエールの自作自演の出来事であったが、絶望に陥っていた十字軍士たちは、この発見に歓喜した。士気を回復した十字軍士たちはカル・ブガー軍を退け、さらにはアンティオキア内の宮殿を堅持していたアフマド・ブン・マルワーンを投降させた。アフマド・ブン・マルワーンはキリスト教に改宗したうえでボエモンドの家臣となった。

籠城戦を乗り越えた十字軍士たちに対して、改めてボエモンドがアンティオキアの領有権を主張した。すでに、アレクシオスが撤退したとの情報も、十字軍士たちは得ていた。だがレーモンとアデマールは、あくまでも町はビザンツ皇帝に返還されるべきであると、やはり強固に反対した。そこに、恐らくはチフスが十字軍士たちを襲い、八月一日にはアデマールも病で命を失った。重要な指導者を失った十字軍士たちは混乱したが、ボエモンドにとっては目の上のたんこぶがなくなったことを意味した。疫病の猛威は九月に入るとようやく収まった。一一月五日に協議の場が設けられ、その結果、ボエモンドがアンティオキアの四分の三と城壁を領有し、レーモンが宮殿と城壁に架かる橋を領有することとなった。

一一月から一二月にかけては近隣地域の制圧活動がなされたが、その中でレーモンとボエモンドの対立は激化した。ボエモンドは、慣例的になされていた戦利品の分配をレーモンが適切に行わないと非難した。それに対して、レーモンはボエモンドのみに戦利品を分け与えないという行動をとった。ボエモンドは、もはやこれ以上の進軍はできないとし、アンティオキアに留まることを公言した。一方のレーモンは、全軍の軍事的指導者として進軍を止めるわけにはいかなかった。その結果、事実上ボエモンドがアンティオキアの支配者となり、歴史上においてはここでアンティオキア侯国およびアンティオキア侯ボエモンド一世が誕生したということになる。

エルサレムの征服

一〇九九年一月一三日、レーモンおよびタンクレーディの軍勢が、南進を再開した。アレッポのリドワーンとダマスクスのドゥカクが互いに争っていたことが、十字軍士たちの手元に多くの町を転がり込ませた。軍事的制圧もあったが、和平によって統合された町も少なくなかった。レーモンたちの成果を耳にしたゴドフロワ・ド・ブイヨンなどの他の諸侯たちも、より海寄りのルートで南下していった。そして三月、レーモンたちとゴドフロワたちはヴィユジャルゴン（現アルカ［・カエサリア］）で合流した。レーモンはここでビザンツ皇帝からの使者を待つべきであると主張した。しかし四月八日、しびれを切らした一部の者たちが、エルサレムに向けての進軍を再開すると、五月一三日には、説得されたレーモンも使者を待つことなく南下を再開した。トリポリ（現タラーブルス）の総督は貢納などをフランク人に約束したために、五月一四日、十字軍士たちは町を攻撃することなく通過した。五日後には「犬の川（ナフル・アル・カルブ）」を渡り、ファーティマ朝の支配領域に入った。五月二三日には、トリポリと同様に、ティール（現スール）を通過した。カエサレア（現カイザリア）やヤッファ（現テルアビブ・ヤッフォ）などの海岸都市を制圧した後に、内陸に向きを変えて、六月三日にはラムラに達した。ここで十字軍士たちは、司教座教会を設置し、ロベール・ド・ルアンを司教として選出した。三日後に到着したベツレヘムでは、ギリシア正教徒の住民たちからの歓迎を受けた。そして、翌六月七日、ファーティマ朝のイフティカル・アッダウラ統治下のエルサレムを臨む場所に陣を張った。

この段階で、十字軍士の数は一二〇〇〜一五〇〇人の騎士と一万二〇〇〇人の歩兵となっていたが、十字軍士たちを再び食糧不足と必要物資不足が襲った。六月一七日に六隻の船が到着したことでこれらの問題は解消したが、エルサレム包囲戦は膠着状態に陥り、十字軍士たちの間では内輪もめが絶えなくなった。この悪い状況を救ったのも、幻視であった。プロヴァンス出身の司祭ピエール・デシデリウスの夢に故アデマールが現れ、仲違いを止め、一日断食した後に城壁の周りを裸足で歩けば、九日以内にエルサレムは占領されるであろう、と告げた。十字軍士たちはこれに従い、七月八日より行進し始めた。行進が終わると攻城器の作成に入り、七月一〇日には三基が完成した。そして、七月一三日から一四日にかけての夜、十字軍士たちが市内に攻め込んだ。イフティカルは降伏し、アスカロン（現アシュケロン）に退避した。

残存兵を殺戮した後の七月一七日、エルサレムをどのように運用するかの協議が、十字軍士たちの間で持たれた。まずはエルサレム総大司教選びから始まり、他に候補者がいないということで、ノルマンディー公ロベール付き司祭のアルヌール・ド・ショクケが選出された。続いて、世俗君主の選出が協議された。候補者は四人であった。最も能力のある者として高く評価されたフランドル伯ロベール、最も尊厳のある者として高く評価されたノルマンディー公ロベールは、ともに帰郷を希望した。十字軍の軍事的統率者であったトゥールーズ伯レーモンは、ビザンツ皇帝との関係に固執し続けたがために、その評判を落としていた。一方、フランク国王カール大帝の末裔であるという血統上の利点も兼ね備えていた下ロレーヌ公ゴドフロワは、その人格ゆえに多くの者たちから尊敬の念を与えられていた。自然とゴドフロワが統治者に選出されたが、彼はイエスが棘の冠を被った場所で王冠を抱きたくはない、との理由から国王ではなく「聖墳墓の守護者」の称号を自らに帯びさせた。レーモンは憤慨して、エルサレムを去った。

写真1－3　エルサレム占領後にフランク人たちがまず行ったのは、聖墳墓教会の鐘を再建して静寂を打ち消すことであった

内政的な話し合いが一段落したとき、ファーティマ朝宰相のアル・アフダルの軍勢が、アスカロンに進軍してきたとの報告が舞い込んできた。ゴドフロワは、まだエルサレムに残っていたフランドル伯ロベールとともに、八月九日

に出陣した。彼らは、ラムラでゴドフロワの兄ユスターシュ・ド・ブーローニュ、およびタンクレーディと合流した。そして、イェリコにおいて、ノルマンディー公ロベールとレーモンに出会った。最初は渋っていた二人であったが、参戦の意志を示した。八月一二日にはアスカロン近郊に至り、アル・アフダル軍への奇襲を成功させた。莫大な金品を残して、アル・アフダルはエジプトに撤退した。それを伴って、八月一三日にゴドフロワはエルサレムに凱旋した。

第2章

ラテン・シリアの形成（一〇九八―一一一八年）

アンティオキア侯ボエモンド一世の苦悩

エルサレムを占領し、アスカロンからの攻撃を退けた後に多くの十字軍士たちは帰郷したため、十字軍国家に残ったフランク人の数は決して多くはなかった。エルサレム王国に残ったのは二〇〇～三〇〇人の騎士と二〇〇〇～三〇〇〇人の歩兵、および少数の教会人であった。この数は、エデッサ伯国に残留したフランク人の数よりは少なく、アンティオキア侯国のそれよりは多かったようである。しかし、アンティオキア侯国の先住民の多くは、ヤコブ派、ネストリウス派、アルメニア聖使徒教徒、ギリシア正教徒といったキリスト教徒であった。エデッサ伯国の場合、アルメニア人も多かったが、ほぼ同数のムスリムも抱えていた。エルサレム王国の場合は、ファーティマ朝支配期に、例えば都市エルサレムのキリスト教徒を追放するといったような政策がとられたこともあり、住民の多くはムスリムであった。必ずしも信仰の別が国力の差を表すわけではないが、建国当初期においてはアンティオキア侯国が最も勢力のある国であった。

一方で、最も大きな問題を抱えていたのもアンティオキア侯国であった。エデッサ伯国がついにサモサタを制圧するなど領土の拡張に成功していたころ、アンティオキア侯国は領土の返還を狙うビザンツ皇帝アレクシオス一世からの攻撃に苦しんでいた。一〇九九年、アレクシオスはアンティオキア侯国の海への通路を遮断すべく、ラタキア、ウァラニア（現バニヤース）、マラクレア（現マラキヤ）といった港町を押さえた。また、アルメニア人勢力とアンティオキア侯国との関係を断つためにキリキアにも侵攻し、コリクス（現クズカレシ）やセレウキア（現シリフケ）も制圧した。これに対して、ボエモンド一世はラタキアの包囲で応えた。一〇九九年の夏、折しも教皇特使のピサ大司教ダゴベルト率いるピサ艦隊が到来し、ボエモンド有利かと思われた。しかし、アレクシオスと関係が深く、ボエモンドに恨みの念を抱いていたレーモン・ド・サンジルが介入し、キリスト教徒どうしの争いを強く非難した。これによってボエモンドは諦めざるをえなくなった。なお、ラタキアなどがアンティオキア侯国の下に戻るのは、一一〇二年から一一〇九年にかけてのことである。

ボエモンドがラタキア包囲を断念したのには、もう一つの理由があった。それは、そもそも当初の目的であったエルサレムを、いまだ訪れていないことであった。彼は、同様の状況にあるエデッサ伯ボードゥアンとともに、一〇九九年一二月二一日にエルサレムに赴き、そこでクリスマスを迎えた。

ゴドフロワによる教会国家の建設

アンティオキアがそうであったように、エルサレムにとっても重要な生命線の一つは、港町を統制下に置くことであった。上に述べたように、エルサレム占領後にフランク人たちは、ファーティマ朝支配下のアスカロンからの軍勢を退けた。しかし、アスカロンそのものの制圧はならなかった。数日後に、アルスール（現アルスーフ）の攻略を試みるも失敗した。いずれも、レーモンの妨害もあってのことであった。憤慨したゴドフロワ・ド・ブイヨンはレーモンを攻撃しようとするも、フランドル伯ロベールに諫められた。

ゴドフロワにとっても助けとなったのは、ダゴベルトのピサ艦隊であった。一一〇〇年春に、アルスールからの貢納にこぎ着けると、カエサレアやアッコンの住民たちも、ゴドフロワへの貢納に同意した。港町の統制がある程度進むと、トランス・ヨルダン（ヨルダン川東部地域）のシャイフ（部族長）たちもゴドフロワとの協定を望んだ。商業活動の自由を求めてのことであった。ゴドフロワも同意し、ファーティマ朝に利するような海上交易を対象外としたうえで、現地の商人たちにはエルサレムやヤッファの往来も自由であることが確約された。

当然のことながら、ゴドフロワによる国造りには、外交と同時並行的に内政の整備も必要であった。一〇九九年のクリスマスには、アンティオキア侯ボエモンド一世やエデッサ伯ボードゥアン一世の立ち会いの下で、ゴドフロワは主だった家臣たちとの間に封建主従関係を結ぶ儀礼を行った。家臣たちには封が授けられたが、領土不足の段階では封土を授けられる者は限定され、多くの者たちは貨幣封を授かった。なお、エルサレム占領後に八〇人の騎士たちとともにパレスチナ北部地域を制圧していたタンクレーディは、ガリラヤ侯としてゴドフロワの封建家臣となった。

このようにして世俗諸侯たちの間での整理整頓がなされたが、一方で教会に関しては大きな問題が生じた。上記のとおり、十字軍士たちの協議の結果、エルサレム総大司教にはアルヌール・ド・ショクケが選出されていたが、これにダゴベルトとボエモンドが異を唱え始めた。アルヌールの選出は教皇の承認を得ておらず、教皇特使であるダゴベルトこそが総大司教にふさわしい、というものであった。ゴドフロワはこれを受諾したうえで、ボエモンドとともにダゴベルトにオマージュ（臣従）をなし、その家臣となった。ボエモンドの場合は、ビザンツ皇帝に対抗するためには教皇庁との関係をより密にする必要があると考えた結果であった。いずれにせよ、この段階においては、エデッサ伯国を除くラテン・シリアは、教会国家となった。事を済ませると、一〇九九年のクリスマスの日のうちに、ボエモンドはアンティオキアに戻った。

しかし、ゴドフロワに対するダゴベルトの要求は、それに留まらなかった。一一〇〇年二月二日にはヤッファの四分の一が、エルサレム総大司教領となった。同年四月一日にはエルサレムの四分の一が同じく総大司教領とされたうえで、ゴドフロワには正式に「聖墳墓の守護者」の称号が与えられた。このように最終的には教会国家の確立に寄与したゴドフロワであったが、一一〇〇年七月一八日、病に倒れて死去した。

ボードゥアン一世のクーデター

ゴドフロワが死去したとき、ダゴベルトはタンクレーディによるカイファ（現ハイファ）包囲戦に参加していた。ダゴベルトがエルサレムを離れている隙を見て、下ロレーヌ出身の騎士たちと、総大司教位を追われたアルヌールがダヴィデ塔を占拠し、ゴドフロワの弟でエデッサ伯のボードゥアンを招き入れる態勢を整えた。これを知ったダゴベルトは、ボードゥアンの南下を阻止するようにボエモンドに命じた。しかし、このダゴベルトの命令が届く前の一一〇〇年八月、ボエモンドは、当時セバステ（現サバスティーヤ）を拠点としていたマリク・ガーズィー・ブン・ダニシュメンドによって捕縛された。

同月にカイファ占領を完了したタンクレーディは、教皇特使としてジェノヴァ艦隊を率いてラタキアに到着していたマウリーチェ・デ・ポルトに召喚され、九月二五日にアンティオキア侯国の摂政になるように命ぜられた。しかし、エルサレムの状況を重視した彼はすぐに南下した。町に入ろうとするも、ボードゥアン派によって拒否された。タンクレーディがボードゥアンへの忠誠を拒否したためであった。そこでタンクレーディは同じくボードゥアン派によって占拠されていたヤッファに向かい、彼らと戦った。

一方、ボードゥアンは、エデッサ伯国を親族のボードゥアン・ド・ブルクに委ね、一一〇〇年一〇月二日に、約二〇〇人の騎士と約七〇〇人の歩兵を伴ってエデッサを出発した。経由したアンティオキアでは、不在のタンクレーディに代わって摂政となるように要請されたが、それを断った。一〇月三〇日にはカイファ近くに至るも、タンクレーディとのトラブルを避けるために町には入らなかった。一方、ボードゥアンの南下に自身の所領であるガリラヤ侯領の危機を感じたタンクレーディは、ヤッファ包囲を中断して侯領の中心地であるティベリアに向かった。

ボードゥアンがエルサレムに到着したのは、一一月九日のことであった。すでに戻っていたダゴベルトは、状況が悪いと見て市内の総大司教館に蟄居していたが、ボードゥアンはそれを無視した。一一月一三日、ボードゥアンはエルサレム市内の者たちからオマージュを得た。その二日後には、近隣のアラブ人たちを抑えるため、アスカロン方面および死海方面に遠征した。一二月二一日にエルサレムに帰還したボードゥアンは、ダゴベルトに対して、来るクリスマスの日に国王戴冠式を挙行するよう要請した。ダゴベルトもこれを呑まざるをえなかった。唯一の抵抗は、式をエルサレムではなくベツレヘムで行うことであった。

このようにして、エルサレム「王国」を樹立したボードゥアンにとっての次なる課題は、タンクレーディとの関係であった。ティベリアに籠っていたタンクレーディは、ボードゥアン一世となった国王からの再三の召集にも応じなかった。小康状態を破ったのは、アンティオキアの状況であった。

上記のとおり、エデッサ伯時代のボードゥアン一世は、アンティオキア侯国の摂政になることを拒んだ。アンティオキアの住民たちは、エデッサ伯を継いだボードゥアン二世にも打診したが、一一〇一年初頭、マルディンの支配者ソクマン・ブン・アルトゥクにサルージの戦いで敗れたことが、彼にそれを受ける余裕を失わせた。最終的には、一一〇一年三月、タンクレーディはアンティオキア侯国の摂政となることを正式に受諾した。三月八日にガリラヤ侯領を封主たるボードゥアン一世に返上し、翌日にアンティオキアに向かった。ボエモンドの釈放を見込んで、タンクレーディはガリラヤ侯領の返上に一五か月間の猶予を求めたが、ボードゥアンはそれを退けた。タンクレーディとの関係を片づけたボードゥアンの視線は、再びダゴベルトに向けられた。一一〇一年四月、アルスールとカエサレアを制圧してさらなる足場固めをした後に、ボードゥアンは二つの廉《かど》でダゴベルトを非難した。一つは、ボエモンドと共謀してボードゥアン一世の命を狙ったこと、もう一つは防衛のために必要な金銭を横領して豪奢な生活を送っていること、であった。同年秋にはアルヌールと共謀してボードゥアンはダゴベルトをヤッファへと追いやり、さらに翌一一〇二年の春にはアンティオキアへと追いやった。復権を狙うダゴベルトは、同年の秋にタンクレーディおよびエデッサ伯ボードゥアン二世とともに、エルサレムに舞い戻ったが、エルサレムへとやってきてすでにボードゥアン一世と友好関係を築いていた教皇特使のパリ司教ロベールによって、一〇月八日、罷免された。新たなエルサレム総大司教には、アルヌールと同郷のエヴルマール・ド・ショクケが任命された。

失意のダゴベルトは、タンクレーディとともにアンティオキアに戻った。そして、一一〇四年、このときまでに釈放されていたボエモンドとともにイタリアに渡った。一一〇七年、教皇パスカリス二世により、ようやくエルサレム総大司教に再任命されるも、翌年にメッシーナでその生涯を閉じた。

沿岸部の制圧

ダゴベルトとの対立の中、ボードゥアン一世は対外政策も積極的に展開していた。一一〇一年に到来した十字軍は五月一七日の（第一次）ラムラの戦いでイスラーム勢力に敗れるも、上記のとおり、同年春にジェノヴァ艦隊の支援を受けたボードゥアンは、アルスールとカエサレアを制圧した。ジェノヴァには、略奪品の三分の一と、それぞれの町の商店街通りの権利などが与えられた。また、同じくジェノヴァの助力により、一一〇三年から攻撃の開始されたアッコンも、翌年にボードゥアンの手に落ちた。

一一〇五年にファーティマ朝のアル・アフダルの侵攻を受けて戦われた（第二次）ラムラの戦いでは敗れるものの、一一〇九年にはトリポリが、一一一〇年五月にはやはりジェノヴァの支援を得てベイルートが、そして同年一二月には十字軍士として到来したノルウェー国王シグル一世の助力を得てシドン（現サイダー）が、それぞれフランク人たちによって制圧された。地中海沿岸部の主要都市であと残すは、ファーティマ朝が堅持するアスカロンとティールのみとなった。

写真2－1　王都の一つであったアッコンの町。中央の建物は、かつての聖ヨハネ修道会のアッコン本部

一一一一年、ボードゥアンはアスカロンを攻撃してあと一歩のところまで迫ったが、セルジューク朝軍と戦うタンクレーディからの援軍要請を受けて、アスカロン占領を一時断念した。ティールに関しても、同年から翌一一一二年にかけて包囲するが、成果を挙げることができなかった。

領土の拡大には成功しつつも、人手不足に苦しむエルサレム王国は厳しい状況に置かれ続けていた。聖地巡礼者が徐々に増加し、その中でエルサレム王国領内に留まる者も徐々に増加していったが、焼け石に水の状態であった。そこでボードゥアンは、妻アルダが存命中であるにもかかわらず、また、教皇パスカリス二世の反対にもかかわらず、一一一三年にシチリア伯ルッジェーロ一世の未亡人アデライデ・デル・ヴァストとの婚姻を成立させた。彼女が嫁資としてもたらす人材を見込んでのことであった。

アンティオキア侯国の摂政タンクレーディ

上記のとおり、一一〇一年三月にエルサレム王国を去ってアンティオキア侯国の摂政となったタンクレーディであったが、彼の仕事始めは、侯および摂政不在の間に領内に広まっていたエデッサ伯ボードゥアン二世の影響力を排除することであった。同時に、対ビザンツ帝国の姿勢を示すことであった。ボエモンドの時代に、すでにギリシア正教会のアンティオキア総大主教ヨハネスは駆逐され、カトリック教会のアンティオキア総大司教ベルナール・ド・ヴァランスに置き換えられていたが、タンクレーディはベルナールを中心とするカトリック教会の聖職者との関係を重要視した。

そして、一度はビザンツ皇帝に返還した、マミストラ、アダナ、タルススといったキリキアの諸都市を奪還した。一一〇三年の春には、一年間におよぶ包囲戦の末ではあるが、ラタキアの回復もなしえた。その一方で、ビザンツ皇帝アレクシオス一世に歩み寄りもみせた。ボエモンドの解放金の支払いが肩に重くのしかかっていたタンクレーディは、ボエモンドを人質のままにしておき、アンティオキア侯位をアレクシオスに売却することをもちかけたのである。この動きを知った捕囚中のボエモンドは、自身を捕縛しているマリク・ガーズィー・ブン・ダニシュメンドに、対アレクシオス、および、対ルーム・セルジューク朝スルタンのクルチ・アルスラーン一世のための同盟を結ぶことを提案した。加えて、ボエモンドは自身の保釈金をアンティオキア総大司教ベルナール、アルメニア人のケソウン領主コグ・ヴァシル、エデッサ伯ボードゥアン二世を介してかき集めた。一一〇三年五月に釈放されてアンティオキア侯に復権したボエモンドは、タンクレーディには小さな町を二つ与えただけであった。

ボエモンド一世の末路

釈放されたすぐ後、ボエモンドはエデッサ伯ボードゥアン二世とともに、アレッポ総督リドワーンを攻撃した。これに対して、モースル総督シャムス・アッダウラ・ジェケルミシュとマルディーン総督ソクマン・ブン・アルトゥクは互いの争いを止め、一一〇四年の春にエデッサ伯国領に侵攻した。ボードゥアンの要請を受けたボエモンドとタンクレーディは、一一〇一年の十字軍でやってきてボードゥアンの家臣となっていたトゥルベッセル領主ジョスラン・ド・クルトネーとともに、エデッサの南約三五キロに位置する戦略上の重要拠点ハッラーンを攻撃した。しかし、五月七日、ボードゥアンとジョスランが捕縛され、ボエモンドとタンクレーディも辛くもエデッサに逃れた。このハッラーンでの敗戦は、それ以降のエデッサ伯国とアンティオキア侯国に東方への領土拡大を困難なものとした。

タンクレーディにエデッサ伯国の摂政位が委ねられたが、図らずもエデッサ伯国の支配権を獲得したタンクレーディとボエモンドはなかなか保釈金を払おうとせず、その結果、ボードゥアンたちは四年間の捕虜生活を送ることとなった。ムスリム勢力側も、このときは二人の捕縛以上の成果を挙げることはなかった。まず二人はソクマンの下で監禁されたが、その後にボードゥアンの身柄はシャムスによって奪われた。

ハッラーンの戦いに参加していなかったリドワーンは、漁夫の利でアンティオキア侯国との境界線にあるいくつかの町を制圧した。中でも、アルタ―(現レイハンル)は、アンティオキア侯国領への入り口に当たる重要な拠点であった。ビザンツ帝国も、ラタキア、ジブレ(現ジャブラ)、タルスス、アダナ、マミストラなどを再び占領した。これらの町の占領に成功したのは、ビザンツ帝国支配下のキプロス島の海軍の力であり、後述するが、キプロス海軍はレーモン・ド・サンジルによるトリポリ周辺域の制圧にも貢献した。

エデッサの支配権の獲得と引き換えに多くの町を失ったボエモンドは、タンクレーディをアンティオキア侯国の摂政として残し、ヨーロッパに向かった。そして一一〇五年一月、イタリアに降り立った。ボエモンドの目的は、かつて父ロベルト・イル・グイスカルド(ロベール・ギスカール)とともに一〇八一年から一〇八五年に行ったアルバニア侵攻の再現であり、ビザンツ帝国に対する報復であった。それを十字軍として位置づけるべく、教皇パスカリス二世に打診し、受諾された。パスカリスは新たな十字軍を喧伝するための教皇特使として、セーニ司教ブルーノを任命した。ボエモンド自身も、一一〇五年から一一〇六年にかけて、イタリアやフランスを行脚して回り、十字軍士をリクルートした。

そして、一一〇七年秋ごろ、三万四〇〇〇人の軍勢とともに、ボエモンドはアルバニアに侵攻した。アヴローナ（現ヴローラ）を占領し、ドゥラッツォ（現ドゥレス）を包囲した。しかし、ビザンツ皇帝アレクシオス一世の反撃に遭い、一一〇八年九月、ボエモンドはデアボリス（現デヴォル県内、オフリド湖南岸にあった城塞）協定の締結に追い込まれた。同協定によって、ボエモンドはアレクシオスの家臣であることが確認され、二度と東方には姿を現さないことを約束させられた。実際にボエモンドがアンティオキアに戻ってくることはなく、一一一一年に南イタリアのアプーリアで生涯を閉じた。

一方、東方に残されたタンクレーディは、アンティオキア侯国領の回復に努めていた。エデッサ伯国の摂政位を親族のサレルノ侯リッカルドに委ね、タンクレーディはアンティオキアに戻った。一一〇五年の春にはリドワーンを攻撃し、アルターなどを奪還しつつアレッポを臨む地点まで侵攻した。リドワーンは、その後五年間は、タンクレーディへの貢納を余儀なくされた。また、一一〇六年にはアパメア（現アパメイア）を占領し、ハマーの総督に脅威を与えた。同年末にフランス国王フィリップ一世の娘セシルと結婚したことで、タンクレーディには強力な後ろ盾も加わった。

ビザンツ帝国からも、一一〇七年末もしくは一一〇八年初頭に、キリキアへの入り口に位置するマミストラを奪還し、ラタキアも回復した。このようにして、一一〇八年にはかつてボエモンドが失ったものを回復した。上記のとおり、同年にボエモンドはデアボリス協定をアレクシオスとの間に結んでいたが、タンクレーディはそれを無視した。

エデッサ伯ボードゥアン二世の復活

一一〇〇年にエルサレム国王となったボードゥアン一世からエデッサ伯国を受け継いだボードゥアン二世の当初の政策は、アルメニア人との協調路線をとることであった。アルメニア人貴族でメリテネ領主のコーリルの娘モルフィアを妻として娶り、一一〇三年ごろには領内にアルメニア聖使徒教会の総大主教バシルを受け入れた。このようにしてアルメニア人たちの支持を取りつけつつ、重要拠点にはフランク人を置いて手綱を握った。エデッサ伯国第二の町であるトゥルベッセルには、ヨーロッパから到来した親族のジョスラン・ド・クルトネーを領主として据えた。その後、この二人がハッラーンの戦いで捕虜となったこと、エデッサ伯国の摂政位がタンクレーディおよびリッカルドに委ねられたことについては、上で述べたとおりである。だが、一一〇四年から四年間摂政を務めたリッカルドは、統治能力に欠けていたようである。アルメニア人たちの支持を失い、一一〇五年にはモースルのシャムスの、一一〇六年および翌年にはセルジューク朝のクルチ・アルスラーン一世のエデッサ伯国侵入に苦しんだ。

まずはソクマンの下に、そしてモースルの支配者シャムスの下にボードゥアン二世の身柄はあったが、一一〇六年、そのモースルがジャワリ・サカワなる流れ者によって占拠され、ジャワリはモースルの摂政位についた。これに対して、セルジューク朝スルタンのムハンマド・タパルはジャワリを討伐するためにサラーフッディーン・マウドゥード率いる軍勢を派遣した。ジャワリは、反マウドゥードの同盟と引き換えに身柄の自由をボードゥアンに提案し、ボードゥアンはそれを受諾した。そして、一一〇八年の夏に、ボードゥアンは解放された。エデッサに戻った彼は、摂政のタンクレーディにエデッサ伯国の返還を要求したが、拒否された。そこでボードゥアンは、ケソウン領主コグ・ヴァシルとジャワリに援軍を要請し、タンクレーディの軍と衝突した。一一〇八年九月一八日、ボードゥアンとタンクレーディとの間で和解が成立し、エデッサはボードゥアンに返還された。

しかし、その後に再びボードゥアンとタンクレーディは衝突した。事の経緯は、次のとおりである。ジャワリが同盟相手を探しにアレッポ東部のアル・ラフバを訪れたことに、アレッポ総督リドワーンが警戒心を抱き、一一〇五年以来和平を結んでいたタンクレーディに援軍要請を行った。さらにこれに警戒したジャワリは、ボードゥアン二世に援軍要請を行った。そして、一一〇八年の秋、タンクレーディはトゥルベッセル周辺域に侵攻し、ボードゥアンをアインターブ北方のデュルクにまで追い込んだ。しかし、ジャワリからの攻撃を受けたタンクレーディは、アンティオキアに撤退した。なお、このすぐ後にマウドゥードの軍勢がモースルを占拠し、ジャワリはスルタンのムハンマドと和平を締結せねばならない状況に追い込まれた。以上のようにして、一一〇八年の末までには、当該地域の状況は元の状態に戻った。

トリポリ伯国の誕生

ここで、時計の針を少し戻してみよう。

エルサレムの統治者選出の選挙に敗れたレーモン・ド・サンジルは、一〇九九年八月にエルサレムを後にし、翌年にはコンスタンティノープルに至った。ビザンツ皇帝アレクシオス一世とは、対アンティオキア侯ボエモンド一世という点で結びついていた。一一〇一年に新たな十字軍士たちがロンバルディア地方からコンスタンティノープルにやってきたことを受けて、レーモンは再びシリアを目指した。陸路をとった十字軍士たちは小アジアでほぼ壊滅するも、海路をとったレーモンは、一一〇二年初頭にシリアに到着した。しかし、レーモンはタンクレーディに捕縛された。

アンティオキアとアッコンとの間の土地を今後占拠しないように誓わされて、レーモンは釈放された。しかし、レーモンはその約束を反故にし、アンティオキアの南部の沿岸都市の征服事業に着手した。一一〇二年にはキプロス島のビザンツ帝国軍の援助を得つつトルトサ（現タルトゥース）を征服し、一一〇三年には巡礼山と呼ばれるトリポリを臨む丘を城塞化し、そこに陣を張った。翌一一〇四年には、ジェノヴァの援助を受けてジブレを占領した。ジブレは、占領の功労者であるジェノヴァ市民ウーゴ・エンブリアコに下封された。

順調に事業を進めていたレーモンであったが、一一〇五年二月二八日に死去した。彼の事業は、当時シリアにやってきていた従兄弟のセルダーニュ（サルダーニャ）伯ギヨーム二世に継承された。しかし、トリポリの制圧は難航した。一一〇九年三月、レーモンの長男でトゥールーズ伯を継いでいたベルトラン・ド・サンジルが、四〇〇〇人の軍勢を率いてジェノヴァ船でトルトサにやってきて、ギヨームに父レーモンの遺した遺産および父の事業の継承権を請求した。ギヨームはそれを拒否してタンクレーディに援助を要請し、タンクレーディも受諾した。タンクレーディ軍の到来を恐れたベルトランは、その前にトリポリを制圧することを目指し、一一〇九年七月一二日にそれを達成した。町の三分の二はベルトラン、残りはジェノヴァというかたちで町の領有は分割された。

トリポリを占領したベルトランは、タンクレーディを牽制するためにエルサレム国王ボードゥアン一世の封建家臣となり、トリポリ周辺域をトリポリ伯国として下封されることとなった。そして、ボードゥアンは渋るタンクレーディをトリポリに召喚し、ベルトランの地位を認めさせることに成功した。加えて、エデッサ伯国でも問題を起こしていたタンクレーディに、エデッサ伯ボードゥアン二世の地位も承認させた。タンクレーディはガリラヤ侯としてはボードゥアンの封建家臣であることが確認される一方で、アンティオキア侯国は独立した国家であることが承認された。また、ギヨームについては、トリポリ北方のヴィユジャルゴンとトルトサの領有が認められたが、それらはタンクレーディからの封土というかたちをとった。すなわち、レーモンが制圧したうちの北部が、アンティオキア侯国領に組み込まれることとなった。

しかし、間もなくギヨームが死去すると、その遺産はベルトランのものとなった。これに対してタンクレーディは、一一一〇年から翌年にかけての攻撃でトルトサを奪取するも、ボードゥアン一世の介入によって撤退を余儀なくされた。これによって、トリポリ伯国の領域が北方に伸長することになった。

マウドゥードの侵攻

トリポリ陥落の報は、セルジューク朝スルタンのムハンマド・タパルによるジハードの呼びかけを促した。これは、一一〇八年にモースルの支配者となったサラーフッディーン・マウドゥードを刺激した。

一一一〇年の春、マウドゥードは第一次遠征としてエデッサ伯国領内に侵攻した。エデッサ伯ボードゥアン二世の要請により、エルサレム国王ボードゥアン一世とトリポリ伯ベルトランが駆けつけた。加えて、アルメニア人貴族のケソウン領主コグ・ヴァシルなども呼びかけに応じた。動かないタンクレーディに対しては、ボードゥアン一世が召集をかけた。その結果、タンクレーディもやってきたが、すぐに引き上げてしまった。一方、マウドゥード軍には、道中で多くのアルメニア人を殺害しつつやってきたダマスクスの支配者トゥグテキーンが合流した。マウドゥード軍はユーフラテス川より東の地域を蹂躙した。間もなくマウドゥード軍は退却するも、その後にエデッサ伯国がユーフラテス川以東を回復することはできなかった。

翌一一一一年には第二次遠征が展開されたが、そのきっかけはタンクレーディによるアレッポ攻撃であった。マウドゥードは、エデッサへの再攻撃に加えて、アレッポのリドワーンの支援にも動いた。しかし、警戒心を抱いたリドワーンによってアレッポ入城を拒否されたため、マウドゥードはアレッポ周辺域を襲撃した。さらに南下したマウドゥードは、九月初頭、トリポリへの攻撃を企図していたダマスクスのトゥグテキーンに合流した。この段階で長期におよぶ遠征に疲弊したマウドゥードの軍勢の多くは帰郷してしまっていたが、マウドゥードの南下に危機感を覚えたタンクレーディは、各地に援軍要請を行った。エデッサ伯ボードゥアン二世とその家臣のジヨスラン・ド・クルトネー、トリポリ伯ベルトラン、アルメニア人貴族たちが、アンティオキア南方約五〇キロに位置するシャステル・ルージュ（現カラート・ヤムル）に集結した。エルサレム国王ボードゥアン一世も、アスカロン攻略を切り上げてやってきた。小規模な戦闘の後、両軍とも撤退した。

このころ、アンティオキア侯ボエモンド一世がイタリアで死去した。ビザンツ皇帝アレクシオス一世は、一一〇八年のデアボリス協定に基づいてアンティオキアの領有権を要求するも、タンクレーディは拒否した。そこでアレクシオスは、対タンクレーディのための同盟結成を目指して、ボードゥアン一世とベルトランに使節を派遣したが、拒絶された。この出来事が、タンクレーディとベルトランとの間の関係を修復させることとなった。

一一一二年二月三日、ベルトランが死去し、トリポリ伯位は嗣子ポンスに受け継がれた。タンクレーディも同年一二月一二日に没するが、自身の妻でフランス国王フィリップ一世の娘セシルをポンスに委ねることを遺言として遺していた。

なお、アンティオキア侯位は、ボエモンド一世の死により嗣子のボエモンド二世に移行したが、当時幼少であった彼には摂政が必要であった。かつ、ボエモンド二世の身柄は、母親セシリアの故国であるフランスにあった。タンクレーディの死後、アンティオキア侯国の摂政は、かつてエデッサ伯国の摂政を務めたサレルノ侯リッカルドの息子であるサレルノ侯ルッジェーロが担った。

さて、マウドゥードによる第三次遠征が、その一一一二年に展開されていた。今回はマウドゥード単独の遠征であったが、四月から六月にかけてエデッサを攻撃し、陥落まであと一歩のところまで迫った。しかし、物資不足のために撤退する。エデッサ伯国ではエデッサを中心とする東部が苦しい状況に置かれ続ける一方で、ジョスランの支配するトゥルベッセルを中心とする西部は安定した状況を享受することができた。なお、ジョスランには、タンクレーディが保持していたガリラヤ侯領の継承権が、ボードゥアン一世から与えられた。

翌一一一三年にも第四次遠征がなされた。このたびのマウドゥードの目的は、エルサレム国王ボードゥアン一世からの攻撃に苦しむダマスクスのトゥグテキーンを支援することであった。マウドゥードは、支配者が代わったばかりのガリラヤ侯領に侵入した。ボードゥアン一世は、アンティオキア侯国の摂政ルッジェーロと、トリポリ伯ポンスに援軍を要請した。しかし、援軍が到着する前の六月二八日、ガリラヤ湖南西に位置するアル・シンナブラにおいて、エルサレム王国軍は大敗北を喫し、ボードゥアン一世も命からがらティベリアに逃れた。

フランク人の軍勢がティベリアに釘づけになっている間、マウドゥードはアラブ人などの農民を刺激して、ヤッファやエルサレム周辺域を攻撃させた。なお、これはラテン・シリアにおける唯一の大規模な農民反乱となった。しかし、八月ごろには、ヨーロッパ世界から到来する巡礼者たちがフランク人の軍勢に加わったこと、およびマウドゥード軍の多くが帰郷したことによって、この遠征は終わった。

九月八日にトゥグテキーンとともにダマスクスに至ったマウドゥードは、翌年の遠征の準備を開始した。しかし、一〇月二日、トゥグテキーンの面前でマウドゥードが暗殺される。シーア派の一派のニザール派（アサシン派）の犯行であったが、嫌疑をかけられたトゥグテキーンは、一一一一四年にはボードゥアン一世と、翌年にはボードゥアン二世、ルッジェーロ、ベルトランとも恒久的な和平を締結して、身の安全を図ろうとした。

「血の平原の戦い」

マウドゥードを失ったセルジューク朝スルタンのムハンマド・タパルは、その後継者にアクスンクル・アル・ブルスキを任命し、ジハードの継続を試みた。一一一四年五月、アクスンクルはエデッサを攻撃した。エデッサ伯ボードゥアン二世にとって不運であったのは、ケソウン領主コグ・ヴァシルが一一一二年に死去していたことであった。かねてよりタンクレーディからの断続的な攻撃に苦しんでいたコグ・ヴァシルの未亡人は、タンクレーディ亡き後もフランク人に不信感を抱いており、結果としてアクスンクルを頼りにした。それによって、アクスンクルはエデッサ伯国北西部に位置するマラシュ、ケソウン、ラバンなどを勢力圏に組み込むことができた。

しかし、アクスンクルの勢力拡大に脅威を抱いたマルディン総督イール・ガーズィー・ブン・アルトゥク（ソクマンの弟）は、アクスンクルに攻撃を仕掛けて敗北せしめた。さらに、スルタンの報復を恐れたイール・ガーズィーは、ダマスクスのトゥグテキーンとアンティオキア侯国の摂政ルッジェーロと同盟を結んだ。

これに対してムハンマドは、自身の総司令官を務めていたハマダーン総督のブルスク・ブン・ブルスクをアクスンクルの後任として任命し、ジハードの継続に加えてイール・ガーズィーとトゥグテキーンの討伐を命じた。一一一五年の春、現在のイラン東部に位置するハマダーンより、アレッポを駐屯地として活用しようと計画したうえで大軍を率いてブルスクが西に向かった。アレッポは一一一三年にリドワーンを失っており、跡を継いだ息子アルプ・アルスラーンの摂政としてルル・アル・カビルが舵を取っていたが、ルルはブルスクのアレッポ入城を拒否した。そのうえで、ルルはイール・ガーズィーおよびトゥグテキーンに援軍要請をなし、さらに彼らはルッジェーロに援軍要請をなした。この同盟軍は、ブルスクを牽制するためにアパメアに陣を張った。さらに同盟軍は、他のフランク人諸侯たちにも援軍要請をなし、一一一五年八月までにはボードゥアン一世、ボードゥアン二世、ポンスもアパメアに集結した。衝突することなくブルスクは撤退したが、これは彼の計略であった。

ブルスクは撤退すると見せかけて、ルッジェーロ支配下のカファルダ（現カフルタブ）を占領した。カファルダはアンティオキアとアレッポを結ぶ拠点であり、その制圧は双方にとって大きな脅威となった。これに対してルッジェーロは、九月一四日、アレッポとアパメアの間にあるダニース（現サルミン）でブルスクへの不意打ちを成功させた。ルッジェーロの活躍は、フランク人たちにしばしの平穏な期間をもたらした。しかし、このルッジェーロの勝利は、その勢力拡大に対するトゥグテキーンの恐怖心を煽り、翌年の春にトゥグテキーンはルッジェーロとの同盟関係を解消し、スルタンのムハンマドと和平を結んだ。

一一一六年の夏、トリポリ伯ポンスがバールベック周辺域において略奪行為を展開すると、このときまでには態勢を立て直していたアクスンクルとトゥグテキーンの連合軍がポンス軍を破った。一方でエデッサ伯ボードゥアン二世は一一一五年から一一一七年にかけて、故コグ・ヴァシ

写真2-2　モンレアル城

ルの息子のためにケソウンなどを回復することに成功していた。また、一一一七年のルルの暗殺とその後の内紛状態を受けて、ルッジェーロはアレッポを狙った。しかし、やはりアレッポはイール・ガーズィーによって先に押さえられた。彼はルッジェーロとの同盟を反故にしたうえで、トゥグテキーンと提携してジハードの準備に入った。

そして、一一一九年六月二八日、アレッポ西方に位置するサルマダ平原において、イール・ガーズィーはルッジェーロを敗死せしめた。「血の平原の戦い」としてこの情報がヨーロッパ世界にもたらされると、教皇に就任して間もないカリクストゥス二世は十字軍を提唱した。

ボードゥアン一世の死

このようにラテン・シリアの北部が混乱しているさなか、エルサレム国王ボードゥアン一世はラテン・シリア南部における領土拡大に勤しんでいた。一一一五年のアパメア遠征から帰還したボードゥアンは、モンレアル（現ショバク）に城塞を建造した。ダマスクスからエジプトへの、そしてダマスクスからメッカやメディナへのキャラバンルート上に位置するこの場所での城塞建造は、軍事的であると同時に、あるいはそれ以上に経済的利点を狙ってのことであった。一一一六年にはさらに南に領土を拡張し、アカバ湾の入り口に当たるアイラト（現エイラト）まで進軍した。なお、ボードゥアン一世はその足でシナイ山への巡礼を行った。

そして一一一八年の春、彼は初めてとなるエジプト遠征を敢行した。三月にはナイル・デルタの東端に位置するペルシウム（現テル・エル・ファラマー）を略奪した。しかし、カウム・ティンニス（現ポート・サイド南西）まで軍を進めたところで恐らくは赤痢で倒れ、帰路の道中の四月二日アスカロン南西に位置するアリーシで没した。

嗣子のなかったボードゥアン一世の跡を継いだのは、エデッサ伯ボードゥアン二世であった。四月一四日にエルサレム国王ボードゥアン二世として即位した彼は、翌一一一九年にエデッサ伯の地位を家臣のトゥルベッセル領主ジョスラン・ド・クルトネーに委ねた。ボードゥアン一世の死去と同じ年の四月一六日には後を追うように妻アデライデが、八月一五日にはビザンツ皇帝アレクシオス一世が、そして初代エルサレム総大司教となったアルヌール・ド・ショクケが没した。まさに、一一一八年はラテン・シリアの歴史において、一つの幕が閉じた年であった。

第3章
ラテン・シリアの成長（一一一八―一一四六年）

ボードゥアン二世のクーデター

一一一八年四月二日にエルサレム国王ボードゥアン一世が嗣子なくして死去したことを受けて、エルサレム王国の聖俗有力者たちは、協議の末にその後継者としてゴドフロワ・ド・ブイヨンおよびボードゥアン一世の長兄ユスターシュ三世・ド・ブーローニュを選出した。ユスターシュはアプーリアまで来ていたが、最終的には自身が東方に向かえば混乱を招くと判断して申し出を拒否した。上述のとおり、ボードゥアン一世の後継者となったのはエデッサ伯ボードゥアン二世であったが、その国王戴冠式が行われたのが一一一八年四月一四日であったことを考えると、ユスターシュからの返答が届く前にボードゥアン二世がエルサレム国王に就任したと思われる。すなわち、ユスターシュの判断はボードゥアン二世が既成事実を作っていたことへの穏便な対応であり、ボードゥアン二世の国王就任は事実上のクーデターであった。

このようなかたちで国王に就いたボードゥアン二世が、エルサレム王国の貴族たちとの良好な関係を築くのには時間を要した。その結果、彼はエデッサ伯国からアルメニア人貴族たちを呼び寄せることで、自身の権力基盤を形成しようと試みた。エルサレム王国へのアルメニア人の移住政策は、軍事的な意味合いも持っていた。というのも、ラテン・シリアではトゥルコポーレース（短弓騎兵）が戦時においては非常に重要な役割を果たしており、その主たる担い手がアルメニア人だったからである。これによって、王国貴族たちとの関係が悪くとも、ボードゥアン二世は優位なかたちで軍事政策を展開することが可能であった。加えて、即位した翌年の一一一九年、テンプル騎士修道会の設立を承認した。この段階ではわずか七、八名に過ぎない集団であったが、やがて騎士修道会はラテン・シリアにとって必要不可欠な存在となっていく。

写真3－1　ナーブルスの町。肥沃な土壌に恵まれたナーブルス地域は、エルサレムをはじめとする他の町の食糧庫として機能した

ボードゥアン二世による権力基盤作りは、軍事的側面に限定されたものではなかった。一一二〇年には、宗教の別を問わず、エルサレム市内に物資をもたらす商人たちには関税が撤廃された。このようにして、ボードゥアン二世は人流の活性化と経済的成長も目指したのである。いかに人の移動が活発であったのかは、ボードゥアン二世とエルサレム総大司教ゴルモン・ド・ピキニーとの共催で一一二〇年に開かれたナーブルス教会会議の決議録が物語っている。この会議の目的は、イナゴやネズミの大量発生に起因する飢餓状態、ムスリム勢力の侵入の激化、巡礼者や市民たち

の殺害という状況にあるにもかかわらず、享楽や肉欲に耽る罪深き民たちを矯正することであったが、その罪の一つにキリスト教徒とムスリムとの性交も挙げられているのである。

ラテン・シリアの宗主として

少なくとも一一一九年まではエデッサ伯を兼任していたエルサレム国王ボードゥアン二世は、ラテン・シリア全般の情勢に関与せざるをえなかった。国王即位直後にボードゥアンは、ダマスクス総督トゥグテキーンに和平を持ちかけた。しかし、トゥグテキーンがヨルダン川東部地域の収益の折半を条件とすると、ボードゥアンはそれを拒否した。すると、一一一八年五月にトゥグテキーンはティベリア周辺域に侵攻し、略奪した。そして、同年の夏にファーティマ朝のアル・アフダルが再びアスカロンから進軍してくると、そこにトゥグテキーンが合流した。このような危機的状況に対して、ボードゥアンはアンティオキア侯国およびトリポリ伯国から軍を召集した。

援軍の到来にアル・アフダルとトゥグテキーンはそれぞれ撤退したが、ボードゥアン軍はダマスクスを攻撃し、さらに北上してアレッポも襲撃した。アレッポの支配者となっていたイール・ガーズィーは、トゥグテキーンと提携しつつ、報復としてトゥルベッセルを攻撃した。これに対応しようとしたアンティオキア侯国の摂政ルッジェーロが、一一一九年六月二八日の「血の平原の戦い」で絶命したことは、前章で触れたとおりである。その後、イール・ガーズィーはアレッポ西方のアタリブとザルダナを占領するも、それ以上の進軍は行わずにマルディンに帰った。

ボードゥアン二世は、急ぎアンティオキアに向かい、ルッジェーロの未亡人となったセシルをサポートしつつ、アンティオキア侯国の立て直しを図った。アタリブとザルダナの奪還はならずとも、アンティオキア侯ボエモンド二世が成年に達する一一二六年まで、ボードゥアン二世は同侯国の摂政として舵取りを行った。実質上のアンティオキア侯の兼務という激務を受けて、一一一九年八月ごろに彼はジョスラン一世・ド・クルトネーをエデッサ伯に任命した。

その後も、北方におけるイスラーム勢力の侵攻は止まらなかった。一一二〇年五月から六月には、イール・ガーズィーがアンティオキアに侵攻してきたが退けられた。同時期に、彼の甥ベレクがエデッサ周辺を蹂躙し、トゥルベッセルやケソウンを攻撃したが、ジョスランが凌いだ。翌一一二一年一月にも、ベレクはエデッサに侵攻してきた。フランク人たちも、やられてばかりではなかった。同年四月には攻撃に出て、シャイザルやアタリブなどを攻撃した末、優位な状況でのイール・ガーズィーとの和平締結にこぎ着けた。一方で南部においては、ボードゥアン二世がアンティオキア情勢に専念せざるをえないのを活用して、トゥグテキーンはティベリア周辺を荒らした。しかし、ボードゥアンが戻ると撤退した。

一進一退の攻防は続いた。一一二一年八月ごろには、フランク軍はザルダナを占領し、アタリブを包囲した。アタリブの統治はイール・ガーズィーの息子スライマーンに委ねられていたが、同年一一月、彼はフランク軍に優位なかたちでの和平に応じた。しかし、ボードゥアンがアンティオキアに戻ると、一一二二年六月二七日、イール・ガーズィーはザルダナを奪い返した。これに対してボードゥアンとジョスランが進軍すると、イール・ガーズィーはザルダナを放棄して撤退した。撤退の道中の同年一一月三日、イール・ガーズィーは死去した。

ボードゥアン二世の捕囚

一方、ベレクはエデッサを攻撃した後に退却する道中で、ジョスランが逗留していたビーラ（現ビレジク）を通りかかった。ビーラは、アンティオキア侯国摂政だった故ルッジェーロの妹マリアと結婚することで、嫁資としてジョスランが獲得した町であった。一一二二年九月一三日、ベレクはジョスランを待ち伏せて、ビーラ東方のサルージ（現シュリュジュ）の地で襲撃し、その身柄を捕らえた。

ジョスラン捕縛の報に、ボードゥアンはアレッポの攻撃を切り上げて、エデッサに向かった。マラシュ領主ジョフロワを軍事指揮官に任じたうえで、エデッサとトゥルベッセルの町を自身の保護下に置いた。このような処置を施した後に、アレッポへの攻撃を再開したボードゥアンは、一一二三年四月九日、アレッポ総督スライマーンとの間に、アタリブのフランク人への割譲を含む和平を締結した。まさに孤軍奮闘のボードゥアンであったが、エルサレム王国、アンティオキア侯国、エデッサ伯国の統治は、非常に重荷であった。

スライマーンとの和平締結後、ボードゥアンはジョスランを奪還すべく、ベレクを追い詰めてジョスランの釈放を優位に進めるために進軍したが、一一二三年四月一八日、ベレク軍の闇討ちに遭い、ボードゥアンも捕縛されてしまった。ジョスランと同じくボードゥアンも、エデッサ北方約二五〇キロメートルに位置するカルプト（現ハルプト）に監禁された。しかし、翌月の五月、彼らは脱獄に成功した。ボードゥアンは再び捕まったが、ジョスランは逃げおおせてトゥルベッセルに帰還した。

同年八月、今度はボードゥアンを解放するために、ジョスランはエデッサ伯国、エルサレム王国、アンティオキア侯国、トリポリ伯国から軍勢を集めて、カルプトを目指して進軍した。カルプトを押さえることには成功したが、ボードゥアンの身柄はすでにハッラーンに移されていた。ジョスラン軍はアレッポなどを攻撃した後に一〇月には撤退し、一から計画を練り直した。

一一二四年三月、ボードゥアンの身柄はさらにアレッポに移された。この情報を得ていたジョスランは、アレッポを目指して進軍を再開し、アアザーズの占領に成功した。それに対して、同年四月、ベレクはマンビジュの統治者ハッサーンにトゥルベッセル侵攻のための同盟をもちかけたが、ハッサーンがそれを拒否した。ベレクがハッサーンを捕縛すると、その弟イーサーは、マンビジュの割譲を約束しつつ、ジョスランに援軍要請を行った。しかし、五月六日、ジョスラン軍は敗北し、トゥルベッセルに撤退した。ベレクはマンビジュを包囲するも、城内から放たれた矢が当たり同日に死去した。ベレク軍の指揮は、従兄弟のティムルタシュが引き継いだ。

ただし、ティムルタシュが行ったのは、ボードゥアンの釈放に関する協議をもちかけることであった。最終的には六月二四日、ボードゥアンの保釈金の支払い、アアザーズの返還、例えばイラクのヒッラを支配していたアラブ人首長ドゥバイスといった敵対者とティムルタシュが戦う際には援軍要請に応じること、ボードゥアンの代わりにジョスランの息子ジョスラン（二世）およびボードゥアンの四女イヴェットを人質として差し出すことを条件として、ボードゥアンの釈放が決定した。そして、すべてが整った八月二九日、ボードゥアンは釈放された。

ティール占領

ボードゥアン二世の捕囚中、エルサレム王国の舵取りを行っていたのは、エルサレム総大司教ゴルモン・ド・ピキニーであった。また軍事指揮官のユスターシュ・ガルニエが摂政として選出されていたが、一一二三年六月二五日に死去すると、その職務はティベリア領主ギヨーム・ド・ビュールに引き継がれた。国王の不在を狙って、アスカロンからファーティマ朝軍がヤッファに侵攻してきたが、彼らの主導下で撃退することに成功した。

彼らにとって幸いであったのが、「血の平原の戦い」後にヨーロッパ世界で呼びかけられた十字軍に呼応して、一一二二年の秋にヴェネツィア軍が東方に向かったことであった。ヴェネツィアの目的は、ファーティマ朝との交易関係を重視したために第一回十字軍への参加を見送った結果として、ジェノヴァやピサに後れを取ってしまったことの穴埋めであった。

一一二三年一二月にゴルモンおよびギヨームに合流したヴェネツィア軍は新たな交易拠点を築くために、依然として制圧されていないティールへの攻撃を強く主張した。ゴルモンたちはアスカロンへの攻撃を主張したが、最終的にはヴェネツィアの意向に従った。一一二四年二月一六日より、ティールの包囲が始まった。包囲戦は難航したものの、同年七月七日、ついにティールはフランク人たちの手に落ちた。そして、町の三分の一と商業特権がヴェネツィアに与えられた。これによって、シリアおよびパレスチナの地中海沿岸部でフランク人たちの手中にないのは、アスカロンのみとなった。

ボードゥアン二世の帰還

一一二四年九月六日、ボードゥアン二世は、さっそく協定の内容を無視して報復に出て、アアザーズを占領した。さらに、ティムルタシュと敵対するドゥバイスと同盟を結び、アレッポの攻撃を計画した。ティムルタシュはあくまでボードゥアンとの話し合いを望み、粘り強く交渉を重ねたが、同月末にボードゥアンはアルターに侵攻し、一〇月六日にはアレッポの目の前に迫った。北方からはエデッサ伯ジョスランと、ドゥバイスおよびその息子のサダカが南下し、略奪を繰り返しながらボードゥアン軍に合流した。このときにアレッポを救ったのは、モースルの統治者に復帰していたアクスンクル・アル・ブルスキであり、フランク軍をアタリブまで撤退させた。しかし、アレッポはそのままアクスンクルの支配下に置かれた。

釈放後すぐにこれらの報復活動に勤しんでいたボードゥアンがエルサレムに戻ったのは、翌一一二五年四月三日のことであった。ボードゥアンの南下を追うように、アクスンクルは、ダマスクスのトゥグテキーンと同盟を結び、アパメア東方に位置するフランク人の城塞都市カファルダを制圧した。ボードゥアンもすぐさまこれに応じ、同年六月一一日に同盟軍を撤退させて、アレッポまで追い詰めた。しかし、ここでボードゥアンは、反故にしていた自身の保釈金を支払うという行動に出た。これを受け入れたアクスンクルは、人質にしていたジョスラン二世とイヴェットを解放した。難を逃れたアクスンクルは、アレッポを息子イザッディーン・マスードに委ね、モースルに戻って態勢の立て直しを図った。

一一二五年の秋、ボードゥアンはダマスクス周辺を荒らした後に、アスカロンの攻略を計画した。しかし、シリアの情勢がそれを許さなかった。一一二六年一月二五日には、進軍してきたトゥグテキーン軍をダマスクス南方のマルジ・アル・サファルで破った。また、トリポリ伯ポンスの要請に応じて、一一二六年三月三一日にはラファニヤー（現アル・ラファニーヤ）を占領し、そこを足掛かりとして、五月にはホムス領内で略奪を繰り返した。これに対してアクスンクルは、息子イザッディーンをホムスの救援に向かわせて、フランク軍を退けた。自身は、七月にアタリブを侵攻するも制圧には失敗した。そのアクスンクルは、一一二六年一一月、モースルにてニザール派によって暗殺された。息子のイザッディーンも、アレッポにて毒殺された。これを好機と捉えたエデッサ伯ジョスランはアレッポに進軍するも、金銭と引き換えに退却した。

一見すると、分裂するイスラーム勢力に対して、一枚岩のフランク人が優位に立っているかのようであった。しかし、一一二七年に一つの問題が生じた。前年の一一二六年九月、成年に達したアンティオキア侯ボエモンド二世がフランスを出発し、アプーリアから東方に向けて出港した。翌月ごろには聖シメオン港に到着した。一一二七年の夏、かつてアレッポのアクスンクルに奪われたカファルダを奪還することで、アンティオキア侯としての責務を果たしたボエモンドであったが、このことがやはりカファルダを狙うジョスランとの衝突を招いた。ジョスランはボエモンドの進軍中にアンティオキアの町に進軍し、住民たちに自身の支配権を認めるように強要した。ボードゥアン二世が仲裁に入ったために事態は収束したが、アンティオキア侯国とエデッサ伯国との間で戦争勃発に発展する一歩手前であった。同年九月、ラテン・シリアの分裂回避の意図もあり、ボードゥアンは次女アリクスと、ボエモンドとの間の婚姻を成立させた。

ザンギーの登場

一方、たびたびの分裂に苦しんでいたイスラーム世界では、一人の人物が現れた。一一二七年四月、セルジューク朝スルタンのアフマド・サンジャルによってイラク、モースル、アレッポなどでの使節活動を命ぜられることから、イマードゥッディーン・ザンギーのキャリアは始まった。各地の情勢を見た結果、フランク人への攻撃よりも、反抗的なムスリム勢力の鎮圧を彼は重視するようになった。

一一二七年九月には統治者不在となっていたモースルで支配権を確立し、東方のシンジャールやハッラーンにまで勢力を拡大した。このようにしてエデッサ伯国を臨む地域にまで進出したザンギーであったが、エデッサ伯ジョスランとは和平を結び、衝突を避けた。一一二八年一月には、やはり支配者を失っていたアレッポを制圧し、一一二九年六月までにはマンビジュなども押さえた。

この間の一一二八年二月、南方のダマスクスではトゥグテキーンが死去していた。息子のタージャル・ムルーク・ブーリが跡を継いだが、ザンギーは計略によってタージャルの息子の一人を捕縛した。このようにしてダマスクスを牽制したザンギーは、一一二九年の秋にはハマーおよびホムスを押さえた。

一方、トゥグテキーンの死を受けて、エルサレム国王ボードゥアン二世も動きを見せていた。

彼は対ダマスクスの十字軍を要請すべく、テンプル騎士修道会総長ユーグ・ド・パイヤンをヨーロッパに派遣した。ユーグは、教皇ホノリウス二世よりテンプル騎士修道会の正式認可を得たうえで、後にエルサレム国王となるアンジュー伯フルク五世を含む多くの十字軍士たちを伴って、一一二九年に帰還した。

ヨーロッパ世界からの大軍の到来に恐れをなしたダマスクスのワズィール（大臣）は、密かにダマスクスとティールの交換をボードゥアンに提案し、彼はそれを受諾した。しかし、この密約が発覚すると、一一二九年九月四日、ワズィールは処刑された。ワズィールと提携していたシーア派の一派であるイスマーイール派は粛清を恐れ、ボードゥアンにダマスクスとティールのほぼ中間に位置するバニアス（現カエサレア・フィリッピ）を割譲した。そこを拠点として、一一二九年一一月、エルサレム王国軍と十字軍がダマスクスに侵攻したが、大敗北を喫して一二月五日に撤退した。

ラテン・シリアの君主たちの死

フランク人勢力の不幸は、ダマスクス攻略の失敗に留まらなかった。一一三〇年二月、キリキアに遠征中のアンティオキア侯ボエモンド二世の軍勢が、小アジア北東部に勢力を誇っていたダニシュメンド朝の伏兵によって壊滅し、ボエモンドも首を刎ねられてしまった。アンティオキア侯国の諸侯たちは、この緊急事態に義父であるボードゥアン二世に援助を請うた。しかし、未亡人となったボードゥアンの娘アリクスは、自身での権力の掌握にこだわり、ザンギーに支援を要請しようと密かに企図した。このことが事前に発覚すると、ボードゥアンは急ぎアンティオキアに向かった。アリクスは、父に対して城門を閉ざした。しかし、反アリクス派の手引きによって入城を果たしたボードゥアンは、アリクスを彼女が嫁資として所有するラタキアに追いやり、アリクスの娘コンスタンスが結婚するまでという条件の下で、アンティオキアの統治をエデッサ伯ジョスランに委ねた。

このようなアンティオキアの混乱を見たザンギーは、同年春にはアンティオキア侯領に侵攻し、アタリブを包囲した。ボードゥアンたちはそれに対応するも、敗北を喫した。その勢いで、アンティオキアとアレッポの中間に位置するハラムに侵攻したザンギーは、収益の半分を受け取ることで現地住民たちとの間に和平を結んだ。そして、ザンギーは再びイスラーム世界の統一を目指して動き出した。

一一三〇年後半より、ザンギーは反目する者たちを徹底的に粛清し、一一三四年にはクルド人勢力も制圧した。その間の一一三一年八月二一日、ラテン・シリアではエルサレム国王ボードゥアン二世が死去していた。国王位は長女メリザンドと、その夫でかつて十字軍士としてやってきたことのあるアンジュー伯フルク五世、そして二人の間にもうけられた当時二歳のボードゥアン三世に引き継がれた。死の間際のボードゥアン二世がボードゥアン三世をも即位させたのは、アンジュー伯家に王位継承権が移ることを危惧したからであった。

同年、ボードゥアンの後を追うように、エデッサ伯ジョスラン一世も死去した。アレッポ近郊の城塞を包囲している際に、攻城器が倒れて彼は深手を負った。それを知ったルーム・セルジューク朝スルタンのマスウード一世が、ケソウンを占領した。瀕死のジョスラン一世は、息子ジョスラン二世にケソウンの奪還を命ずるも、大群の敵に恐れをなした息子に拒否されたため、戸板に横たわって戦場に出た。マスウード一世は撤退するも、帰還の道中でジョスラン一世は絶命した。

アンティオキア侯国の内紛

エルサレム国王ボードゥアン二世の死を受けて、アンティオキア侯国ではアリクスが復権した。彼女は、トリポリ伯ポンスと、新たにエデッサ伯となったジョスラン二世の支持を取りつけて、権力の基盤固めを行った。これに対して、アンティオキア侯国内の反アリクス派は、エルサレム国王フルクに訴えた。フルクがアンティオキアの町にやってくると、住民たちは彼を指導者として扱った。その結果として、一一三二年の夏にフルクとポンスの間でシャステル・ルージュの戦いが勃発した。フルクはポンスを退け、両者は和解した。勝利したフルクは、アンティオキア侯国の摂政として軍務長官ルノー・マソワールを任命し、統治に当たらせた。

このようにしてアンティオキア侯国の混乱を一時収めたフルクであったが、ベイルートのフランク人がダマスクス商人を襲撃したことを休戦協定違反の口実としたダマスクスのタージャル・ムルークが、一一三二年一二月二一日にバニアスを占領した。さらに同じころ、近隣の遊牧民の領内侵入に苦しんでいたトリポリ伯ポンスが、迎撃に出て敗れるという事態が生じた。だが、南下したフルクは、いずれをも修復した。アンティオキアに戻ったフルクに対して、住民たちは故ボエモンド二世とアリクスとの間の娘コンスタンスの婿探しを要請した。そこでフルクは、一一三三年初頭、アキテーヌ公兼ポワトゥー伯ギヨーム九世（ポワトゥー伯としてはギヨーム七世）の息子レーモン・ド・ポワティエとの交渉に入った。

一一三二年六月の父タージャルの死を受けてダマスクスの支配者となっていたシャムサル・ムルーク・イスマーイールは、対ザンギー政策を推進し、一一三三年八月六日にはハマーを占領した。また、シャムサルはエルサレム王国領内にもたびたび侵攻するなど、活発な軍事活動を展開した。しかし、一一三五年一月三〇日に彼は暗殺され、ダマスクス総督は弟シバーブッディーン・マフムードに継がれた。この代替わりの時期を狙って、ザンギーがダマスクスに侵攻してきた。マムルーク（軍人奴隷）のムイーヌッディーン・ウヌルの活躍もあり、ダマスクスの町は救われ、同年三月にザンギーは撤退した。ザンギーは、そのままアンティオキア侯国領内に侵攻し、アタリブ、ザルダナ、カファルダなどを占領した。

このころ、バグダードのアッバース朝カリフのムスタルシドより、ダマスクス攻撃から手を引くように命ぜられたザンギーは、代理人セヴァルにすべてを委ねて約一年間シリアから離れた。セヴァルは、同年秋にはダマスクスへの攻撃を再開した。そして、翌一一三六年四月にはアンティオキアに侵攻し、ラタキアを蹂躙した。

そのアンティオキアでは、一一三五年にアリクスが舞い戻ってきて、再び権力を握ろうとしていた。彼女は、ビザンツ皇帝ヨハネス二世コムネノスとの間に、自身の娘コンスタンスとヨハネスの息子マヌエル（後の皇帝マヌエル一世コムネノス）とを結婚させる約束を交わすことで、ビザンツ皇帝の後ろ盾を得ていた。しかし、一一三六年後半、レーモン・ド・ポワティエがアンティオキアに到着すると、アリクスは撤退を余儀なくされた。このようにしてアンティオキアの混乱は収まったかに見えたが、レーモンがアンティオキア総大司教ラルフと激しく対立すると、また違った混乱が生じた。

ザンギーの帰還

一一三七年三月、ザンギーの家臣セヴァルがトリポリ伯国領内に侵攻した。トリポリ伯ポンスが捕らえられ、三月二五日に殺害された。トリポリ伯位は、息子のレーモン二世に引き継がれた。そして、同年六月、ザンギーがシリアに戻ってきた。まずは交渉によってウヌルを屈服させ、ホムスを獲得しようと試みたがうまくいかなかった。ザンギーは、軍事に訴えてホムスを攻撃したが、フランク軍の援助を得たウヌルがそれを退けた。次なるザンギーの標的は、トリポリ伯国領内のバアリンとなり、七月一一日に包囲を開始した。レーモン二世は、フルクに援助を求めた。しかし、同じころにビザンツ帝国軍がアンティオキア侯国領に侵攻してくるとの報告が飛び込んできた。かつてアリクスの交わした婚姻の約束が反故にされたことに対する報復であった。アンティオキア侯レーモン・ド・ポワティエも、フルクに援軍の要請を行った。

フルクの選択にとって決定的となったのは、レーモン二世がザンギーに捕縛されたことであった。これを受けて、レーモン・ド・ポワティエも含めて、レーモン二世の解放が優先事項となった。しかし、ビザンツ帝国軍がすぐそこまで迫っていることが、ザンギーを躊躇させた。優位な状態にあったザンギーは、多額の金銭と引き換えにレーモン二世を解放した。

そのすぐ後の八月二九日、皇帝ヨハネス二世率いるビザンツ帝国軍がアンティオキアにやってきた。バアリンから急ぎ戻ったレーモン・ド・ポワティエは和平の締結を打診し、九月に次のような内容での合意に至った。レーモン・ド・ポワティエはビザンツ皇帝ヨハネスの家臣であり、アンティオキア侯国領は皇帝からの封土である。ヨハネスがアレッポなどを奪還した場合、それはレーモン・ド・ポワティエ、レーモン二世、ジョスラン二世に下封される。それを現実のものとするために、ビザンツ帝国軍とフランク軍はともに対ムスリム勢力の遠征を行う、と。

そして、翌一一三八年二月から、その遠征は実行に移された。四月一四日にはアレッポ西方まで進軍したが、成果なく六日後に撤退した。翌日の四月二一日にはアタリブやカファルダの奪還に成功し、四月二八日にはシャイザルへ進軍した。しかし、ほとんど何も成果を挙げることなく、最終的には五月二一日に連合軍は完全撤退し、ヨハネスもコンスタンティノープルに帰還した。

ヨハネスがシリアを去るとすぐに、ザンギーはアタリブの奪還を目標に掲げたが、それを達成するための地固めとして、ホムスの支配を目指した。ダマスクスの支配者シバーブッディーン・マフムードには、バアリンなどと引き換えにホムスの明け渡しを要求し、受諾された。両者の間には、ザンギーとマフムードの母と、マフムードとザンギーの娘との婚姻を成立させることで、親族関係が結ばれた。そして、一一三八年一〇月一〇日、ザンギーはアタリブを占領した。

しかし、一一三九年六月二二日にマフムードが暗殺されると、ウヌルが動いた。彼は、マフムードの弟でバールベック領主のジャマールッディーン・ムハンマドを、ダマスクスの支配者に据え、その他の兄弟や親族を粛清していった。そのうちの一人で、母親がザンギーの妻の一人であったバラーム・シャーがザンギーに救援を要請すると、ザンギーはダマスクスを目指して侵攻した。同年八月二〇日、ムハンマドによりウヌルに与えられていたバールベックを、ザンギーはまずは攻撃した。ウヌルは、バニアスの割譲を餌として、フランク人に援軍を要請した。フランク軍が駆けつけるも、一〇月にバールベックはザンギーの手に落ちた。

一一四〇年三月二九日、ムハンマドが死去し、息子のムジールッディーン・アバクが、ダマスクスを継いだ。ザンギーへの抵抗とフランク人との提携、という基本路線も継続された。代替わりを狙ってザンギーはダマスクスを包囲したが、五月四日に一時それを中断し、フランク軍の進軍を阻止するために、ティベリア湖東方のフランク人の拠点ダルアーを攻撃した。しかし、ダルアー攻略を失敗したザンギーは、五月二五日にダマスクスへの再攻撃を実施するもこれもうまくいかず、バールベックの北まで撤退した。フランク軍とダマスクス軍の連合軍は、ザンギーに降伏していたバニアスに進軍し、同年六月一二日にその奪還に成功した。このような状況を受けて、ザンギーは再びシリアからの一時撤退を決めた。

ビザンツ帝国の侵攻

ザンギーの撤退で一息ついたフルクであったが、一一四三年一一月一三日、狩猟中の落馬が原因となり死去した。エルサレム王国は一三歳のボードゥアン三世と、摂政としてその母のメリザンドに委ねられた。エルサレム総大司教ギヨーム・ド・マリーヌ（ウィレム・ファン・メヘレン）

が、メリザンドを支えた。メリザンドはエルサレム王国をうまく統治したが、アンティオキア侯レーモン・ド・ポワティエやエデッサ伯ジョスラン二世を押さえることはできず、ラテン・シリアの分断が進んだ。トリポリ伯レーモン二世も、メリザンドよりも、テンプル騎士修道会や、とりわけそれに倣って騎士修道会化して勢力を拡大していた聖ヨハネ修道会への依存度を高めた。そして、騎士修道会には多くの城塞が与えられていった。

さて、少し話はさかのぼるが、ザンギーの撤退はビザンツ帝国も動かすこととなった。一一四二年、皇帝ヨハネス二世が、再びアンティオキア侯国に対して支配権を要求してきた。ヨハネスのもくろみは、アンティオキアに加えて、キプロス島およびキリキアの拠点の一つであるアダリア（現アンタルヤ）を、息子マヌエルの勢力圏とすることにあった。ヨハネスは、まずはエデッサ伯国領に侵攻し、トゥルベッセルの前に陣を張った。脅威に抗えないジョスランは、ヨハネスの要求に応じて娘イザベルを人質として差し出した。そして、同年九月二五日、ヨハネスはアンティオキアの前に陣を張った。しかし、レーモン・ド・ポワティエは断固たる態度をとり、上記の一一三七年の合意の破棄を宣言した。睨み合いの状態が続いたが、冬が近づくと、遠征の継続は難しいと判断したヨハネスは撤退した。

一一四三年四月、キリキアで狩猟のさなかにヨハネスが死去し、ビザンツ皇帝位は息子マヌエル一世に継がれた。父の計画も引き継がれた。ヨハネスの死を受けてレーモン・ド・ポワティエがキリキアに侵攻すると、一一四四年、アンティオキア侵攻でマヌエルはそれに応えた。完敗を喫したレーモン・ド・ポワティエは、自らコンスタンティノープルに向かい、マヌエルの家臣であることを認めざるをえなくなった。

エデッサ伯国の滅亡

シリアを去ったザンギーは、和平や同盟なども含めてムスリム勢力を束ねようと努めていた。一一四三年に再度シリアに戻ってきた彼は、まずはエデッサ伯国を消滅させることを目指した。一一四四年一〇月までにはエデッサ伯国の東部のほとんどを制圧し、一一月二八日にエデッサの町の包囲を開始した。ジョスラン二世は、レーモン・ド・ポワティエとメリザンドに援軍要請を行った。ビザンツ皇帝マヌエルとの闘争のさなかにあったレーモン・ド・ポワティエにはその余裕はなく、メリザンドは要請に応じるも時すでに遅しという状況であった。ジョスランはザンギーに和平の締結を申し出るも拒絶され、一二月末に降伏してエデッサが陥落した。

しかし、二年後の一一四六年九月一四日、ザンギーが自身の奴隷によって暗殺される。彼の遺産は二人の息子で分割相続され、長男のサイフッディーン・ガーズィーはモースルを含む東部地域を、次男のヌールッディーン・マフムードはアレッポを含む西部地域を引き継いだ。

ザンギー死去の報告を受けたエデッサの住民たちは、ジョスランによるエデッサ回復を望んで計画を立てた。しかし、一一四六年一〇月、ジョスランが入城する直前にヌールッディーンが先んじてエデッサに侵攻し、再び制圧した。トゥルベッセルを中心とするエデッサ伯国の西部地域はその後もフランク人の手中に残るも、ヌールッディーンのエデッサ再征服によって、実質的にエデッサ伯国は滅亡した。

第4章

ラテン・シリアの発展と分断（一一四六―一一九二年）

ダマスクスを巡る攻防

一一四六年のエデッサ伯国の（一部）滅亡は、アンティオキア侯国がヌールッディーン・マフムードの脅威に直接さらされることを意味した。アンティオキア侯レーモン・ド・ポワティエは、ビザンツ帝国軍の援助を頼りとして、皇帝マヌエル一世との関係の修復を試みた。しかし、ビザンツ帝国からの援軍は得られず、一一四七年から翌年にかけて、ヌールッディーンがアルターなどを制圧していき、アンティオキア侯国はオロンテス川より東の領土を失った。

フランク人の諸国家の基本方針は、依然としてアレッポに抵抗するダマスクスとの関係を強化することであった。実質的なダマスクスの支配者であるムイーヌッディーン・ウヌルは、イマードゥッディーン・ザンギーの死後にはバールベックを占領し、ホムスやハマーと提携することに成功していた。一一四七年三月にはウヌルの娘とヌールッディーンの婚姻が成立したが、それでもウヌルはフランク人寄りの姿勢をとっていた。

しかし、エデッサ陥落を契機に組織されたいわゆる第二回十字軍が、一一四八年七月二三日にダマスクスの包囲を開始した。この背後には、後述するように、親ダマスクス政策を展開していたエルサレム国王ボードゥアン三世の母メリザンドと、親政を目指していたボードゥアン三世との間の亀裂があった。ダマスクス包囲戦は四日後に空しく終わるが、アレッポとダマスクスの距離を急激に縮める結果をもたらした。

エデッサ伯国の完全消滅

ヌールッディーンによるフランク人領域への侵攻が激化した。一一四九年初頭ごろには、トリポリ伯レーモン二世の親族のベルトランが領有していたアリマが占領され、ベルトランも捕縛された。同年六月二九日にはアンティオキア侯レーモン・ド・ポワティエがヌールッディーンと戦って敗れ、殺害された。アンティオキア侯国の命運は、未亡人となったコンスタンスの肩にのしかかった。さらに、名称のみとなっていたエデッサ伯ジョスラン二世は、一一五〇年五月四日、アンティオキアに向かう道中で捕縛され、アレッポに連行された。なお、盲目にされたジョスランは、その九年後に捕虜の身のままで死去した。

ジョスラン捕縛の報を得たルーム・セルジューク朝スルタンのマスウード一世は、一一五〇年五月に南下してフランク人が影響力を持つ領域に侵攻し、ケソウン、ベスニ、ラバンを占領した。住民たちは、ジョスラン二世の妻ベアトリスが死守していたトゥルベッセルに逃げ込んだ。さらに、東からはヌールッディーンがトゥルベッセルに侵攻し、町を包囲した。このような危機的状況の中で、ビザンツ皇帝マヌエル一世が、トゥルベッセルを引き渡せばベアトリスと子どもたちの身柄の安全を保障して財政的支援を行うと提案した。エルサレム国王ボードゥアン三世は、その提案を受諾した。

しかし、その二〜三か月後、旧エデッサ伯国西部地域は、ルーム・セルジューク朝、イール・ガーズィーの後継者たちが支配者であるアルトゥク朝、そしてヌールッディーン（ザンギー朝）との間で分割された。ここに、エデッサ伯国は完全に消滅した。

エルサレム王国の内戦

エルサレム国王ボードゥアン三世は、すでに一一四五年に成年に達しており、したがってもはや摂政を必要としなかった。しかし、母メリザンドは権力を手放そうとしなかった。先に触れた第二回十字軍に際してのダマスクス攻撃に見られたように、両者はしばしば衝突していた。その対立が完全に表面化した契機は、一一五〇年にメリザンドが従兄弟のマナッセ・ド・イエルジュを、ボードゥアンの了承なしに、王国の軍務長官に任命したことであった。

もともと貴族たちの間でマナッセの評判は芳しくなかったこともあり、彼らはボードゥアンに単独で国王戴冠式を挙行すべきだと主張した。これの意味するところは、もはやメリザンドには権力がないことを示すことであった。そして、一一五一年の復活祭の二日後、ボードゥアンが戴冠式を行った。これにより、エルサレム王国は二つに分断された。当初は穏便に事を運ぶべく、ボードゥアンは王国領の分割を提案した。ボードゥアンはティールとアッコンを、メリザンドはエルサレムとナーブルスを拠点とすることが決定された。

しかし、マナッセが軍務長官の座にしがみついたために、事態は悪化した。貴族たちに押されたボードゥアンはマナッセを解職し、後任には貴族たちの代表者であるトロン（現ティブニン）領主オンフロワ二世を据えた。この新たな軍事態勢の下で、王国軍はマナッセの逃げ込んだナーブルスを制圧した。メリザンドはエルサレムに避難し、マナッセはミラベル（現ミグダル・トセデック）に逃亡した。ボードゥアンはミラベルを包囲してマナッセを捕らえた後に、エルサレムに侵攻した。メリザンドと彼女を支持したボードゥアンの弟アモーリーは、王宮に籠城せざるをえない状況に追い込まれた。最終的には、一一五二年、メリザンドはエルサレムの町と王国の支配権を放棄した。彼女には、ナーブルスの領有のみが認められた。

このようにしてボードゥアンとメリザンドの対立自体は終止符を打ったが、この親子喧嘩の際に表面化したさまざまな対立構造は、その後も断続的にエルサレム王国を苦しめていくこととなる。

アスカロンの占領

内戦に勝利し、親政を開始したボードゥアンがまず目を向けたのは、依然として危機的状況の続く北方であった。しかし、一一五二年、トリポリ伯レーモン二世がニザール派によって殺害された。ボードゥアンはすぐにトリポリに行き、未亡人となった伯母、すなわちボードゥアン二世の三女オディエルヌと、その一二歳の息子レーモン三世を支える態勢を整えた。

アンティオキア侯国では、未亡人となったコンスタンスの新たな夫を巡る議論が展開されていた。ビザンツ皇帝マヌエル一世は、自身の息子を強く推薦した。ボードゥアンも、さまざまな候補者を提示した。しかし、コンスタンスはすべてを断った。第二回十字軍の際に到来し、そのままラテン・シリアに定住した騎士ルノー・ド・シャティヨンが、すでにコンスタンスの心の中にあったためであると言われている。そして、実際にコンスタンスはルノーとの結婚の意志をボードゥアンに伝え、一一五三年一月初旬、ボードゥアンもそれを承認した。

このようにして北方の諸問題に一区切りをつけたボードゥアンは、南方の問題、すなわちシリアおよびパレスチナ沿岸部で唯一ファーティマ朝の手に残り続けているアスカロンの攻略に着手した。コンスタンスの再婚承認の二〜三週間後には、ボードゥアンの姿はアスカロンの前にあった。すぐさま包囲戦が開始されるも事は進展せず、六月には海上よりアスカロンにもたらされるエジプトからの支援物資が、さらに包囲戦を難航させた。テンプル騎士修道会総長ベルナール・ド・トレムレが城内侵入に成功するも、首を刎ねられ、その首はカイロのカリフ、ザーフィルの下に送られた。

一度は断念しかけたボードゥアンであったが、エルサレム総大司教フルク・ダングレームや聖ヨハネ修道会総長レーモン・デュ・ピュイの強い説得により、包囲戦が続行された。八月二二日、ついにアスカロンが陥落し、これにより沿岸部制圧が完了した。アスカロンおよびその周辺域は、ボードゥアンの弟でヤッファ伯に収まっていたアモーリーに委ねられた。

写真4－1　ヨルダン川に架かる「ヤコブの浅瀬」の傍らに残された、フランク人の城塞跡

（第一次）ヤコブの浅瀬の戦い

一方で、一一五四年四月、ヌールッディーンはダマスクスの包囲を開始した。ダマスクスはボードゥアンに対して援軍要請を行うも、それが到着する前の同月二五日に陥落した。ダマスクスの獲得に多くを費やしたヌールッディーンは、しばらくは地固めに専念した。彼は、一一五六年にはボードゥアンと和平を締結し、八〇〇〇ディナールを貢納すらした。

　しかし、翌一一五七年、フランク人によるバニアス周辺域の略奪が、協定違反という問題を引き起こした。報復として、ヌールッディーンはバニアスを攻撃した。ボードゥアンが軍を率いて出陣すると、ヌールッディーンは撤退した。さらに追撃したボードゥアンであったが、六月一九日、ティベリア北方のヨルダン川にある「ヤコブの浅瀬（ヴァドゥム・ヤコブ）」（現ベノート・ヤーコフ橋）にて、ボードゥアン軍は大敗北を喫した。ボードゥアンも命からがらサフェド（現ツファット）に逃れた。ラムラ領主ユーグ・ディブランやテンプル騎士修道会総長ベルトラン・ド・ブランシュフォールなど、多くの者たちが捕虜となった。

　勝利を得たヌールッディーンは、バニアス攻撃を再開した。しかし、このときはアンティオキア侯となったルノー・ド・シャティヨンやトリポリ伯レーモン三世の援軍が駆けつけたため、ヌールッディーンは撤退した。

キプロス侵攻

上記のとおり、アスカロンの包囲を開始する数週間前にボードゥアン三世の承認を受けたアンティオキア侯コンスタンスとルノーの挙式は、一一五三年春に挙行された。かねてよりこの婚姻に反対の意思を表明していたアンティオキア総大司教エメリーが、侯の地位に就いたルノーによって投獄された。この出来事はボードゥアンを激怒させ、彼の介入によってエメリーは釈放された。

ルノーが対立したのは、エメリーだけではなかった。ビザンツ皇帝マヌエル一世は、家臣としてのアンティオキア侯ルノーに対して、キリキア遠征のための援軍を提供するように求めた。キリキアでのビザンツ帝国に対する反乱を鎮圧するためであった。ルノーは、遠征費をマヌエル側が負担するのであればとして応じ、マヌエルも費用の提供を約束した。

反乱は鎮圧されたが、当時キリキアにおいて勢力を誇っていたアルメニア人貴族のトロス二世がキリキアの沿岸部をアンティオキア侯国内のテンプル騎士修道会士に割譲するなど、利益を得たのはフランク人のみであった。このことを不愉快に思ったマヌエルが遠征費の支払いを遅延させると、激怒したルノーは、一一五六年の春、トロスとともにキプロス島に侵攻した。当時のキプロスはマヌエルの甥ヨハネス・コムネノスの支配下にあったが、ルノーはヨハネスを捕らえたうえで、島民たちを虐殺して島中を荒らしまわった。

ビザンツ帝国との関係修復

一一五七年一〇月、ザンギー朝のヌールッディーンが病に倒れた。この情報を得たボードゥアン三世は、アンティオキア侯ルノーやトリポリ伯レーモン三世、さらには十字軍士として来訪していたフランドル伯ティエリ・ダルザスとともに、シャイザルに進軍した。シャイザルが占領された暁には、それをティエリに委ねることが決められた。これに対してルノーは、かつてシャイザルがアンティオキア侯にオマージュをなしていたことを理由に、自身にオマージュをなすようティエリに要求した。ティエリはそれを拒否した。両者の間の喧嘩があまりにも激しくなったため、シャイザル攻撃は断念せざるをえなくなった。その後、フランク人たちはダマスクスなどを攻撃したが、病から回復したヌールッディーンは、一一五八年初頭にフランク人たちとの間に和平を結んだ。

さて、一一五七年の秋にはもう一つの大きな動きがあった。ボードゥアン三世の結婚相手に関して協議するために、ビザンツ帝国に使節が派遣された。数回の交渉の結果、マヌエル一世の姪で当時一三歳であったテオドラが候補者となった。そして、一一五八年九月、エルサレムにおいてボードゥアンとテオドラの婚姻の儀が行われた。このようにしてエルサレム国王家と結びついたマヌエルは、結婚式の直後、キリキアでの復権を目指して進攻した。二年前にルノーとともにキプロスを蹂躙したトロスは逃亡した。ルノーも、マミストラにてマヌエルに謁見し、キプロス侵攻を詫びた。さらには、マヌエルの家臣となること、アンティオキアの町にマヌエルの指名したギリシア正教会の総大主教を置くことも約束した。

ボードゥアンと弟のアモーリーはルノーの救援要請を受けてマミストラに駆けつけたが、到着したときにはすべてが終わっていた。彼らはマヌエルに丁重にもてなされた。ボードゥアンのとりなしで、マヌエルとトロスとの関係も修復された。一一五九年四月一二日、勝利者となったマヌエルは、アンティオキアの町に華々しく入城した。祝宴やトーナメント（馬上槍試合）が催された。

フランク人とビザンツ帝国との関係強化は、ヌールッディーンには脅威であった。彼はアレッポの防備を固めるとともに、マヌエルとの交渉にも入った。マヌエルはヌールッディーンからの譲歩を引き出し、その結果、多くのアルメニア人捕虜が解放され、また、一一四九年以来捕囚生活を送っていたトリポリのベルトランや、少し前に捕縛されていたテンプル騎士修道会総長ベルトラン・ド・ブランシュフォールなども釈放された。

マヌエルの側からすると、問題であったのはザンギー朝ではなく、ルーム・セルジューク朝であった。以上のような外交政策で外堀を埋めたマヌエルは、一一六一年の秋、エルサレム王国軍、アンティオキア侯国軍、およびアルメニア人の軍勢とともに、ルーム・セルジューク朝スルタンのクルチ・アルスラーン二世の軍勢を打ち破った。クルチ・アルスラーンは、自らコンスタンティノープルに赴き、マヌエルの家臣となる誓いを立てさせられるまでに追い込まれた。

ボードゥアン三世の死とアモーリーの即位

このようにマヌエルがルーム・セルジューク朝に対して優位に立ちつつあった一一六〇年一一月、ルノー・ド・シャティヨンはアインタープを略奪した後の帰路で、在地のムスリムによって捕縛された。彼はその後一六年間の捕囚生活を送ることになるが、フランク人たちにとってはある種の厄介払いができたかたちとなった。主を失ったアンティオキアの住民たちは、マヌエルにではなく、ボードゥアン三世に相談し、その結果、ボードゥアンがアンティオキア侯国の摂政となった。彼は、ルノーと対立していたアンティオキア総大司教エメリーに、自身の代理人として統治に当たらせた。

ボードゥアンがアンティオキアに滞在している間に、ビザンツ帝国からの使節団が到来し、アンティオキア侯コンスタンスとルノーとの間の娘マリーと、マヌエルとの婚姻について協議された。ビザンツ帝国との関係のさらなる強化を狙ったボードゥアンはそれに同意し、一一六一年のクリスマスに婚姻の儀が持たれた。

このようにボードゥアンがアンティオキアの問題に専念していたころの一一六一年九月一一日、かつて息子と対立していたメリザンドが息を引き取った。それから約一年半後の一一六三年二月一〇日、ボードゥアンもこの世を去った。体調不良に陥ったボードゥアンが、トリポリ伯レーモン三世の主治医バラクの処方した薬を飲んだ結果であった。毒殺か不慮の事故なのかは定かではない。ボードゥアンの死を受けて、ヌールッディーンの家臣たちはエルサレムへの侵攻を君主に強く提案したが、彼はそれを却下し、亡きエルサレム国王に最大の賛辞を送ったとも伝えられている。

嗣子のなかったボードゥアンの跡を継いだのが、弟のアモーリーであった。アモーリーの国王としての船出は決して順風満帆ではなく、いくつかの試練があった。まず一つは、彼はエデッサ伯ジョスラン二世の娘アニュエス・ド・クルトネーと結婚していたが、それが近親婚に抵触していたことである。エルサレム総大司教アモーリー・ド・ネールと教皇特使のジョヴァンニ枢機卿は、アニュエスと離婚すれば、二人の間にもうけられた娘シビーユと息子ボードゥアン（後の国王ボードゥアン四世）は嫡子として承認するという提案をし、アモーリーはそれを受け入れた。

これによって第一の問題をクリアしたアモーリーであったが、より深刻であったのは、貴族たちとの関係が良好ではなかったことであった。上記のとおり、兄ボードゥアン三世と母メリザンドとの間の権力闘争の際に、アモーリーが母側についたことがその遠因であった。これに対するアモーリーの対処策は、大きく見て次の三つとなる。

まず一つは、法の整備であった。彼は「アシズ（慣習法集成）」を整える中で、王権の強化を図った。例えば、リージュ法によって、陪臣（家臣の家臣）を国王の直臣に位置づけることで、貴族層を牽制するための土台を作った。もう一つが、新たにヨーロッパ世界から到来する新参者を登用することであった。在地の貴族たちからの支持を得られないアモーリーにとってはいたしかたない政策であったが、例えば新参者のミロン・ド・プランシーを政務長官に任命すると、在地の貴族たちとの間の溝はより一層深まった。新参者対古参者という対立構図は、やがて「王党派」対「バロン派（貴族派）」というかたちでより顕在化していくこととなる。

　そして三つ目が、エジプト政策である。ファーティマ朝の拠点であるエジプトの制圧は、兄ボードゥアン三世の遺志を継ぐものであると同時に、アモーリーにとっては国王としての威光を示す絶好の機会であった。

エジプト遠征へ

　一一六三年九月、アモーリーは第一次エジプト遠征を開始した。ボードゥアン三世の統治期に定められた貢納金の未払いを口実とするものであり、ナイル・デルタの東南端に位置するビルベイスが包囲された。かつてワズィールとしてファーティマ朝の実権を握っていたが、権力闘争に敗れてシリアに逃れていたシャーワルは、ヌールッディーンに援軍を要請した。それに応えて、一一六四年四月、ヌールッディーンはクルド人武将のアサドゥッディーン・シールクーフを派遣した。翌月にシールクーフがカイロに入城し、シャーワルも復権した。しかし、シャーワルが約束の金銭を支払わなかったため、今度はシールクーフがビルベイスを包囲した。そして今度は、シャーワルはフランク人に援軍を要請した。

　それに呼応して、一一六四年の夏にアモーリーによる第二次エジプト遠征がなされ、シールクーフが陣取るビルベイスの包囲が開始された。ビルベイス陥落の目前で、ヌールッディーンが、聖ヨハネ修道会の拠点の一つであるクラック・デ・シュヴァリエ城塞の南西に位置するベッカー高原に侵攻し、ハラムを包囲したとの報告が、アモーリーをシリア北部に引き戻した。アンティオキアとアレッポ双方にとって重要な拠点であるハラムは一一六四年八月一二日に陥落し、アンティオキア侯となっていたボエモンド三世（コンスタンスとレーモン・ド・ポワティエの子）、トリポリ伯レーモン三世、エデッサ伯ジョスラン三世、そして十字軍士として東方にやってきていたユーグ八世・ド・リュジニャン（後のエルサレム国王ギー・ド・リュジニャンとエメリー・ド・リュジニャンの父）などが捕縛された。

アンティオキアへの攻撃はビザンツ帝国の介入を招くと見たヌールッディーンは、遠征中で国王不在のエルサレム王国領を目指し、ティベリアを攻撃した後に、バニアスを陥落させた。エジプトより急ぎ戻ったアモーリーは、十字軍士のフランドル伯ティエリ・ダルザスとともにティベリアに向かった。最終的には、一一六五年の夏、休戦協定の締結で事は終わった。ビザンツ帝国の脅威ゆえにボエモンド三世は解放されたが、レーモン三世は一〇年間の捕囚期間を過ごすこととなり、その間のトリポリ伯国はアモーリーが摂政となって運営された。

一一六七年一月、シールクーフが再びエジプトに向かって進軍を開始した。それを察知したアモーリーはナーブルスにて会議を開き、王国の危機を訴えて一〇パーセントの臨時税徴収の賛同を得ていた。それを資金として、一一六七年一月三〇日から第三次となるエ

写真4－2　ポワティエの一駅隣に位置するリュジニャンの町の門。リュジニャン家がやがてキプロス国王家となったことから、門の左にはキプロス国王家の紋章が掲げられている。右はリュジニャン家の紋章（著者撮影）

ジプト遠征が敢行された。ビルベイスからカイロを目指し、バビロン（旧カイロ、現フスタート）近くに陣を張った。シールクーフのカイロ侵攻を阻止するためであったが、シールクーフの動きを知らなかったシャーワルは、アモーリーの意図を疑いつつも、シールクーフからのエジプトの防衛を改めて要請し、年貢の支払いを約束した。同年三月一八日、ナイル川中流のミニヤーの西方約五〇キロメートルに位置するアル・バベインの地で、アモーリー軍と、シールクーフおよびその甥のサラーフッディーン・ユースフ・ブン・アイユーブの軍勢が衝突した。数に勝るシールクーフが優位に立つもその被害も甚大であり、彼はアレクサンドリアに撤退した。アレクサンドリアの住民たちから迎え入れられたシールクーフであったが、そこをアモーリーが包囲した。最終的には休戦協定が締結され、両軍とも捕虜の交換とエジプトからの撤退で合意がなされた。同年八月にアモーリーはアスカロンに、同じく九月にシールクーフはダマスクスに帰還した。

サラーフッディーンによるエジプト制圧

フランク人たちによる親ビザンツ帝国政策は、依然として続いていた。上記のとおり、一一六一年にはマヌエル一世と、アンティオキア侯ボエモンド三世の妹マリーとの婚姻が成立した。これに続くかたちで一一六七年、当時ボエモンドには妻オルグイユーズ・ダランがいたが、将来的にはボエモンドとマヌエルの姪テオドラ（もしくはイレーネ）・コムネナが結婚することが約束された。コンスタンティノープルに赴いたボエモンドは、ギリシア正教会のアンティオキア総大主教に任命されたアタナシオスとともにアンティオキアに帰還したが、これに対してローマ教会のアンティオキア総大司教エメリーはアンティオキアの町を聖務停止令下に置いて抵抗し、教皇アレクサンデル三世もエメリーを支持した。それでも、ボエモンドはビザンツ帝国との関係を重視した。

そして、一一六七年八月二九日、第三次エジプト遠征から帰還してすぐ後に、アモーリーはマヌエルの甥ヨハネス・コムネノスの娘マリア・コムネナと結婚した。アモーリーはマヌエルとのエジプト遠征に関する協議を望み、使節としてティール教会助祭長のギヨーム（後のティール大司教で年代記作者）を派遣した。セルビア方面に遠征中であったマヌエルを追いかけて、ギヨームはエジプトへの共同遠征の合意を取りつけた。しかし、合意に至る前に、加えてシャーワルとの約束を反故にしてまで、アモーリーは第四次エジプト遠征を開始した。

一一六七年一一月四日にビルベイスを占領し、同月一三日にカイロを包囲した。包囲戦は二四日間におよんだが、シールクーフがエジプトに進軍してくるとの報を受け、アモーリーはビルベイスに撤退した。一二月二五日のクリスマスの日にシールクーフの迎撃に出るも、形勢の不利を見たアモーリーは、一一六九年一月二日までにはエルサレム王国へ引き返した。

一方のシールクーフは難なくカイロに入城し、ファーティマ朝カリフのアーディドに迎えられた。そして、一一六九年一月一八日、シャーワルが暗殺された。後任のワズィールにはシールクーフが任命された。しかし、そのわずか二か月後にシールクーフも死去した。後任には、彼の甥のサラーフッディーンが就いた。サラーフッディーンは、八月までにはすべての役人をシリア出身者に置き換えるなどして、実質的な支配者となった。そして、これによってシリアとエジプトのイスラーム勢力が統合されることとなった。

アモーリーとヌールッディーンの死

危機感を強くしたフランク人たちは、一一六九年初頭より、ヨーロッパ世界に向けて援軍要請をたびたび発した。しかし、反応は薄かった。同年一〇月一五日、ビザンツ帝国軍とともに、アモーリーは第五次となる、そして最後となるエジプト遠征のためにアスカロンを出立した。ダミエッタ（現ディムヤート）を包囲したものの、長引く包囲戦で食糧が枯渇し、撤退を余儀なくされた。同年一二月二一日にアスカロンに戻ったフランク軍とビザンツ帝国軍は、互いに責任をなすりつけあった。以降、対エジプトという点では、両軍が提携することはなかった。

一一七〇年六月に大地震が起き、シリア北部を中心に大打撃を与えた。これによってアモーリーとヌールッディーンとの間には和平が締結されたが、その復興も進まぬうちの同年一二月、サラーフッディーンがエジプトからガザとその周辺域を襲撃し、多くの住民を殺害してエジプトに戻った。一一七一年、再びアモーリーは、ヨーロッパ世界に強く訴えかけた。しかし反応は薄く、やはり頼みの綱はビザンツ帝国となった。同年三月一〇日、アモーリーは自らコンスタンティノープルに向かった。マヌエルとの間に対エジプト戦を共同で行う約束が交わされたが、それが実現することはなかった。

唯一の希望は、サラーフッディーンとヌールッディーンとの間に険悪なムードが生じたことであった。一一七一年九月一三日にファーティマ朝カリフのアーディドが後継者を指名することとなく死去した。サラーフッディーンはそのままアイユーブ朝を樹立することとなったが、君主のヌールッディーンに対して十分な軍勢や資金を提供できなかったことから、同年一〇月には両者の関係に亀裂が生じていたのである。

このような状況の中で、一一七三年の末もしくは一一七四年の初頭に、トリポリ伯レーモン三世が一〇年ぶりに釈放された。トリポリ伯の摂政という職務から解放されたアモーリーは、ヨーロッパに向けての外交活動をさらに活発に展開した。その矢先の一一七四年五月一五日、ヌールッディーンがダマスクスにて病没した。それを受けて、アモーリーはバニアスの奪還を試みるも成果を挙げることはできず、同年七月一一日、ヌールッディーンの後を追うようにして、アモーリーは三八歳で病没した。

ボードゥアン四世の即位

アモーリーの跡を継いだのが、当時一三歳であり、九歳ごろよりハンセン病の兆候が露わになっていたボードゥアン四世であった。その摂政位を巡って、上に触れた王党派とバロン派の対立も顕在化した。この対立は、アモーリー統治期、さらにはボードゥアン三世と母メリザンドとの対立構造が再浮上したものであったが、そこにテンプル騎士修道会と聖ヨハネ修道会との間のライバル関係が加わった。

まず摂政位を獲得したのは、バロン派の筆頭であるトリポリ伯レーモン三世であった。レーモンの妻はティベリア領主ゴーティエの娘エシーヴであり、したがってレーモンはエルサレム王国領内にも広大な所領を有していた。レーモンは、病に侵されたボードゥアンの後継者を見据えて、ボードゥアンの姉シビーユの夫を模索した。その結果、モンフェッラート辺境伯グリエルモ五世の息子で「長剣」のあだ名を持つグリエルモに白羽の矢が立った。一一七六年一〇月、グリエルモがエルサレム王国に到着し、ヤッファ兼アスカロン伯の地位を得た。加えて、当時ボードゥアンはすでに成年に達していたが体調不良に陥っており、摂政の職務はレーモンからグリエルモに委ねられた。しかし、翌一一七七年六月、シビーユとの間にボードゥアン（後のエルサレム国王ボードゥアン五世）を残してグリエルモは死去した。

折しも十字軍士として到来していたフランドル伯フィリップ一世・ダルザスに、摂政として働くようにレーモンたちは要請した。しかし、フィリップはそれを固辞した。このような状況で動いたのが、元アンティオキア侯のルノー・ド・シャティヨンであった。上記のとおり、彼は一一六〇年に捕縛されていたが、一一七六年に一六年ぶりに釈放され、その後はケラク（現カラク）兼モンレアル領主エティエンヌとの結婚によりトランス・ヨルダンに広大な所領を有していた。レーモンたちは危惧したが、フィリップのサポートを受けるという条件で、ルノーが摂政位に就いた。しかし、同年末にボードゥアンが体調を回復したことにより、ルノーは摂政の職務から解かれた。それから一一八三年までの間は、ボードゥアンの親政期となった。

ボードゥアン四世とサラーフッディーンの衝突

一方、ヌールッディーンの死から五か月後の一一七四年一〇月、サラーフッディーンはシリアに遠征し、ダマスクスを占領した。激しい抵抗によってアレッポの占領はならなかったが、一一七六年九月、エジプトに戻る道中でホムスやハマーを占領し、モースルの軍勢を破りつつバールベックを制圧した。

その同じ一一七六年九月、ベイシェヒル湖近くのミュリオケファロンの戦いで、ビザンツ皇帝マヌエル一世が、ルーム・セルジューク朝スルタンのクルチ・アルスラーン二世の軍勢に大敗北を喫した。これによって、ビザンツ帝国の小アジアからの撤退が決定的となった。そして、翌一一八〇年九月二四日、マヌエルがこの世を去った。皇帝位は、息子のアレクシオス二世コムネノスに引き継がれた。

さて、一一七七年にサラーフッディーンがエルサレム王国領内に侵攻してきた。その結果に戦われたのが、同年一一月二五日のモンジザール（現ゲゼル）の戦いであった。圧倒的に数で劣るボードゥアン四世軍が勝利し、サラーフッディーンの軍勢は大打撃を受けた。しかし、ボードゥアンはこの勝利をその後に活かすことはできなかった。幾度かの衝突の中で、軍務長官のトロン領主オンフロワ三世（上記のオンフロワ二世の息子）や、テンプル騎士修道会総長オド・ド・サンタマンなどの有力者たちが、サラーフッディーンの捕虜となっていった。そして、一一七九年八月にはヴァドゥム・ヤコブが占領された。

劣勢に立たされたボードゥアンは、翌一一八〇年五月、サラーフッディーンに休戦協定の締結を提示した。サラーフッディーンは、それを受諾した。支配下に置いたダマスクスが、不穏な動きを見せていたからであった。同年の夏、彼はさらにトリポリ伯レーモン三世とも和平を結んだ。

写真4−3　ローマ市内にある、当時教皇座の置かれていたサン・ジョヴァンニ・イン・ラテラーノ大聖堂。右手には教皇の館が隣接している（著者撮影）

王党派とバロン派の対立の顕在化

サラーフッディーンに押され気味であったボードゥアンは、ヨーロッパ世界にも援助を呼びかけた。一一七九年に開催された第三ラテラーノ公会議の場にティール大司教ギヨームを派遣し、東方の窮状を広く知らしめさせた。しかし、反応は薄く、公会議の場においてもラテン・シリアを援助するための十字軍の提唱がなされることはなかった。

さらにボードゥアンを苦しめたのは、国内における緊張の高まりであった。一一八〇年初頭、ボードゥアンの姉シビーユと、一一六八年にラテン・シリアにやってきていたギー・ド・リュジニャンとの結婚話が持ち上がった。ギーの兄エメリーは、前国王アモーリーの寵臣であった。また、ボードゥアン四世とシビーユの実母で、アモーリーとの離婚後も影響力を保持し続けていたアニュエス・ド・クルトネーの寵愛も得ていた。シビーユとギーとの結婚には反対意見も多く、中でもトリポリ伯レーモン三世とアンティオキア侯ボエモンド三世は、軍勢を率いてエルサレムに入城するなどの威嚇行為でもって反対の意を示した。しかし、一一八〇年の春、四旬節中であったにもかかわらず、婚姻の儀が強行された。

敵の多いギーであったが、アニュエスの兄で一一七六年以来エルサレム王国の政務長官を務めていたエデッサ伯ジョスラン三世はギーをサポートした。また、アニュエスの後ろ盾を得て、ライバルのティール大司教ギヨームを押さえてエルサレム総大司教位に登りつめたエラクリウスも、ギー支持派に回った。ギーを支持する王党派と、彼に反対するバロン派との対立は、一一八二年、レーモン三世が自身の所領であるティベリアに行こうとするも、王党派によって王国領内の通行を禁止されたことで顕在化した。

それでも、ボードゥアンは何としてでも内部分裂を回避しようとした。サラーフッディーンがついにアレッポを制圧した一一八三年の二月、ボードゥアンはギーを摂政に任命し、彼と良好な関係を築こうとした。同年九月にはサラーフッディーンが、ティールとシドンの中間に位置するバイサ（現バイサリイェ）を攻撃してきた。ボードゥアンとギーの軍勢が迎撃に出ると、サラーフッディーンは撤退した。ボードゥアンは全軍に追撃を命じたが、ギーは拒否した。そして、二か月後、ギーは摂政の職務を解かれ、シビーユと前夫グリエルモとの間に生まれたボードゥアン五世の国王戴冠式が挙行された。戴冠式には、バロン派の面々が立ち会った。これによって、ボードゥアンとギーとの対立も決定的となった。

戴冠式の後、新国王で当時五歳のボードゥアン五世の摂政には、レーモン三世が任命された。レーモンには、摂政の職務を遂行するための必要経費の代わりに、ベイルート領が付与された。一方のギーは、仲間にテンプル騎士修道会総長と聖ヨハネ修道会総長、そしてケラク領主となっていたルノー・ド・シャティヨンを引き入れていた。

ギー・ド・リュジニャンの即位

一一八五年初頭、メソポタミア方面での苦戦に加えて病にも苦しめられていたサラーフッディーンは、ボードゥアン四世に対して四年間の休戦協定を申し出た。恐らくはこれに安心感を得たままであっただろう、同年三月にボードゥアン四世が二四歳でこの世を去る。単独国王となった幼いボードゥアン五世の摂政は引き続いてレーモンが担当し、王国の舵取りは安定したままであるかのように思われた。しかし、翌一一八六年の夏にボードゥアン五世も没すると、王国は厳しい状況に置かれることとなった。

ボードゥアン五世の死を受けて、王党派は次のような陰謀を計画した。ジョスラン三世がレーモンをおびき寄せてエルサレム王国領から離れさせ、その間に王党派がアッコンとベイルートを掌握し、シビーユが総大司教エラクリウスとともに華々しくエルサレムに入城する、と。この陰謀を事前に察知したレーモンは、バロン派の面々をナーブルスに召喚して対応策を協議したが、王党派たちの動きはすばやく、その協議のさなかにエルサレムにおいてシビーユとギーの国王戴冠式が強行された。ナーブルスに集まった面々は、アモーリーとマリア・コムネナとの間に生まれたイザベル（一世）とその夫であるトロン領主オンフロワ四世を国王とすることを決議した。これをオンフロワも受け入れたが、いち早く既成事実を作られてしまったオンフロワは、早々にギーに対して忠誠を誓ってしまった。打つ手のなくなったレーモンたちも、エルサレムに赴いてギー夫妻の王位を認めざるをえなくなった。

レーモンは、ティベリアに蟄居してギーとの間に距離を置いた。これは、レーモンがサラーフッディーンと提携するのではないか、という疑念をギーに抱かせた。ギーはレーモンに再度の忠誠を求めると、あくまでも自己防衛の手段としてではあるが、実際にレーモンはサラーフッディーンに援助を要請し、サラーフッディーンもそれを受諾した。しかし、ギーとレーモンの双方とも直接の衝突は避けた。その後も交渉が重ねられたが、一一八七年の復活祭まで両者の関係に動きはなかった。

ハッティーンの戦い

一一八六年初頭には、サラーフッディーンは病から回復していた。同年三月には、唯一彼の支配下に組み込まれていなかったモースルに宗主権を認めさせることに成功した。彼はアンティオキア侯国と休戦協定を締結し、エルサレム王国への攻撃の準備を整えていた。そして、一一八七年初頭、ケラク領主ルノー・ド・シャティヨンが、領内を通過するムスリムのキャラバンを襲撃した。このようなルノーの行為は必ずしも珍しいことではなかったが、今回の場合はサラーフッディーンに休戦協定違反という口実を与えてしまった。ギーも損害賠償を命じたが、ルノーはそれを拒否した。そして、サラーフッディーンはエルサレム王国に対するジハードを提唱した。

これによって、ギーにはレーモンとの和解が喫緊の課題となった。復活祭の明けた一一八七年三月二九日、ギーはレーモンとの交渉に入る準備を開始し、四月三〇日には準備が整った。まさにその日、ルノーに対する報復のために軍勢を率いてヨルダン川を渡ってきたサラーフッディーンの息子が、レーモンにティベリア領内の通行許可を求めてきた。サラーフッディーンを刺激したくないレーモンは通行許可を与えた。それと同時に、このような危険な状況に関して、他の諸侯たちに注意を怠らないように伝えた。実際に翌日の五月一日、ムスリム軍はナザレ周辺域を襲撃し始めた。テンプル騎士修道会が迎撃するも、いわゆるクレッソン泉の戦いで大敗北を喫した。

これによって、レーモンはギーとの和解を決意した。エルサレムにおいて、レーモンはギーとシビーユにオマージュをなした。その後も、例えばレーモンとテンプル騎士修道会総長ジェラール・ド・リドフォールとの対立は激しく燃え続けるなどして、王党派とバロン派の対立が完全に解消されたわけではなかったが、サラーフッディーンの脅威によって両派の争いは鎮静化した。

一一八七年六月二六日、サラーフッディーン自身もヨルダン川を渡り、ティベリア湖近くに陣を張った。エルサレム王国側も軍勢を集結させて、迎撃の準備を整えた。サラーフッディーン軍とほぼ同規模の軍勢を率いたギーは、ティベリア西方約三〇キロメートルに位置するセフォリス（現ジポリ）に陣を張り、サラーフッディーンの動向を窺った。セフォリスは近くに泉を有し、夏場でも水分補給が可能な地点であった。セフォリスとティベリアの間には「ハッティーン（現ヒッティン）の角《つの》」と呼ばれる二つの丘があり、その二つの丘の間が通路となっていた。

サラーフッディーンはエルサレム王国軍を水場から遠ざけるために、七月二日にレーモンの妻エシーヴの死守するティベリアの町を急襲した。エルサレム王国側は作戦会議を開き、そこでレーモンは、ティベリアへの救援は控え、動かないように提案した。加えて、レーモン自身は沿岸部の防備強化に当たるために本隊を離れることも提案し、この方針が採決された。しかし、レーモンと激しく対立するテンプル騎士修道会総長ジェラールは、その後に単独でギーと会談し、レーモンの作戦はギーに臆病者のレッテルを貼らせるための計略であると主張した。

翌七月三日、ギーはティベリアに向けて進軍を開始した。レーモンも随行した。その日の晩には水もなくなり、周りは敵に囲まれていた。七月四日の朝、レーモンが前方を切り開こうとするも、敵に阻まれた。そして、九時ごろ、ハッティーンで両軍は激突し、ギー軍は大敗北を喫した。レーモン、イブラン（現ヤブネ）領主バリアン・ディブラン、シドン領主ルノーなど幾人かの騎士はなんとか逃れたものの、多くの者が捕らえられた。エルサレム王国軍が携帯していた真十字架（イエスが磔刑された際の十字架［の断片］）も奪われた。捕虜となったケラク領主ルノー・ド・シャティヨンは斬首された。ギーを始めとするその他の捕虜は、その後に土地や保釈金の提供で解放されたが、支払い能力のない者は奴隷とされた。

写真4－4　「ハッティーンの角」。後ろにはティベリア湖が広がる

エルサレムの陥落

七月五日、ティベリアの町が陥落した。そして、七月九日、二日間の包囲の後にアッコンも陥落した。トリポリ伯国領内のジブレとボトルム（現バトルーン）を含む、エルサレム王国領内の沿岸部の町は、ティールを除いて制圧された。同月

半ばに、モンフェッラート辺境伯コッラードがティールに到着し、町の防衛に当たった。彼はボードゥアン五世の伯父に当たる人物であり、彼の父グリエルモ五世は、孫の国王戴冠式に出席した後に東方に留まっており、ハッティーンの戦いで捕虜とされていた。サラーフッディーンは、グリエルモの解放と引き換えにティールの町を明け渡すよう迫ったが、コッラードは拒否した。一週間ティールを包囲したサラーフッディーンは、その制圧を断念して内陸部に進んだ。

ケラク、モンレアル、ベルボワール（現カウカバ）、サフェド、ベルフォール（現アルヌーン）、そしてエルサレム以外は、短期間に陥落した。九月二〇日、サラーフッディーンは、バリアン・ディブランの死守するエルサレムへの攻撃を開始した。六日間の抵抗の後、バリアンは降伏した。他の町からの避難民でエルサレムの人口は通例の三倍に当たる約六万人にまで膨れ上がっていたが、すべてが捕虜とされた。サラーフッディーンは、男性は一人一〇ベザント、女性は一人五ベザント、子どもは一人一ベザントを支払えば釈放することを提示し、保釈金を支払った者には四〇日間の出発の猶予が与えられた。しかし、支払い能力のない者が約二万人に上ったため、サラーフッディーンは彼らについては総額一〇万ベザントで釈放することを提案した。それに対してバリアンは、自分で用意のできる三万ベザントで七〇〇〇人を釈放するように要請し、サラーフッディーンはそれを受け入れた。すなわち、一万三〇〇〇人が捕虜のまま取り残されることになった。

一〇月二日、ムスリムによるエルサレムの占拠が始まった。釈放された者たちは、ティールに行くことを禁じられたために、トリポリ伯国やアンティオキア侯国に逃れた。聖ヨハネ修道会の管理する病院は、怪我人の看護のために一年間のみ維持することが許された。しかし、聖墳墓教会に置くことが許されたのは、四人のシリア人の司祭のみであった。

命拾いしたラテン・シリア

エルサレム占領後、サラーフッディーンは沿岸部に侵攻し、ティールの包囲に再着手した。しかし、一一八八年一月一日、それも断念し、一時帰還した。同年五月、サラーフッディーンは再び軍を召集した。今度の標的は、トリポリとアンティオキアであった。上記のとおり、対エルサレム王国戦に先立ってサラーフッディーンはアンティオキア侯国とは休戦協定を結んでいたが、それを破棄した。同時に、彼はビザンツ皇帝イサキオス二世アンゲロスと同盟を結んだ。

少し遡るが、一一八三年にビザンツ皇帝に登位したアンドロニコス一世コムネノスは、従兄弟であったマヌエル一世とは異なり、徹底的な反ラテン人・反フランク人政策をとった。この段階で、サラーフッディーンはアンドロニコスと対フランク人同盟を締結していた。一一八五年、住民暴動の中でアンドロニコスは殺害され、かつての皇帝アレクシオス一世の曾孫に当たるイサキオス二世アンゲロスが皇帝位に就いたが、サラーフッディーンとの間の同盟関係は継続された。加えて、サラーフッディーンが制圧した地域にはギリシア正教会の聖職者を置く、という約束をイサキオスは取りつけていた。

このようにして外堀を埋めたサラーフッディーンは、まずはトリポリの占領を目指した。トリポリ伯レーモン三世は、エルサレムが制圧されたころにこの世を去っていた。嗣子のなかった彼の後を継いだのは、アンティオキア侯ボエモンド三世の長男のレーモン（四世）であった。シチリア王国からやってきた艦隊のおかげで、幸運にもトリポリの町を守ることができたが、トリポリ伯国に残されたのは、トリポリ、トルトサ、クラック・デ・シュヴァリエ、そしてテンプル騎士修道会所有の二つの城塞のみとなった。

一一八八年九月には、サラーフッディーンの姿はアンティオキア包囲戦の中にあった。九月二六日、ボエモンド三世はサラーフッディーンに対して捕虜の交換と休戦協定の締結を提示した。ラマダーンが近づいていたこともあり、サラーフッディーンはその提案を受諾した。しかし、アンティオキア侯国に残されたのは、アンティオキアとヴァラニアのみであった。

ラマダーンが終わると、サラーフッディーンはエルサレム王国領内の内陸部への侵攻に着手した。同年一一月にはケラクが陥落し、翌一一八九年一月五日にはベルボワールも陥落した。その後、四月ごろにはモンレアルも陥落した。一一月にはサフェドの包囲が開始され、一二月六日に降伏した。ティールを除いてエルサレム王国に残されたのは、ルノー・ド・シドンが死守するベルフォールのみとなった。サラーフッディーンがベルフォールの包囲に着手した折、フランク人たちはアッコンの奪還を目指した。そのため、サラーフッディーンはベルフォールを諦めてアッコンに向かった。

一一八八年の春には、多額の保釈金の支払いとサラーフッディーンに対する攻撃を行わないことを条件に釈放されたギー・ド・リュジニャンは、コッラードの死守するティールに向かった。しかし、入城を拒否されたギーは、サラーフッディーンとの約束を破って、アッコンの攻略を開始する。そして、一一九〇年四月二二日、いわゆる第三回十字軍の中で到来したフランス国王フィリップ二世とイングランド国王リチャード一世の助力の下で、ギー・ド・リュジニャンはアッコンの奪還に成功した。

その後はリチャードとサラーフッディーンとの間での一進一退の攻防が続いたが、最終的には一一九二年九月二～三日に締結されたヤッファ協定によって、三年と三か月の休戦というかたちで戦いに終止符が打たれた。エルサレム王国はティールからヤッファに至るまでの沿岸部のみを回復した。都市エルサレムの奪還はならなかったが、キリスト教徒によるエルサレム巡礼の自由と安全は確保された。なお、ムスリムによるメッカ巡礼の自由と安全も保障された。

リチャードは同年一〇月九日にラテン・シリアを後にしたが、同月三〇日、サラーフッディーンは、アンティオキア侯ボエモンド三世、および一一八九年に兄レーモン四世の跡を継いでトリポリ伯となっていたボエモンド（後のアンティオキア侯ボエモンド四世）の親子ともベイルート協定を結んで、両国の一部の領土の回復を認めた。このようにして、ラテン・シリアの十字軍国家は消滅という最悪の事態を避けることには成功した。

第5章
ラテン・シリアの回復と再分断（一一九二―一二四三年）

アンリ・ド・シャンパーニュの「即位」

ヤッファ協定が結ばれる前の一一九二年の春、イングランド国王リチャード一世は、彼にとってもう一つの問題であったエルサレム国王を巡る争いに対処していた。ギー・ド・リュジニャンは、その王位の根拠となる妻シビーユを一一九〇年に失っていた。当時の国王は元国王アモーリーの娘イザベル一世であったが、多くの者たちは彼女の夫としてティール防衛の功労者であるコッラード・デル・モンフェッラートを推した。彼はすでにビザンツ皇帝イサキオス二世アンゲロスの娘と婚姻関係にあったが、それは実態のないものであった。最終的には、イザベルの夫にはコッラードが選出され、ギーには、リチャードがラテン・シリアに向かう道中で制圧したキプロス島が売却されることとなった。

しかし、国王戴冠式を翌月に控えた四月二八日、ニザール派によってコッラードが暗殺される。五月にキプロス島に移住したギーは、一一九四年に死去するまでエルサレム国王を自称していたが、もはや彼を国王に据えようとする者はいなかった。リチャードや在地の貴族たちは、叔父に当たるフランス国王フィリップ二世とともに東方にやってきて、そのまま留まっていたシャンパーニュ伯アンリ二世に、エルサレム国王となるように懇願した。そして、一一九二年五月、アンリとイザベルとの婚姻の儀がティールにてなされた。しかし、アンリは国王戴冠を固辞し、自らを「エルサレムの領主」と名乗るに留めた。

一一九三年三月、サラーフッディーンが死去すると、アイユーブ朝は後継者争いで大きく揺れることとなった。しかし、フランク人たちはそのような状況を活かすことはできなかった。第三回十字軍のさなか、海上からサポートしていたヴェネツィア、ジェノヴァ、ピサといった商業都市には多くの商業特権が付与されていた。それは、ラテン・シリアの再建には役立ったが、十字軍国家を蝕んでいく要因ともなった。サラーフッディーンが死去したころ、ギー・ド・リュジニャンを支持していたピサが、ティールをギーのために占領しようと計画を立てていることが明らかとなった。アンリは、ピサに与えられた特権を無効化し、代わってジェノヴァ寄りの政策を展開した。ギーの兄で当時エルサレム王国の軍務長官の地位にあったエメリー・ド・リュジニャンが仲裁に入ったが、彼はアンリによって投獄された。

テンプル騎士修道会総長ジルベール・オラルと聖ヨハネ修道会総長ジョフロワ・ド・ドンジョンのとりなしにより、エメリーは軍務長官の職務を辞してキプロスに蟄居することを条件に釈放された。しかし、一一九四年にキプロスの領主となったエメリーに対して、アンリはキプロス島はエルサレム王国領の一部であると主張した。

このような対立はエルサレム王国にとってもキプロス領にとっても良くないと判断したアンリとエメリーは最終的には和解し、アンリの三人の娘とエメリーの三人の息子との間での婚姻関係を成立させた。そして、アンリはピサとも和解した。

ボエモンド三世とレヴォン二世の対立

上記のとおり、アンティオキア侯ボエモンド三世は、息子たちにトリポリ伯位を継がせることに成功し、ラテン・シリアの北部における影響力を拡大していた。一一九二年にはサラーフッディーンとの間に一〇年間の休戦協定が締結されたが、一方でボエモンドはキリキアのアルメニア人諸侯たちとの間の溝を深めていった。その原因となったのが、バグラース（現イスケンデルン近郊の山間部）の領有権を巡る問題であった。バグラースはキリキアとシリアとを結ぶところに位置する重要な拠点であり、もともとはテンプル騎士修道会が所有していたが、一一八七年にサラーフッディーンによって占領された。その後にアルメニア人の諸侯の一人であるレヴォン二世がバグラースを占領した。当時のレヴォン二世はボエモンド三世の封建家臣であったが、バグラースをテンプル騎士修道会に返還することを拒否したのであった。

これによって両者の対立が表面化した。レヴォンは、バグラースの返還を餌にして、ボエモンドとその家族たちをおびき寄せた。その目的は、オマージュの解除に留まらず、アンティオキア侯国を掌握することであった。捕縛されたボエモンドは、シスに連行された。そこでボエモンドは、保釈金の支払いとアンティオキア侯国の譲渡を条件として、釈放を認めた。ボエモンドを監禁したまま、レヴォンはアンティオキアに進軍したが、住民たちの激しい抵抗にあった。アンティオキア総大司教エメリーは、コミューン（自治組織）を結成し、ボエモンドが釈放されるまでの間は、その息子で次期アンティオキア侯位を約束されたレーモン（元トリポリ伯レーモン四世）をアンティオキア侯として担いだ。さらに、エメリーは、エルサレムの領主アンリ・ド・シャンパーニュとトリポリ伯ボエモンド（四世）に支援の要請を行った。

アンリとボエモンドはアンティオキアへと急ぎ、そこからシスに向かった。状況の不利を見て取ったレヴォンは、和平の締結に応じた。その結果、一一九五年、レーモンとレヴォンの姪アリクスとの婚姻が成立した。二人の間には一人の男子レーモン・ルーベンがもうけられたが、父レーモンはその後すぐに死去した。アリクスとレーモン・ルーベンはレヴォンの下に戻ったが、レヴォンは自身の大甥（甥または姪の息子［娘］）であるレーモン・ルーベンこそがアンティオキア侯位継承権を有するとみなした。一方で、トリポリ伯ボエモンドも自身こそがアンティオキア侯位の正統な継承者であると主張した。

一一九八年、ボエモンドとレヴォンはそれぞれアンティオキアを目指した。当時、ボエモンドと同盟関係にあったアレッポの支配者ザーヒル・ガーズィー（サラーフッディーンの息子の一人）がレヴォンを牽制している間に、いち早くボエモンドがアンティオキア入城を果たした。その三か月後、アレッポの勢力を退けたレヴォンがアンティオキアに進軍したが、すでにボエモンドが次期アンティオキア侯であるとの確約を取りつけていた。

写真5－1　キプロス国王としての戴冠式が行われたニコシアの聖ソフィア大聖堂（現セリミエ・ジャーミィー、左）と、それに隣接するリュジニャン家の館（著者撮影）

二つの王国の誕生とアンリの死

このようにアンティオキア侯国が混乱している間、エルサレムの領主アンリは、ニザール派を含む近隣のムスリム勢力とは和平を結ぶという外交政策によって、王国の地固めを行っていた。しかし、一一九七年、一度は延長されていたサラーフッディーンとの間の休戦期間が終わる時期を見計らって、神聖ローマ皇帝兼シチリア国王ハインリヒ六世が大規模な十字軍遠征を計画していた。そして、その十字軍がラテン・シリアに至る過程で、ハインリヒは代理人を通じてキプロスとキリキアのアルメニアの宗主権を獲得した。これら二つの地域が神聖ローマ皇帝に頼ったのは、これまで見てきたような事情が背景にあった。

一一九七年九月には、ハインリヒの尚書官でもあるヒルデスハイム司教コンラート・フォン・クヴェーアフルトが、ハインリヒの代理人としてエメリー・ド・リュジニャンにキプロス国王としての戴冠式を執り行った。また、一一九八年一月には、タルススにおいて、やはりハインリヒの代理人の一人であるマインツ大司教コンラートが、レヴォン二世にアルメニア国王としての戴冠式を挙行した。ここに、アルメニア国王レヴォン一世が誕生した。加えて、形式のみではあるが、レヴォンはビザンツ皇帝アレクシオス三世からも国王として承認された。いずれにせよ、アルメニア王国誕生は、同王国がローマ＝カトリック教会に帰属したことも意味した。

ハインリヒの派遣した十字軍は、一一九七年の夏にアッコンに上陸し、アンティオキア侯国、トリポリ伯国、エルサレム王国を分断していた沿岸部地域を回復していった。ただし、このたびの十字軍の行動は、アンリに報告されることなくなされていた。その結果、アンリが独自に和平を結んだ地域にまで十字軍士たちが進攻する事態となった。包囲されてしまった十字軍士たちをアンリが救出するも、それを休戦協定違反とみなした近隣のムスリム勢力はヤッファ攻撃の動きを見せた。苦しい対応を強いられることとなったさなかの一一九七年九月一〇日、アンリがアッコンにある塔の窓から転落死する、という不慮の事故が起こった。

やがて、ヤッファも一時的にではあれ、ムスリム勢力によって占領された。エルサレム王国の諸侯たちにとって喫緊の課題は、イザベル一世の次なる夫探しであった。候補者は二人いた。一人は、ティベリア領主ラルフであり、もう一人はキプロス国王の称号を得たエメリー・ド・リュジニャンであった。しかし、前者の称号は名目のみであり、その名声とは裏腹に権力基盤が脆弱であった。特に、テンプル騎士修道会と聖ヨハネ修道会は、彼の国王即位に強く反発した。その結果、一一九七年一〇月、エメリーとイザベルの婚姻および国王戴冠の儀が、エルサレム総大司教エマールの手によって執り行われた。

エメリー・ド・リュジニャンの統治

エルサレム国王となって間もない一一九七年一〇月二三日、エメリーは、神聖ローマ皇帝ハインリヒ六世の派遣した十字軍とともに、依然としてアイユーブ朝の支配下に置かれていたベイルートを攻略した。次に目指したのはトロンであった。その包囲戦は同年一一月二八日から翌一一九八年二月二日に及んだが、一一九七年九月二八日にハインリヒが死去していたとの報告が届くと、十字軍士たちが帰還し始めた。戦いの継続が不可能となったエメリーは、サラーフッディーンの弟アル・マリク・アル・アーディル・サイーフッディーンと休戦協定を結んだ。ただし、ベイルートはエメリーの手元に残った。

二つの王国の国王となったエメリーであったが、それぞれ独立したやり方で統治した。エルサレム王国に関しては、基本的には休戦協定の締結という外交政策に専念した。一二〇二年には、いわゆる第四回十字軍の本隊から離脱した一団がアッコンにやってきた。休戦協定期間中であったが、十字軍士と近隣のムスリム勢力との間で小競り合いが繰り広げられ、その結果、エメリーは優位に立つことができた。一二〇四年九月、スルタンに登位していたアル・アーディルとの間に和平を再締結したが、今回はシドン、リッダ、ラムラ、ヤッファの返還を勝ち取り、加えて、キリスト教徒によるナザレへの巡礼の自由と安全も保障された。

このようにして、大きな戦禍なくしてエルサレム王国領を拡大したエメリーであったが、一二〇五年四月一日に死去した。キプロス国王は息子のユーグ一世に受け継がれたが、エルサレム国王は未亡人となったイザベル一世のみとなった。さらに、そのイザベルもほどなく死去した。エルサレム国王位は、イザベルとコッラード・デル・モンフェッラートとの間に生まれたマリーに受け継がれ、マリーの摂政にはイザベルの異母兄弟に当たるベイルート伯ジャン一世・ディブランが就いた。

アンティオキア侯位継承戦

上記のとおり、一度はトリポリ伯ボエモンド（四世）が、アンティオキア侯位を巡る争いで優位に立っていた。しかし、一二〇一年春にボエモンド三世が死去すると、争いは再燃した。血統の上では、本来ならばアルメニア国王レヴォン一世の大甥に当たるレーモン・ルーベンが上位であった。しかし、ボエモンド四世は、再びコミューンを召集して抵抗した。アンティオキアの住民たちも、アルメニア人による支配を嫌っていた。加えて、テンプル騎士修道会、聖ヨハネ修道会、さらにはアレッポまでもがボエモンドを支持した。

一二〇二年、レヴォンは再びアンティオキアに侵攻したが、このたびもアレッポからの攻撃によって撤退を余儀なくされた。ついに一二〇三年一一月一一日、レヴォンは休戦を決意した。この旨をコミューンに打診するも、コミューンはアレッポのザーヒルを動かしてキリキアに侵攻させた。これによって、同年一二月、レヴォンはアルメニア王国に完全に退去した。先に述べたように、一一九八年にカトリック教会に帰属していたレヴォンは、教皇インノケンティウス三世に判断を仰いだ。それに対して、インノケンティウスは教皇特使として聖プラッセーデ教会のソッフレーディと聖マルチェッロ教会のピエトロ・カプアーノをアンティオキアに派遣した。

一二〇三年にはレヴォンを後押しする事件が起こった。トリポリ伯の封建家臣であるヌファン(現アンフェ)領主ルノーが、トリポリ伯ボエモンドに対して反乱を起こしたのである。ボエモンドは急ぎトリポリ伯国に戻った。ルノーは公然とレヴォンを支持し、アンティオキア総大司教エメリーもルノーを支持したが、それはアンティオキア侯国とトリポリ伯国それぞれの独立を願ってのことであった。しかし、一二〇五年四月、長期にわたってアンティオキア総大司教を務めてきたエメリーが死去した。また、エルサレム王国の摂政であったジャン一世・ディブランは、反ルノーの立場をとった。これで優位に立ったボエモンドは、同年末にヌファンを占拠し、ルノーから封土を没収した。

さて、ここで思い起こさなければならないのは、アンティオキア侯は常にではないにせよ、ビザンツ皇帝の封建家臣であった、ということである。そのビザンツ帝国は、第四回十字軍の結果、一時的にではあれ、そして亡命政権が誕生したとはいえ、滅亡した。一二〇四年五月九日にはラテン帝国が成立したが、ヌファンの占領後、ボエモンドはアッコンを訪れていた初代ラテン皇帝ボードゥアン一世の妻マリー・ド・シャンパーニュを介してラテン皇帝の封建家臣となった。当然のことながら、さらに自分の立場を盤石にするためであった。

一二〇六年、ボエモンドがアンティオキアに帰還すると、二人の教皇特使と、新たにアンティオキア総大司教に選出されたピエール・ダングレームとが対立しているさなかにあった。この対立の結果として、ピエールはレーモン・ルーベン支持を表明するに至った。その報復としてボエモンドはアンティオキア総大司教にギリシア正教徒のシメオン二世を据えたが、これは当然のことながら教皇特使たちにとっても受け入れがたい行為であった。一二〇八年、ピエールは教皇特使たちに謝罪したうえで復職し、ボエモンドとシメオンを破門に処し、アンティオキア侯国領を聖務停止令下に置いた。これに対してボエモンドは、ビザンツ帝国の亡命政権であるニカイア皇帝テオドロス・ラスカリオス一世ラスカリスとの提携を模索し始めた。

このようなボエモンドの行き過ぎた政策を好機と見たレヴォンは、アンティオキアでの反乱を煽動しようと計画し、それに成功した。ボエモンドは逃亡し、レヴォンがアンティオキアを掌握した。トリポリに戻ったボエモンドは、反乱の首謀者をアンティオキア総大司教ピエールと断定し、彼を捕縛して投獄した。一二〇八年七月、飲み水を一切与えられなかったピエールが獄中死すると、教皇インノケンティウス三世は同年末、エルサレム総大司教アルベルト・ディ・ヴェルチェッリを通じてボエモンドを破門した。

このようなボエモンドの危機に立ち上がったのが、同盟相手のアレッポのザーヒルであった。一二〇九年に彼がキリキアに侵攻すると、レヴォンはバグラースのテンプル騎士修道会への返還と、アンティオキア侯位の問題への不介入を誓わざるをえなくなった。一気に劣勢に追い込まれたレヴォンは、聖ヨハネ修道会との提携を模索し始めた。それに対して、ボエモンドは領内の聖ヨハネ修道会の所領を没収し始めた。

ジャン・ド・ブリエンヌの即位

このころ、エルサレム王国では、国王マリーの結婚相手が模索されていた。摂政のジャン一世・ディブランがフランス国王フィリップ二世に打診した結果、ブリエンヌ伯エラール二世の三男のジャン・ド・ブリエンヌに白羽の矢が立った。そして、一二一〇年九月一三日、フィリップから四万トゥール・リーブル、教皇インノケンティウス三世からも同額の資金を与えられたジャンは、三〇〇人の騎士を伴ってカイファに到着した。翌日の九月一四日にはアッコンで結婚式が行われ、一〇月三日にティールにて国王戴冠式が挙行された。

折しも、ジャンがラテン・シリアに降り立った一二一〇年九月は、アイユーブ朝との休戦協定の期限であり、それを更新するか否かでフランク人たちの意見は割れていた。そのさなか、偶然に生じた小競り合いが、エルサレム王国とアイユーブ朝スルタンに登位したアル・アーディル一世との戦争に発展した。ダマスクスから発せられた軍勢がアッコンにまで進軍する事態に至ると、一二一一年六月、ジャン・ド・ブリエンヌはアイユーブ朝と和平協定を締結する選択をした。

一二一二年、エルサレム国王位継承権を有するマリーが死去し、王位は彼女とジャンとの間に生まれたイザベル二世に引き継がれた。そして、父親のジャンは、摂政として実質的に王国の舵取りを行った。

レヴォンの勝利

アンティオキア侯国のほうは、相変わらず揺れていた。レヴォンがバグラースのテンプル騎士修道会への返還を履行しなかったため、アルメニア王国とテンプル騎士修道会との間で戦闘が始まった。ジャン・ド・ブリエンヌとボエモンド四世は、テンプル騎士修道会をサポートした。さらに、アレッポのザーヒルはボエモンドを支持した。一方で、スルタンのアル・アーディルは、レヴォンの支持に回った。教皇インノケンティウス三世は、レヴォンを破門することでその意志を示した。

しかし、一二一四年、ジャン・ド・ブリエンヌがレヴォンの娘リタ（ステファニエ）と結婚することで、レヴォン支持に鞍替えした。アンティオキアの住民たちも長引く混乱に疲弊し、徐々にボエモンドの人気は下がり、レーモン・ルーベン支持に傾いていった。最も象徴的であったのが、コミューンの中心人物であったダニース領主アカリーのレヴォン支持への鞍替えであった。これらを受けて、一二一六年二月一四日、レーモン・ルーベンはアンティオキアに進軍して数日後に掌握すると、アンティオキア総大司教ピエトロ・ディ・ルチェディオの手によりアンティオキア侯として戴冠された。

アンティオキア侯となったレーモン・ルーベンがまずなしたのは、秩序の回復であった。基本的にはすべてを侯位継承争い以前の姿に戻した。加えて、聖ヨハネ修道会およびドイツ騎士修道会、すなわちテンプル騎士修道会を除く騎士修道会組織に、特権を付与して権力基盤の形成を図った。しかし、その後にレヴォンと対立したレーモンは、アルメニア国王位継承の道を絶たれた。また、重税などの失策が続いたことが、コミューンの復活を招いた。そして、一二一六年九月には彼を支持していたアンティオキア総大司教ピエトロが死去し、レーモンはさらに苦しい状況に追い込まれることとなった。

第五回十字軍とボエモンド四世の復権

一二一七年一〇月、いわゆる第五回十字軍の先陣を切ったハンガリー国王アンドラーシュ二世とオーストリア公レオポルト六世がアッコンに到着した。エルサレム王国の摂政ジャン・ド・ブリエンヌとの協議の結果、まずはタボール山の奪還が目指された。同年一一月二九日から始まった包囲戦は成果を挙げることなく一二月七日に終わった。なお、このさなかにテンプル騎士修道会の所有となるシャトー・ペルラン（現アトリット）の城塞が建設されるが、結果的にこれが第五回十字軍の最大の成果となった。

写真5－2　シャトー・ペルラン

タボール山攻略に失敗したジャンたちは、次なる目標をエジプトに定めた。アンドラーシュは帰郷したが、一二一八年五月二七日、ジャンとレオポルトはアッコンを出発した。すぐさまダミエッタを制圧した彼らは、ヨーロッパ世界からの新たな十字軍士たちの到来を待った。それを束ねて九月にダミエッタに到着したのは、教皇特使ペラギウス（ペラージョ・ガルバーニ）であった。ペラギウスがジャンから指揮権を剝奪すると、一二一九年五月二日、ジャンは妻リタの死を口実に戦線から離脱した。二年後にダミエッタに戻ったジャンは、ペラギウスの主張するカイロ侵攻に異を唱えるも、このたびの十字軍はカイロ攻略の失敗により終了した。

さて、以上のように第五回十字軍が展開されているさなか、アンティオキア侯位を追われたボエモンド四世は、十字軍士たちとのパイプ作りに専心していた。一二一八年には長らく同盟関係にあったアレッポのザーヒルが死去してその関係は終わりを告げたが、同年にボエモンドはキプロス国王ユーグ一世の妹メリザンドと結婚することで、同王国との関係を強化した。このようにして態勢を立て直したボエモンドは、一二一九年、アンティオキアでの反乱を煽動した。反乱によってレーモン・ルーベンは逃亡を余儀なくされた。キリキアに逃れるもアルメニア国王レヴォンの怒りは収まっておらず、レーモンはダミエッタ滞在中のペラギウスの下に向かった。そして、ボエモンドはアンティオキア侯に返り咲いた。

ボエモンド四世の報復

アルメニア王国では、ボエモンドがアンティオキア侯に復帰した一二一九年に国王レヴォン一世が死去し、後継者争いが生じた。レヴォンと、妻であるキプロス国王ユーグの妹（上記のメリザンドの姉）シビーユとの間に生まれた、当時五歳のザベル（イザベル）に王位は継承された。それに異を唱えた人物が二人いた。一人は、レヴォンの娘である妻リタとの関係から自らの権利を主張した、ジャン・ド・ブリエンヌである。しかし、リタの死が彼からその権利を奪った。もう一人が、アンティオキア侯位を追われたレーモン・ルーベンであった。

ダミエッタで教皇特使ペラギウスからお墨つきを得たレーモンは、一二二一年にキリキアに戻った。当時ザベルを摂政として支えていたのは、アルメニア人の有力貴族家系であるヘトゥム家出身のコスタンディン・バベロンであった。彼に対抗すべく、レーモンはタルススに足場を築いた。しかし反撃に遭って捕縛され、一二二二年にレーモンは獄中死した。

このような内紛のさなか、アルメニア王国領の西部は、ルーム・セルジューク朝によって占拠されていた。そこでコスタンディンが頼りにしたのが、アンティオキア侯ボエモンドであった。一二二二年、ボエモンドの三男フィリップとザベルとの婚姻が成立した。フィリップは、父の力を借りながらルーム・セルジューク朝勢力を西へと追いやった。当初はアルメニア人に配慮した政策を展開していたフィリップであったが、徐々にフランク人寄りの政策をとるようになっていった。その結果、一二二四年の末にコスタンディンを中心とする反乱が勃発し、フィリップは捕らえられ、シスに投獄された。ボエモンドの介入も効果を得ることなく、一二二五年初頭にフィリップは獄中で毒殺された。

復讐心に燃えるボエモンドは、ルーム・セルジューク朝スルタンのアラーウッディーン・カイクバード一世と同盟を結び、キリキアの北部を襲った。コスタンディンは、聖ヨハネ修道会、ドイツ騎士修道会、そしてアレッポの支配者アル・アジズ・ムハンマド・ブン・ガーズィーと提携することで、なんとかボエモンドを退けた。

エルサレム国王フリードリヒ二世

ラテン・シリアの北方が揺れ動いていたとき、エルサレム王国では国王イザベル二世の夫となるべき人物の模索が大きな課題となっていた。一二二二年一〇月、イザベルの父にして摂政であるジャン・ド・ブリエンヌは、摂政の職務をオド・ド・モンベリヤールに委ねて渡欧した。まずアプーリアにおいて神聖ローマ皇帝兼シチリア国王フリードリヒ二世と会談し、イザベルの夫となるように打診した。教皇ホノリウス三世の推薦もあり、フリードリヒは受諾した。一方でジャンは、当時一〇歳であったイザベルが成年に達するまでは、自身が摂政権を持つことをホノリウス三世に確約してもらうことを忘れなかった。なお、ジャン自身も一二二四年にレオン国王アルフォンソ九世の娘ベレンガリアと再婚した。

一二二五年、一三歳となったイザベルは、アッコンにおいてフリードリヒの代理人と婚姻の儀を執り行った。同様にティールで国王戴冠式を行った後、同年一一月九日にブリンディジに向かった。そこで改めて、フリードリヒ本人との結婚式と戴冠式が挙行された。イザベルが成年に達するまでは後二年あったが、式後すぐにフリードリヒは自らをエルサレム国王と称し、メルフィ司教リチェーロを代理人としてエルサレム王国に派遣し、王国の諸侯たちにオマージュをなすよう要求した。さらには、ジャンが指名していたオドを摂政職から解き、自身の家臣であるトマーゾ・ダッチェッラを据えた。一二二七年にアッコンに降り立ったトマーゾは、沿岸部の防備強化に力を注いだ。

ヤッファ協定

このころ、フリードリヒはアイユーブ朝スルタンのマリク・アル・カーミルとの休戦協定の協議に入っていた。その骨子は、アル・カーミルがエルサレムをエルサレム王国に返還する見返りとして、フリードリヒが軍を動かして、ダマスクス総督としてシリアに勢力を誇っていたアル・カーミルの弟シャラーフッディーン・アル・ムアッザム・イーサーを攻撃する、というものであった。一二二七年にアル・ムアッザムは死去したが、協定を結ぶ方針は生きたままであった。

フリードリヒは、自ら東方に赴く前に軍務長官のリッカルド・フィランギエッリを派遣し、ムスリム支配領域への攻撃を行った者たちを罰し、略奪品を返還させるなどした。これに不満を募らせたラテン・シリアのフランク人たちは、教皇グレゴリウス九世に訴えた。ただし、すでにグレゴリウスは、なかなか東方に向かおうとしないフリードリヒを破門していた。

一二二八年六月二八日、破門された状態で、すなわち十字軍士としての資格を有さないままでフリードリヒはようやく東方に向けて出発した。道中、キプロス王国に立ち寄った彼は、宗主である神聖ローマ皇帝として、成年に達していなかったキプロス国王アンリ一世の摂政権を要求した。これに、アンリの摂政を務めていたベイルート領主ジャン一世・ディブランが激しく抵抗したため、フリードリヒはベイルート領の没収を宣言した。しかし、その折にジャン・ド・ブリエンヌの軍勢が南イタリアに侵攻したとの報が、フリードリヒの耳に飛び込んできた。エルサレム王国の摂政位を剝奪されたジャン・ド・ブリエンヌは、グレゴリウスの提唱した対フリードリヒの十字軍に身を投じていたのであった。このような状況の中で、フリードリヒはジャン一世・ディブランに一時的に妥協した。

フリードリヒのラテン・シリア到着は、まさに分断をもたらした。アンティオキア侯兼トリポリ伯ボエモンド四世は、親フリードリヒの立場をとった。また、エルサレム王国の一部の貴族たちも、フリードリヒとイザベルとの間に生まれていたコンラート（後の神聖ローマ皇帝コンラート四世）のエルサレム国王位継承権を認めたうえで、フリードリヒにオマージュをなした。しかし、多くの貴族たちは、コンラートの継承権は認めたものの、被破門者へのオマージュは拒否した。

一二二九年二月一八日、フリードリヒはアル・カーミルとの間にヤッファ協定を締結した。一〇年と半年の休戦が誓われたうえで、都市エルサレムがフランク人に返還された。ただし、ムスリム住民がエルサレム市内に有する財産の保障、および町の防備強化の禁止が条件として付された。さらに、アンティオキア侯国領やトリポリ伯国領を含む全ラテン・シリアにおいて、テンプル騎士修道会と聖ヨハネ修道会の所有する城塞の防備強化も禁止された。しかし、多くのフランク人たちは、この協定を無効とみなした。特にテンプル騎士修道会と聖ヨハネ修道会は城塞の防備強化を継続し、その結果として近隣のムスリム勢力との戦いも継続した。このようなことを意に介さず、フリードリヒは同年三月一七日にエルサレムに入城し、翌日にはエルサレム国王としての戴冠式を聖墳墓教会で挙行した。それに対して、エルサレム総大司教の地位にあったジェラール・ド・ローザンヌは、都市エルサレムを聖務停止令下に置いた。

一二二九年五月一日、フリードリヒは住民たちから豚の臓物を投げつけられながらアッコンを後にした。さすがに配慮の念が出たのであろう、彼は一度解職したジャン・ド・ブリエンヌの代理人であるオドを摂政に再任命した。フリードリヒの去った後、エルサレムはベドウィンの集団に襲撃され、キリスト教徒の巡礼者たちは略奪された。翌一二三〇年に聖ヨハネ修道会は、依然としてアル・カーミルと対立するダマスクスやニザール派と同盟関係を構築した。このような聖ヨハネ修道会の行動原理は、対フリードリヒというよりはむしろ、対アンティオキア侯ボエモンドにあった。一二三一年一〇月二六日、教皇グレゴリウス九世からの破門の脅威なども後押しとなり、ボエモンドは聖ヨハネ修道会との休戦と、かつて没収した所領の同修道会への返還を決意した。これを受けて、アンティオキア総大司教アルベルト・ラッザーロは、ボエモンドをアンティオキア侯として初めて承認した。

ロンバルディア戦争の勃発

一二三〇年七月九日、教皇グレゴリウス九世とフリードリヒとの間にサン・ジェルマノ条約が締結され、両者の争いは一時中断された。フリードリヒの破門は解かれ、エルサレムなどに科された聖務停止令も解除された。そして、フリードリヒとアル・カーミルとの間で締結されたヤッファ協定も効力を発揮することとなった。フリードリヒの視線は、再び東方に注がれる余裕を得た。

一二三一年、反抗的であったベイルート伯ジャン一世・ディブランなどの所領を再度没収するために、フリードリヒは自身の代理人としてリッカルド・フィランギエッリを東方に派遣した。皇帝軍によるベイルートの包囲を契機として、反皇帝派はアッコン・コミューンを結成した。ここに、ロンバルディア戦争と呼ばれる皇帝派と反皇帝派の内戦が始まった。そして、一二三二年四月、ジャンはコミューンからオマージュを受けることで、反乱勢力の旗頭となった。リッカルドによるベイルート包囲は失敗に終わり、逆に皇帝派はそれまで押さえていたシドンを失い、一二三三年四月の段階で皇帝派の支配下にあったのはティールのみとなった。

一二三三年三月、親フリードリヒの立場をとっていたアンティオキア侯兼トリポリ伯ボエモンド四世が死去すると、息子のボエモンド五世がその跡を継いだ。商業の盛んであったトリポリは安定したが、アンティオキアは近隣のムスリム勢力からの攻撃に苦しみ、一二三三年にはハマー軍との戦いに敗北した。ボエモンド五世は、ロンバルディア戦争では中立的立場をとらざるをえなかった。

不利な状況に追い込まれたフリードリヒは、アッコン・コミューンに妥協案を提示した。一つは在地の貴族であるフィリップ・ド・モーガステルを自身の摂政として統治に当たらせること、もう一つはイブラン家に謝罪すること、その代わりにアッコン・コミューンを解体すること、がその骨子であった。しかし、アッコン・コミューン側はそれを拒否した。進展しない事態に、ドイツ騎士修道会総長ヘルマン・フォン・ザルツァが動いた。フリードリヒとは親密な関係を築いていたが、ヘルマンはロンバルディア戦争では中立を保っており、仲介役としては申し分なかった。ヘルマンの提案に従って、アッコン・コミューン側は、フリードリヒとコンラートがエルサレム王国の法と慣習を順守する限りにおいては、その摂政権と王権を承認する意思を表明した。

グレゴリウス九世もこの合意を承認したが、これが一つの問題を生み出した。一二三五年、グレゴリウスはラテン・シリアに教皇特使としてラヴェンナ大司教テオデリコを派遣したが、もはやアッコン・コミューンは不要と判断した彼は、その解体を試みた。しかし、アッコン・コミューン側が解体されることを拒んだために、テオデリコはアッコンを聖務停止令下に置いた。この事態を受けて、グレゴリウスはアッコン・コミューンの統領であるジャン・ディブランを反逆者とみなすこととなった。教皇からの汚名を着せられたまま、一二三六年にジャンが死去した。アッコン・コミューンの中心は、ジャンの息子バリアン・ディブランが担うこととなった。

しかし、一二三七年にフリードリヒとグレゴリウスの関係が再び悪化すると、グレゴリウスはアッコン・コミューン支持に回った。フリードリヒが再び足元であるイタリアの情勢に専念せざるをえなくなったため、ロンバルディア戦争は暗礁に乗り上げた。

二つの十字軍

ロンバルディア戦争が小休止状態に陥っている間の一二三九年、ヤッファ協定による休戦期間の期限が切れた。これを見越して、二人の人物が十字軍士として東方にやってきた。一人は、シャンパーニュ伯にしてナバラ国王でもあったティボー四世である。父のティボー三世は、かつてエルサレムの領主であったアンリ・ド・シャンパーニュの弟であり、急逝によって叶わなかったものの、第四回十字軍に際して教皇インノケンティウス三世から軍事統率者に指名されていた人物であった。もう一人は、コンウォール伯リチャードであり、彼の妹イザベラは一二三五年に神聖ローマ皇帝兼シチリア国王フリードリヒ二世の后となっていた。いずれも、ラテン・シリアに関わりのある者であった。

一方のアイユーブ朝では、一二三八年にアル・カーミルが死去し、アル・マリク・アル・アーディル・サイーフッディーン（アル・アーディル二世）がカイロでスルタン位を継いでいた。しかし、事実上、アイユーブ朝はカイロ政府とダマスクス政府とに割れており、このことはラテン・シリアの外交政策にも影響を与えた。特にテンプル騎士修道会は親ダマスクス政府の立場をとり、聖ヨハネ修道会は親カイロ政府の立場をとった。このような中、先に到着したティボーは、テンプル騎士修道会の助言を受け入れて、ダマスクス政府と休戦協定を締結した。ティボーはカイロ政府とも捕虜の交換を行ったが、基本的には反カイロ政府の姿勢であった。なお、ティボーとともにやってきたフィリップ・ド・モンフォールは、元アンティオキア侯レーモン・ルーベンの娘マリーと結婚し、エルサレム王国に定住した。そして、バリアン・ディブランとともに、アッコン・コミューンの中心を担った。

ティボーがラテン・シリアを去ってから一五日目の一二三九年一〇月八日、それと入れ替わるかたちでリチャードが到着した。聖ヨハネ修道会からの助言を受けた彼は、カイロ政府と休戦協定を結び、ナーブルス、ヘブロン（当時は聖アブラハムとも呼ばれた）、トロンの一部とトランス・ヨルダンのすべてを除く、旧エルサレム王国領を回復する確約を得た。加えて、フリードリヒ二世の義兄弟に当たる彼は、ロンバルディア戦争の仲裁を試みた。しかし、それはうまくいかず、一二四一年五月三日にラテン・シリアを後にした。

リチャードが去ると、彼が締結した聖ヨハネ修道会主導の協定に強く反発したテンプル騎士修道会は、アッコンの聖ヨハネ修道会本部を襲撃した。そして、リチャードの協定で領有を認められなかったヘブロンに侵攻した。トランス・ヨルダン領主であったダウードが反撃に出るも、テンプル騎士修道会はそれを退けた。さらには一二四二年一〇月三〇日にナーブルスに侵攻して略奪した。ダウードは、カイロ政府からの援軍によってようやくテンプル騎士修道会を撤退させた。

ロンバルディア戦争の終結とラテン・シリアの再分断

アッコン・コミューン内部でも、フリードリヒ寄りとみなされた聖ヨハネ修道会に対する攻撃が始まった。この混乱に乗じて、フリードリヒの代理人リッカルド・フィランギエッリが変装してアッコンに潜伏した。混乱を煽り立てることを目的としたが、身元がばれたためにリッカルドはティールに逃れた。このころ、イタリアの情勢が悪化したために、フリードリヒはリッカルドをシチリアに召喚した。リッカルドは、弟のロタリオにティールを委ねてイタリアに戻った。

一二四三年四月二五日、コンラートが成年に達した。これによって、フリードリヒやその代理人たちの摂政権も失われた。アッコン・コミューンを中心とするフランク人の貴族たちは、かねてより自らのエルサレム国王位継承権を主張していた、元エルサレム国王イザベル一世の娘にして、キプロス国王ユーグ一世の未亡人であったアリクス・ド・シャンパーニュと、ティボー・ド・シャンパーニュとともにやってきた再婚相手のラルフ・ド・ネールを、国王コンラートの摂政として選出した。摂政となったアリクスは、ロタリオにティールの明け渡しを要求したものの、ロタリオは拒否し、籠城した。そこに兄リッカルドがティールに駆けつけようとしたが、道中で捕縛された。一二四三年七月一〇日、リッカルド兄弟はティールを明け渡し、ここにロンバルディア戦争は完全に終結した。

必ずしも固定的ではなかったが、ロンバルディア戦争はそれまでにあったラテン・シリアの対立構図を顕在化させ、促進させた。上記のテンプル騎士修道会と聖ヨハネ修道会に加えて、イタリア諸都市に関しては、ピサは一貫して親皇帝派であったが、ジェノヴァは途中で反皇帝派から親皇帝派に鞍替えし、当初は中立の立場をとったヴェネツィアは最終的には反皇帝派となった。そして、実はイブラン家自体も割れた。上記のとおり、ジャン一世の長男バリアン・ディブランはアッコン・コミューンの主導者を引き継いだが、次男のアルスール伯ジャン・ディブランは親皇帝派の立場にあったのである。

そして、もう一つの、より深刻な分断がロンバルディア戦争後に生じた。フィランギエッリ兄弟の去ったティールの領有権を巡って、フィリップ・ド・モンフォールとラルフ・ド・ネールとの間に対立が生じた。フィリップがティール領主の座に着くことに成功すると、ラルフは妻を残して帰仏してしまった。フィリップの権力が増大することを危惧したアリクスは、アッコン領主としての代理人にバリアン・ディブランを指名して対抗した。これ以降、エルサレム王国はアッコン政府とティール政府に分断されることとなったのである。

第6章
ラテン・シリアの混乱と滅亡（一二四三―一二九一年）

エルサレムの再喪失

まずは、ロンバルディア戦争終結後の状況をもう少し詳しく見ることから、本章を始めていこう。

一二四三年四月二五日に一五歳となり成年に達した神聖ローマ皇帝兼シチリア国王兼エルサレム国王のコンラート四世は、自身の代理人としてアチェッラ伯トマーゾ・ダキーノを東方に派遣した。なお、それを通じてエルサレム国王位を得たところの母イザベル二世は、コンラート出産時に死去していた。エルサレム王国の貴族たちは、コンラート自身が王国に来ないのであれば、その代理人に対してオマージュをなすことはない、としてトマーゾの受け入れを拒否した。代わって、彼らは摂政としてアリクス・ド・シャンパーニュを選出した。

前章で触れたように、アリクスの権限はアッコン政府に限定され、ティール政府はその領主であるフィリップ・ド・モンフォールが掌握していた。アリクスは一二四六年に死去するが、生前にアッコン政府の摂政位を息子であるキプロス国王アンリ一世に移譲していた。これに対して、元エルサレム国王エメリー・ド・リュジニャンとイザベル一世との間に生まれたメリザンドが異を唱えたが、エルサレム王国の貴族たちはアンリを摂政として選択した。

アンリ一世は、ティール政府を牽制するために、母アリクスと同様にベイルート伯バリアン・ディブランを代理人に指名した。一二四七年にバリアンが死去すると、その職務は、ロンバルディア戦争の中では対立していた弟のアルスール伯ジャン・ディブランに引き継がれた。このようにして、二つの政府という体制は着実にその形を整えていった。

ロンバルディア戦争が分断をもたらしたことはすでに述べたが、騎士修道会組織に関して言えば、戦争の終結はテンプル騎士修道会の勝利であった。アイユーブ朝もエルサレム王国と同様にカイロ政府とダマスクス政府に分断されていたが、テンプル騎士修道会の勝利は親ダマスクス政府という外交政策の推進を意味した。カイロのスルタン位は、一二四〇年にアル・アーディル二世から、弟のアル・マリク・アッサーリフに移っていた。一方のダマスクスのスルタン位にはアッサーリフの伯父であるアッサーリフ・イスマーイールが就いており、テンプル騎士修道会はイスマーイールと独自に同盟を締結していた。

一二四四年の春にアッサーリフとイスマーイールの対立が激化すると、テンプル騎士修道会はエルサレム王国の貴族たちにイスマーイールと同盟を結ぶよう要望し、彼らはそれを受け入れた。一方のアッサーリフが同盟相手としたのが、モンゴル勢力に追われるかたちで西進してきたホラズム・シャー朝の残党勢力であった。

そして、一二四四年七月一一日、ホラズム・シャー朝軍が都市エルサレムになだれ込んだ。エルサレム王国軍の抵抗も空しく、八月二三日には町は制圧された。約六〇〇〇人いた住民のうちの二〇〇〇人が命を落とし、残りの住民はヤッファに避難しようとした。しかし、道中で襲撃され、ヤッファにたどり着くことができたのは三〇〇人程度であった。エルサレムの町を蹂躙・略奪した後に、ホラズム・シャー朝軍はアッサーリフの軍勢と合流するためにガザに向かった。

ラ・フォルビーの戦い

一二四四年一〇月一七日、ガザ北方のラ・フォルビー（現ヒルビーヤ）の地で、エルサレム王国およびダマスクス政府の連合軍と、カイロ政府およびホラズム・シャー朝の連合軍とが激突した。前者の大敗北であった。エルサレム王国連合軍は五〇〇〇人の死者を出し、その中にはテンプル騎士修道会総長アルマン・ド・ペリゴールが含まれていた。また、捕虜の数も八〇〇〇人に上り、その中には聖ヨハネ修道会総長ギヨーム・ド・シャトーヌフが含まれていた。捕虜はカイロに連行された。

このように大打撃を受けたエルサレム王国にとって幸いであったのは、アッサーリフの目的があくまでもダマスクスの制圧であったことである。一二四五年の春、カイロ政府の連合軍はダマスクスに侵攻した。激しい抵抗の末、同年一〇月にダマスクスは陥落し、イスマーイールには代わりにバールベックの地が与えられた。しかし、その後にイスマーイール側に鞍替えしたホラズム・シャー朝勢力は、一二四六年のイスマーイールによるダマスクス奪還戦に参戦した。イスマーイールの努力は空しく終わり、このときに甚大な被害を被ったホラズム・シャー朝の残党は東へと姿を消していった。

イスラーム世界の統一に成功したアッサーリフは、一二四七年の夏より、対フランク人政策に重きを置くようになり、ティベリアやタボール山が占領された。そして、当時は聖ヨハネ修道会の駐屯軍が維持していたアスカロンも、一二四七年一〇月一五日に陥落した。

ラ・フォルビーの戦いでの敗北は、極端な人員不足という痛手をエルサレム王国にもたらした。そしてこのことが、互いにライバル関係にある騎士修道会組織やイタリア諸都市への依存度を高めていくこととなった。

ボエモンド五世の苦悩

エルサレム王国が内憂外患に苦しんでいたころ、アンティオキア侯兼トリポリ伯ボエモンド五世も、異なる意味合いで苦しんでいた。ボエモンドの二度目の妻ルチアーナ・ディ・セーニは、教皇インノケンティウス三世の大姪に当たり、教皇グレゴリウス九世の従兄妹にも当たった。この婚姻は、必然的に教皇庁とボエモンドの距離を縮めた。一方で、ロンバルディア戦争では中立を保ちつつも、基本的には教皇庁と敵対する神聖ローマ皇帝フリードリヒ二世およびコンラート四世を支持した。また、ボエモンドは、一度目の妻アリクス・ド・シャンパーニュ（上に登場したキプロス国王アンリ一世の母）を介してキプロス国王家とは友好関係を維持しつつも、前章で触れた弟フィリップの殺害事件以来、アルメニア国王家とは敵対関係にあった。このような複雑な状況に置かれたボエモンドは、ほとんど身動きを取ることができなかった。

二つの国家の長であったボエモンドであるが、自身は基本的にはトリポリに居住し、アンティオキアの政務については、ギリシア正教会のアンティオキア総大主教シメオン二世を中心とする、ギリシア人のコミューンに委ねていた。しかし、トリポリにおいては、妻ルチアーナが多くの親族たちをトリポリに招き入れて優遇したために、在地のフランク人たちとの間に軋轢が生じるようになった。

また、アンティオキアにおけるボエモンドとギリシア正教徒との関係に目を付けた教皇インノケンティウス四世は、そこで東西教会合同の道を模索し始めた。シメオン二世は教皇の申し出を無視したが、その後任のアンティオキア総大主教ダヴィドは教皇庁に服従する姿勢を見せた。しかしそれは、それまでは共存していたカトリック教会のアンティオキア総大司教とギリシア正教会のアンティオキア総大主教のどちらかを解職しなければならない、という新たな問題を浮上させた。最終的には教皇庁の試みは失敗に終わり、むしろアンティオキアにおける東西教会の問題を悪化させた。

そして一二五二年、際立った功績を挙げることができぬまま、ボエモンド五世は死去した。

ルイ九世の下での安定

一二四八年、いわゆる第六回十字軍を率いてフランス国王の聖王ルイ（九世）が東方にやってきた。その十字軍はカイロ侵攻を目指した結果、一二五〇年四月六日、ルイ自身を含めた多くの者が捕虜となるなどして失敗した。勝利したアイユーブ朝スルタンのトゥーラーン・シャーであったが、同年五月二日に殺害された。そして、その首謀者であるトゥーラーン・シャーの継母シャジャル・アッドゥルと、彼女を担ぎ出したバフリーヤ出身のマムルーク軍人たちによって、新たな王朝であるマムルーク朝が成立した。女性スルタンに対する抵抗から、マムルーク軍人の有力者であったアイバクがシャジャルと結婚し、彼がスルタンに即位した。

このようなクーデターを挟んで約一か月間の捕虜生活を送ったルイは、多額の保釈金を支払って五月六日に釈放された。そして、彼はラテン・シリアに向かった。エルサレム国王コンラート四世が東方に現れないという状況の中で、ルイは実質的なエルサレム国王としてラテン・シリアの統治に当たった。ヤッファなどの地中海沿岸都市の防備を施し、マムルーク朝に対抗するためにシリアのシーア派勢力と同盟関係を築いた。さらには、フランチェスコ会士のギヨーム・ド・リュブルクをモンゴル皇帝モンケ・ハンの下に派遣し、モンゴル勢力との提携も模索した。

当然のことながら、ルイの活動は外交的・軍事的な側面のみでなされたわけではなかった。上記のボエモンド五世の死を受けて、ルイはトリポリ住民たちの不満の種となっていたルチアーナを退けて、ボエモンド五世の跡を継いだ嗣子のボエモンド六世が統治しやすくするための環境を整えた。加えてルイは、長らく問題となっていたアンティオキア侯家とアルメニア国王家の関係を修復するために、ボエモンド六世とアルメニア国王ヘトゥム一世の娘シビラとの結婚を成立させた。

また、キプロス王国は一二五三年に国王アンリ一世を失い、幼いユーグ二世が即位した。その母プレザンス・ダンティオシュが摂政の職務を遂行せざるをえなくなったため、エルサレム王国の舵取りは、彼女が代理人として指名したアルスール伯ジャン・ディブランや、その甥のヤッファ伯ジャン・ディブランが担った。ルイは、彼らをサポートするために自身の有能な家臣であるジョフロワ・ド・セルジーヌと一個駐屯軍をラテン・シリアに駐在させた。このジョフロワは、後にエルサレム王国の軍務長官に選出されることとなる。

ルイは、一二五四年二月二一日にダマスクスに残っていたアイユーブ朝勢力と二年六か月の休戦協定を締結した後、同年六月二四日に約四年を過ごしたラテン・シリアを離れた。その直前の五月二一日、エルサレム国王でもあった神聖ローマ皇帝兼シチリア国王のコンラート四世が死去した。エルサレム国王位は、当時二歳であった彼の息子コンラーディンに引き継がれた。

聖サバス戦争の始まり

一二五五年、マムルーク朝のスルタンとなっていたアイバクは、アッコン政府と一〇年間の休戦協定を締結した。やがて一二五八年にアッバース朝を滅亡に導くこととなるフレグ率いるモンゴル軍の西進についての情報が、その背景にあった。ただし、アイバクはラテン・シリアに侵攻するための拠点となるヤッファについては、協定の範囲外に置いた。しかし、逆にこのことがヤッファにおけるムスリムのキャラバンへの襲撃という事件を引き起こすと、一二五六年に改めてヤッファを含めたかたちでの休戦協定の締結に至った。この協定は、一時的にではあれラテン・シリアに平穏な状態をもたらすはずであった。

同じ一二五六年、事の発端は、アッコンの港近くにある聖サバス教会の地所を巡るヴェネツィアとジェノヴァの争いであった。話し合いに業を煮やしたジェノヴァ人が、ヴェネツィア人を襲撃した。この報告がティール政府のフィリップ・ド・モンフォールの耳に届くと、フィリップはティール市内からヴェネツィア人を駆逐した。彼もまた、ティール領内の村落の権利を巡ってヴェネツィアと争っていたからであった。

ジェノヴァとティール政府との提携によって劣勢に立たされたヴェネツィアは、ピサ、そして当時摂政プレザンスの代理人としてアッコン政府を主導していたアルスール伯ジャンやヤッファ伯ジャンの輩出母体であるイブラン家を味方につけることに成功した。そもそもアッコン政府は、独立国家のように振る舞うティール政府に対して反感を抱いていた。そして、ヴェネツィア側にはテンプル騎士修道会とドイツ騎士修道会もついた。自然な流れで、聖ヨハネ修道会はジェノヴァをサポートした。なお、後の地中海世界の状況を予兆するように、プロヴァンス系の者たちはヴェネツィアを、カタルーニャ系の者たちはジェノヴァを支持した。アンティオキア侯兼トリポリ伯ボエモンド六世は、当初は中立を保とうとしていたが、ジェノヴァ出身である家臣のジブレ領主エンリコ・エンブリアコとの対立から、必然的にヴェネツィア側につくこととなった。このように、ささいな争いは、ラテン・シリアを大きく分断する戦争へと発展した。

すべての者がどちらかの側についたわけではなかった。幼少のキプロス国王ユーグ二世の摂政としてエルサレム国王の摂政でもあった母プレザンス、ルイ九世の残していったジョフロワ・ド・セルジーヌは中立の姿勢を貫き通した。仲裁役として大きく期待されたのは、エルサレム総大司教であった。一二五五年一二月、ジャック・パンタレオン（後の教皇ウルバヌス四世）がエルサレム総大司教に叙階されていた。しかし、彼は一二六〇年になるまでラテン・シリアに来ることができなかった。

一二五八年中に、ヴェネツィア人はティールから駆逐されたが、形勢を逆転させたヴェネツィア側は、アッコンからジェノヴァ人を駆逐した。一二五九年四月、教皇アレクサンデル四世は、ベツレヘム司教に任命したトマーゾ・アーニ・ダ・レンチーニを教皇特使としてラテン・シリアに派遣して事態を収めようとしたが、成果を生まなかった。一二六〇年に到着したジャック・パンタレオンは、翌一二六一年一月、当事者たちを召集して協議の場を設けたが、これもうまくいかなかった。むしろ聖サバス戦争はギリシア世界にも飛び火し、ヴェネツィアはラテン帝国と、ジェノヴァはニカイア帝国との結びつきを強めた。

なお、ラテン・シリアの北方においても、一二五八年、エンリコ・エンブリアコの煽動によってトリポリで反乱が勃発した。テンプル騎士修道会の活躍でトリポリの陥落はまぬがれたものの、まさにラテン・シリアは混迷の度合いを強めていった。

アイン・ジャールートの戦い

ラテン・シリアが聖サバス戦争の波に襲われている間、モンゴル勢力の脅威は着実に西に進んでいた。一二五八年二月にバグダードを占領したフレグは、一二六〇年一月にはアレッポも占領し、ラテン・シリアのフランク人たちはその脅威に直接晒されることとなった。

アルメニア国王ヘトゥム一世は、かねてよりモンゴル帝国との同盟の必要性を強く訴えていた。一二五四年には自らカラコルムに赴いてモンケ・ハンに謁見し、その家臣となった。ヘトゥムは、同様の政策をとるように、義理の息子であるアンティオキア侯兼トリポリ伯のボエモンド六世を説得した。そして、アレッポにいるフレグの下にヘトゥムとボエモンドが馳せ参じ、それまでにムスリム勢力によって奪われていたそれぞれの所領をフレグから与えられた。

モンゴル軍は、ネストリウス派キリスト教徒である将軍キトブガーの指揮下で、ダマスクスに向けて南下した。そこには、ヘトゥムとボエモンドの姿もあった。そして、一二六〇年三月、ダマスクスも占領された。アッコン政府は、ボエモンドの行動に不快感を露わにした。教皇アレクサンデル四世も、ボエモンドを破門に処した。

迫り来るモンゴル勢力の脅威に、アッコン政府はフランス国王ルイ九世の弟で、やがてシチリア国王兼エルサレム国王コンラーディンを殺害してシチリア国王となるアンジュー兼プロヴァンス伯シャルル一世（シャルル一世・ダンジュー）に援軍を要請した。その政策には、モンゴル帝国と交易関係を築いていたジェノヴァに対するヴェネツィアの対抗心が強く働いていた。しかし、基本的にフランク人たちは、モンゴルとの戦いを回避しようと努めていた。その中にあって、シドン領主ジュリアンがキトブガーの甥を殺害する、という事件が起こった。報復として、キトブガーはシドンを蹂躙した。

モンゴル軍のダマスクス占領によって、マムルーク朝スルタンのムザッファル・クトゥズもモンゴル人に対応せざるをえなくなった。そして、服従を迫るフレグの使者をクトゥズが殺害したことで、方針は決定された。一二六〇年七月、クトゥズはパレスチナに向けて進軍を開始した。なお、このころにモンケ死去の報告を受け取ったフレグは、キトブガーにすべてを委ねてカラコルムに向かった。ガザに至ったクトゥズは、アッコン政府に対して領内の通行許可を求めた。意見は割れた。特にモンゴル帝国の家臣となったアルメニア国王と関係の深いドイツ騎士修道会は、強く反対した。最終的には、通行許可は与えるがマムルーク朝と同盟は結ばない、ということに決まり、同年八月にクトゥズはアッコンに迎えられた。そして、九月三日、アッコンの南東約六〇キロメートルに位置するアイン・ジャールートの地で、マムルーク朝軍が勝利した。この勝利によって、マムルーク朝は、モンゴル軍を退けたのみならず、モンゴル支配下にあったシリアを制圧し、加えてラテン・シリアの後背地のほとんどを獲得した。

勝利から約一か月半後の一〇月二四日、カイロに戻る途上でクトゥズが死去した。アイン・ジャールートの戦いの功労者でありながら、十分な報酬を受け取れなかった将軍バイバルス・アル・ブンドゥクダーリーによって殺害されたのであった。そして、バイバルスがその場でスルタンに登位した。

バイバルスの猛攻

一二六一年、アッコン政府の中心人物であったイブラン家のベイルート伯ジャン二世や、ヤッファ伯ジャンはバイバルスとの休戦協定を望んだが、捕虜の交換を除いて、申し出は却下された。さらに、テンプル騎士修道会と聖ヨハネ修道会が、バイバルスの提案した捕虜の交換を却下した。

一二六〇年にはシドン領主ジュリアンが全所領をテンプル騎士修道会に、翌一二六一年にはアルスール伯バリアン・ディブランが全所領を聖ヨハネ修道会に売却しており、両騎士修道会の政治的発言権はさらに強まっていた。両騎士修道会の仕掛ける小規模な戦闘は、バイバルスの敵意を煽るだけであった。

そして、一二六三年にバイバルスの猛攻が始まった。四月にはナザレが蹂躙された。そのままアッコンに進軍したが、このときは威嚇的に城壁への攻撃を行うだけで、バイバルスはカイロに退却した。二年後の一二六五年、大軍勢を率いてバイバルスが再び進軍した。主たる目的は、モンゴル軍のシリア再侵入の報を受けてのことであり、アレッポを堅守することであった。それを果たすと同時に、南からラテン・シリアの沿岸部を攻撃していった。同年二月二七日にはカエサレアが陥落し、間もなくしてカイファは放棄された。四月二九日には聖ヨハネ修道会が購入して維持していたアルスールも降伏した。そして、バイバルスにとっては二度目となるアッコンの攻略に出た。今回はキプロス王国の援軍が、アッコンを救った。バイバルスは撤退するも、アッコンを臨む場所までを押さえることに成功した。

この一二六五年の遠征に際して、バイバルスの視線はモンゴル帝国と提携するアルメニア王国とアンティオキア侯国により強く注がれることとなった。同年二月にフレグは死去しており、イルハン朝（フレグ・ウルス）は息子のアバカに継がれていた。彼は北方に広がるモンゴル系国家のジョチ・ウルスと対立していたため、バイバルスはジョチ・ウルスと同盟を結んでアバカを牽制した。いずれにせよ、アバカにはアルメニア王国やアンティオキア侯国を支援する余裕はなかった。

　翌一二六六年の夏、二つの大軍がエジプトを出発した。一つはバイバルスの率いるものであり、まずはアッコンを目指した。しかし、防備強化の進んだアッコンの包囲は後回しとしてガリラヤ方面に向かい、七月にはテンプル騎士修道会の拠点であったサフェドを陥落させた。また、ティール政府の主導者であるフィリップ・ド・モンフォールの領有するトロンも制圧した。再度アッコンへの威嚇を行った後に、バイバルスはエジプトに引き返した。

　もう一つの軍は、バイバルスの家臣で後にスルタンに登位することとなるカラーウーンが率いた。トリポリ周辺域を制圧していった後に、カラーウーンはアルメニア王国を目指した。アルメニア国王ヘトゥム一世は救援を求めにアバカの下に向かったが、その間、マリ（タル・ハムドゥン〔現トプラッカレ〕近郊）の戦いでヘトゥムの息子トロスは戦死し、レヴォンは捕囚された。そして、首都シスを始めとする王国全土が蹂躙され、これ以降、アルメニア王国は立ち直るのが難しい状態となった。カラーウーンはバイバルスにそのままアンティオキアに向かうよう命ぜられるが、態勢を立て直すために一度ダマスクスに退却した。

　一二六八年、バイバルスが再びラテン・シリアに進軍してきた。三月七日にはヤッファが、四月一五日にはベルフォールが陥落した。五月一日にトリポリに至るも防備強化が施されたトリポリの攻略は難しいと見たバイバルスは、北上してアンティオキアに向かった。五月一四日に包囲が開始され、四日後にはバイバルスの軍勢は市内になだれ込んだ。アンティオキアの町は完全に破壊され、ギリシア正教会やヤコブ派の総大主教座は強制的にダマスクスに移転された。このようにして、第二の十字軍国家であったアンティオキア侯国を滅亡させたバイバルスであったが、モンゴル軍の再侵入およびフランス国王ルイ九世の十字軍計画の報が彼の耳に飛び込んできた。

当時エルサレム王国の摂政位にあったのはキプロス国王ユーグ二世であったが、その代理人である母プレザンスが一二六一年に死去しており、一二六三年にはユーグ二世の伯母のイザベルが代理人となった。そして、イザベルも一二六四年に死去すると、職務はイザベルの息子ユーグ・ダンティオシュに引き継がれていた。さらに、一二六七年一二月に国王ユーグ二世が一四歳で死去すると、代理人であったユーグ・ダンティオシュがキプロス国王ユーグ三世として即位し、エルサレム王国の摂政にもなった。このユーグ三世とバイバルスとの間で、一年間の休戦協定が締結され、断続的にではあれ長らく続いたバイバルスの猛攻は一時休止された。

聖サバス戦争の再燃

バイバルスによる猛攻が続いているさなかの一二六七年、ラテン・シリアでは聖サバス戦争が再燃していた。また翌年には、エルサレム国王の地位にあったシチリア国王コンラーディンが、ルイ九世の末弟のアンジュー兼プロヴァンス伯シャルル一世によって殺害され、フリードリヒ二世以来エルサレム国王位を保持してきたホーエンシュタウフェン家が途絶えた。これによって、アッコン政府を中心として新たなエルサレム国王を選出することが急がれた。

まず声を挙げたのが、キプロス国王となったユーグ三世であった。それに対して、伯母に当たるマリー・ダンティオシュが、自身のエルサレム国王位継承権を主張した。血統の上ではマリーのほうが優位であったことと、テンプル騎士修道会がマリーを強く推したことで審議は長引いた。この間の一二六九年春、長らくエルサレム王国を支え、聖サバス戦争の中でも中立者として極力仲介に当たってきたジョフロワ・ド・セルジーヌが死去した。より一層早い国王の選出が必要となった結果、一二六九年九月二四日、ユーグ三世がエルサレム国王として即位した。これを不服とするマリーは、教皇庁に訴えに行った。

ユーグがまず行ったのは、聖サバス戦争を収めるための第一歩として、ティール政府との関係を改善・修復することであった。その結果、フィリップ・ド・モンフォールの長男ジャンと、ユーグの妹マルグリットとの婚姻が成立した。ただし、これによって聖サバス戦争が終結したわけではなかった。

エドワード王太子の十字軍

一二七〇年八月二五日、期待されたルイ九世の二度目の十字軍、いわゆる第七回十字軍は、チュニスにてルイが没するというかたちで終わった。これに先立つ同年の三月一七日、休戦協定の期限が切れるのを見計らったバイバルスは、シーア派の一派であるイスマーイール派を使ってティール領主フィリップ・ド・モンフォールを暗殺させた。このようにして下準備を整えたバイバルスは、一二七一年二月、トリポリを目指して進軍を開始した。

道中で、テンプル騎士修道会の所有するシャステル・ブランを攻撃し、降伏に追い込んだ。ついで三月三日に聖ヨハネ修道会の城塞クラック・デ・シュヴァリエの包囲を開始し、四月八日に陥落させた。五月一日には、聖ヨハネ修道会所有のアッカール城（現ギベラカル）も陥落した。トリポリ伯ボエモンド六世はバイバルスに休戦を請うも、条件として法外な遠征費用の賠償が請求されると、それを拒否した。しかし、モンゴル軍の脅威、およびイングランド国王ヘンリ三世の長男エドワード（後のイングランド国王エドワード一世）到来の報が、バイバルスにボエモンドと一〇年間の休戦協定を結ぶよう決意させた。ボエモンドも、協定締結を受諾した。

一二七〇年の夏、ルイ九世に合流するためにエドワードはシチリア島に向かったが、到着したときにはすでにルイはチュニスにて死去していた。シチリアで越冬したエドワードは、一二七一年五月九日にアッコンに到着した。しかし、依然として聖サバス戦争によって割れていたラテン・シリアの状況の中で、エドワードはほとんど何もできなかった。唯一できたのは、イルハン朝のアバカに使節を送り、一二七一年の夏にシリアに侵攻するとの約束を取りつけたことであった。約束どおりにアバカは軍勢を動かしたが、ダマスクスの軍勢によって迎撃されてしまった。

写真6－1　12世紀半ばに建造されたクラック・デ・シュヴァリエ

一二七二年五月二二日、カエサレアにおいてバイバルスとエドワードとの間に、一〇年間と一〇か月の和平が結ばれた。しかし、六月一六日、恐らくはバイバルスの放った間者による、エドワード暗殺未遂事件が起こった。傷を負ったエドワードは回復まで帰郷を延期し、同年九月になってようやくアッコンを出発した。イングランドに戻るとすでに父王ヘンリ三世が死去しており、エドワードはエドワード一世としてイングランド国王に即位した。

なお、エドワードの十字軍には、リエージュ教会助祭長の地位にあったテオバルド・ヴィスコンティが従軍していた。しかし、アッコン到着後、すぐに彼はヨーロッパに戻った。自身が教皇に選出されたためである。そして、一二七一年九月一日、彼は教皇グレゴリウス一〇世として即位した。

ユーグ三世の失策

ベイルート伯イザベル・ディブラン（ベイルート伯ジャン二世・ディブランの娘）は、エドワード王太子とともにラテン・シリアにやってきたその家臣のアーモ・ル・ストランジュと結婚していたが、一二七三年に夫が死去すると、ベイルート伯領をバイバルスの保護下に置くことを選択した。キプロス国王兼エルサレム国王ユーグ三世に対する不信感からの措置であった。

また、一二七五年、トリポリ伯ボエモンド六世が死去し、その後を息子ボエモンド七世が継いだ。当時一四歳であったボエモンド七世の摂政権を、ユーグは要求した。拒否されるはずもないと思い込んだユーグは自らトリポリに赴くも、ボエモンドの母シビーユは、息子をアルメニア国王レヴォン三世の保護下に置いたうえで、摂政としてトルトサ司教バルテルミーを任命した。なお、バルテルミーは、かつてボエモンド五世の妻ルチアーナ・ディ・セーニがトリポリにおいて故郷であるローマの出身者を重用する政策を展開したときにそれに強く抵抗したため、トリポリ市民たちから絶大な人気を得ていた。そのためユーグはなすすべなくキプロスに退却した。

そして一二七六年には、ユーグ自身がテンプル騎士修道会と衝突することとなった。契機となったのは、国王ユーグの同意なしにテンプル騎士修道会がユーグの家臣から村落を購入したことであった。当時のテンプル騎士修道会総長ギヨーム・ド・ボージューがアンジュー兼プロヴァンス伯シャルル一世の従兄弟であったことを考えると、すでにテンプル騎士修道会はシャルルをエルサレム国王として招き入れる準備をしていたと言えよう。

エルサレム国王として蔑ろにされた失意のユーグは、キプロスへの撤退を決心した。テンプル騎士修道会とヴェネツィアはそれを喜んで受け入れるも、エルサレム総大司教トマーゾ・アーニ、聖ヨハネ修道会、ドイツ騎士修道会、そしてジェノヴァは、代理人をエルサレム王国に置いていくように強く要求した。そこでユーグは、自身の代理人としてアルスール伯ジャン・ディブランの息子バリアン・ディブランを指名してラテン・シリアを去った。ユーグが去った後、またもや聖サバス戦争が激化した。このような状況で、一二七七年、バリアンはその職務を一年間で放棄せざるをえなくなった。

シャルル一世・ダンジューのエルサレム国王位購入

一二七四年五月、かつてエドワード王太子の十字軍に従軍したことのある教皇グレゴリウスの下で、第二リヨン公会議が開催された。聖地に向けての大規模な十字軍が提唱されたことでも有名なこの会議であるが、ここで着目したいのは、かつてユーグ三世にエルサレム国王位継承争いで敗れたマリー・ダンティオシュがそこに出席し、自身の主張を述べたことである。会議の終了後、グレゴリウスの強い勧めにより、マリーの主張する王位継承権は、シチリア国王ともなったシャルル一世・ダンジューに売却されることとなった。

さまざまな協議の末、一二七七年初頭にエルサレム国王位を正式に購入すると、同年三月一八日にシャルルは自身の代理人としてルッジェーロ・ディ・サンセヴェリーノを東方に派遣した。テンプル騎士修道会とヴェネツィアの強い後押しもあり、アッコン政府の貴族たちはルッジェーロを受け入れること、すなわちシャルルを国王として認めることを決した。彼らは、ユーグ三世に対してかつて彼になしたオマージュからの解除を求めたが、ユーグはこれを拒否した。この結果、形の上では二人のエルサレム国王が並立することとなったが、実質的な統治者はシャルルの代理人ルッジェーロであった。

自身にオマージュをなさない者の封は没収するという威圧的な政策をとったものの、ルッジェーロが統治に当たった五年間は比較的平和な時期であった。まずは、一二七七年七月、ルッジェーロ立ち合いの下でヴェネツィアとティール領主ジャン・ド・モンフォール（フィリップ・ド・モンフォールの息子）が和解することで、長らく続いていた聖サバス戦争が終結した。加えて、同年七月一日にバイバルスが死去した。以後一二七九年にカラーウーンが即位するまで、マムルーク朝では混乱が続いた。

マムルーク朝とは比較的友好な関係を築いていたシャルルの意向は、ルッジェーロの外交政策にも反映された。モンゴル軍のシリア侵攻計画の報を受けて、一二八一年五月にカラーウーンが一〇年間の休戦協定をルッジェーロに提案すると、ルッジェーロはそれを受諾した。これに倣って、トリポリ伯ボエモンド七世も同年七月に同様の休戦協定をカラーウーンと締結した。ユーグ三世がラテン・シリアを去った後、一六歳となったボエモンドはアルメニア王国から帰還していたのであった。

トリポリ内戦

上記のとおり、トリポリ伯ボエモンド七世が不在の間は、摂政として反ローマ出身者派でトリポリ住民の支持を得ていたトルトサ司教バルテルミーが行政を担っていた。彼に対して、当時のトリポリ司教で親ローマ出身者派であったパウロ・デ・セーニが敵意を抱くのは当然のことであった。第二リヨン公会議に参加した折、パウロは同じく参加者のテンプル騎士修道会総長ギヨーム・ド・ボージューと親密な関係を築くことに成功した。これによって、テンプル騎士修道会は反ボエモンドの立場をとることとなった。

写真6-2　第二リヨン公会議の場となったリヨンのサン・ジャン大司教座教会。リヨンは、さまざまな十字軍運動の震源地となった（著者撮影）

ボエモンドの敵はもう一人いた。それは、聖サバス戦争の折に父ボエモンド六世と対立したジブレ領主エンリコ・

エンブリアコの息子グイード二世・エンブリアコであった。必然的に、トリポリ伯国は、ボエモンド七世と、グイード二世およびテンプル騎士修道会との内戦に見舞われることとなった。開戦の翌年の一二七八年に聖ヨハネ修道会のとりなしによって一時休戦が実現したものの、一二八二年、グイードたちによる都市トリポリへの攻撃が始まった。反撃に出たボエモンドはグイードを兵糧攻めにし、餓死させるまでに追い込んだ。ここでトリポリ内戦はボエモンドの勝利というかたちで一時休止するが、グイードの親族たちは母国ジェノヴァに支援を要請した。そして、ジェノヴァと同盟関係にあったティール政府のジャン・ド・モンフォールも、エンブリアチ家への支援を約束した。

この間、ルッジェーロ・ディ・サンセヴェリーノが統治するアッコン政府でも、一つの事件が起こった。一二七九年、何の前触れもなく、キプロス国王ユーグ三世が軍勢を率いてティールを訪れたのである。エルサレム王国での復権を狙って、ティール政府のジャンの支持を取りつけるためであった。ジャンはユーグ支持を約束するも、四か月が経過してユーグの封建家臣たちの従軍義務期間が終了すると、ユーグは何もできずにキプロスに帰らざるをえなくなった。

キプロス国王の復権

一二八二年三月三〇日、アンジュー家支配に対するシチリア島民の反乱、いわゆるシチリアの晩禱が起こった。これによって、ナポリへの退却を余儀なくされてナポリ国王となったシャルル一世・ダンジューは、東方に目を向ける余裕がなくなった。同年末にはルッジェーロ・ディ・サンセヴェリーノが召喚され、代わってオド・ド・ポワレシアンが代理人としてアッコンに着任した。一二八三年六月にカラーウーンが休戦協定更新のための使節をアッコンに派遣するが、シャルルにとっては願ってもないことであった。

和平は締結されたが、ティールとベイルートなどは休戦協定の範囲外に置かれた。というのも、ルッジェーロが去ったことを好機と捉えたキプロス国王ユーグ三世は、ティール領主ジャン・ド・モンフォールの弟オンフロワ・ド・モンフォールをベイルート伯に任命していたからであった。復権のための準備を整えたユーグは、一二八三年にティールに向かった。しかし、同年にジャン・ド・モンフォールが、翌年初頭にはオンフロワ・ド・モンフォールが死去した。ティールはジャンの未亡人でユーグの妹のマルグリットが引き継いだ。ベイルートは、未亡人となったエシーヴ・ディブランと、ユーグの末子ギーとを結婚させるかたちで維持した。

一二八四年三月四日、ユーグ三世自身も死去し、長男のジャン一世が同年五月一一日にニコシア（現レフコーシャ／レフコシア）でキプロス国王として戴冠された。しかし、ラテン・シリアにおいてはティールとベイルートの領有しか認められず、そのジャン一世も、一二八五年五月二〇日、一八歳の若さでこの世を去った。ユーグの次男ボエモンドは一二八三年にすでに死去していたため、ジャン一世の跡は三男のアンリに継がれた。こうして兄の死の翌月、キプロス国王アンリ二世が誕生した。

この間、カラーウーンは休戦協定の範囲外の地域を攻撃する準備を進めていた。これを察知したティールとベイルートの女性領主たちはカラーウーンとの休戦協定締結を求め、それは受諾された。その結果、カラーウーンの攻撃対象は、休戦対象外であった聖ヨハネ修道会がトルトサの北方に所有するマルカブ（マルガット）城となった。一二八五年四月二五日に包囲戦が始まり、約一か月後に陥落した。

同年一月七日にナポリ国王シャルル一世が死去していたが、その報告が東方に届いたのは、ちょうどマルカブ城が攻略されているころであった。シャルルの死を受けて、キプロス国王アンリ二世はアッコン政府に対して、自身をエルサレム国王として承認するように要請した。アッコンの貴族たち、聖ヨハネ修道会、ドイツ騎士修道会がそれを受諾し、やがてテンプル騎士修道会も渋々ながら受け入れた。しかし、シャルルの代理人オド・ド・ポワレシアンは、職務から解かれることを拒否した。

一二八六年六月四日、アンリがアッコンに上陸した。住民たちに迎え入れられた彼はオドの追放を命じ、オドと、ルイ九世以来アッコンに置かれていたフランス王国の駐屯軍は撤退を余儀なくされた。そして、同年八月一五日、ティールにおいてアンリはエルサレム国王として戴冠された。アンリが一五歳の夏の出来事であった。摂政に任命した叔父のフィリップ・ディブランとボードゥアン・ディブランにエルサレム王国の統治を委ね、アンリはキプロスに戻った。

トリポリ伯国の滅亡

一二八六年の秋、ジェノヴァとピサの間で戦争が勃発した。ピサ人たちが、餓死するグイード二世・エンブリアコを嘲笑する演劇を行ったことが原因であった。ピサ側には、かねてよりジェノヴァと対立するヴェネツィアがついた。一方でジェノヴァは、マムルーク朝と提携した。ジェノヴァ政府から艦隊長に任命されたトマーゾ・スピノーラとオルランド・アスケッリの艦隊が、アッコンにやってきてピサの船を焼き討ちにした。さらにオルランドは、アッコン港を封鎖した。

アッコン政府がオルランドに封鎖を解くように要求すると、もしアッコンのすべての領主が立ち去ってほしい旨の証書を発給するのであれば退去する、と彼は答えた。そして、エルサレム王国軍務長官バリアン・ディブラン、テンプル騎士修道会総長ギヨーム・ド・ボージュー、聖ヨハネ修道会総長ニコラ・ロルニュが自分たちの印璽を付した証書を発給すると、オルランドは約束どおりに退去した。

このようにラテン・シリアが混乱しているさなか、カラーウーンは旧アンティオキア侯領内でいまだフランク人の手中にあった港町のラタキアを攻撃していた。ラタキア城壁内は休戦協定の範囲内だったが、一二八七年三月に起こった地震で城壁が倒壊したことが、カラーウーンに休戦協定の範囲外になったという都合の良い解釈をもたらした。そして、一二八七年四月二〇日にラタキアも陥落した。

一二八七年一〇月一七日、嗣子なくしてトリポリ伯ボエモンド七世が死去した。伯位は妹のルシーと、その夫で前ナポリ王国大艦隊長のナルジョ・ド・トゥシーに渡った。夫妻はアプーリアに居住していたため、彼らはルシーの母シビーユを摂政に指名した。そして、シビーユはトルトサ司教バルテルミーを代理人に指名して統治に当たらせた。かつてはトリポリ住民たちから絶大な人気を誇ったバルテルミーであったが、このたびは住民たちからの強い反発にあった。住民たちはトリポリ伯の廃位を宣言し、コミューンを結成した。その首長には、バルトロメオ・エンブリアコが選出された。すなわち、今回のコミューン結成の背景には、トリポリ伯家に対するエンブリアチ家の怨恨があったのである。

このような事態にルシーは東方に向かい、一二八八年にアッコンに到着した。ルシーを支持する聖ヨハネ修道会のエスコートで、エルサレム王国領とトリポリ伯国領の境に位置するヌファンに至ったルシーは、そこで自らがトリポリ伯であることを宣言した。コミューンはそれに反発し、ジェノヴァの保護下に入ることを選択した。ジェノヴァ政府は、艦隊長ベネデット・ザッカリアを東方に派遣した。三大騎士修道会およびヴェネツィアはルシー側についた。それに対してバルトロメオは、カラーウーンに支援を要求した。それのみならず、彼を宗主と認めたうえで、自らトリポリ伯となることをもくろんだ。バルトロメオに不信感を抱いたコミューンは、ルシーを受受け入れた。ルシーはザッカリアとも協議した。その結果、コミューンが都市トリポリの統治権を有することと、ジェノヴァの商業特権が認められ、ルシーの伯位も承認された。

孤立無援となり、コミューンもジェノヴァも敵に回すこととなったバルトロメオは、カラーウーンに対して、ジェノヴァの勢力が増大すればエジプトも危ない、と煽った。もともと親ヴェネツィアの姿勢を持っていたカラーウーンは、一二八九年二月、休戦期間中にもかかわらず、ラテン・シリアに大軍を送った。三月にトリポリへの攻撃が始まり、四月二六日に陥落した。トリポリ伯ルシーはキプロスに逃れたが、住民の多くは殺害された。死者の中にはバルトロメオの姿もあった。

トリポリが陥落してから数日のうちに、ボトルムとヌファンも占領された。事実上、ここにトリポリ伯国は滅亡した。トリポリ伯国領内で唯一残ったのはジブレのみとなった。当時のジブレ領主ピエトロ・エンブリアコは、マムルーク朝の厳しい監視の下ではあるが、その後約一〇年間はジブレを維持した。

アッコンの陥落

キプロス国王兼エルサレム国王アンリ二世は、アッコンでカラーウーンの使節と会談し、休戦協定違反を強く非難した。これに対してマムルーク朝側は謝罪し、改めてアッコン政府およびティール政府と一〇年一〇か月と一〇日の休戦協定を締結した。ただし、アンリの不信感は募るばかりであり、一二八九年九月にキプロスに戻る際にはより信頼のおける弟のアモーリーを自身の代理人としてアッコンに残し、また、ヨーロッパ世界には援軍要請のための使節を派遣した。

トリポリ問題に絡んでいたジェノヴァは報復としてエジプトへの攻撃を開始したが、商業都市でもあるアレクサンドリアの港からのジェノヴァ船の排除を宣告されると、ジェノヴァもカラーウーンと和平を締結した。

さて、アンリの援軍要請に対しては、アッコンを始めとするラテン・シリアに多くの商業特権を得ていたヴェネツィアがいち早く反応した。教皇庁も金銭の援助を約束した。そして、当時シチリア国王の地位にあったハイメ（後のアラゴン国王ハイメ二世）も、五隻のガレー船の提供を申し出た。人員としては、トリポリ司教ベルトランの遊説の結果、ロンバルディア地方やトスカーナ地方の農民や職人たちが応じて十字軍士となった。一二九〇年八月、この十字軍はアッコンに到着したが、それが終わりの始まりとなった。

意気揚々の十字軍士たちは、休戦協定期間中にもかかわらず、しかもアッコンに日常生活品をもたらしてくれる商人を襲撃した。ひげを生やしている人はムスリムであるという思い込みからそのような者たちを襲撃したが、中にはギリシア正教会や東方キリスト教会の信徒たちも含まれていた。十字軍士たちの暴挙はアッコン政府によって鎮圧されたが、時すでに遅く、カラーウーンにアッコン攻撃のための格好の口実を与えてしまった。謝罪するアッコン政府に対して、カラーウーンは暴挙の主導者の引き渡しを要求した。話し合いの過程で、アッコン政府はむしろムスリム商人のほうに原因があったことにしようとした。これに激怒したカラーウーンは軍勢を集めた。そのうえで再度猶予を与えるべく、カラーウーンはアッコンの住民の数と同数の金貨の支払いを要求した。アッコン政府はこれも却下した。

一二九〇年一一月一四日、カラーウーンはカイロを出陣したが、六日後に死去してしまう。今際の際で、息子のハリールにはアッコンを陥落させるよう命じた。スルタンの死に伴う混乱をすばやく収めて新たなスルタンに登位したハリールは、再度準備を整えたうえで、一二九一年三月六日にカイロを出立した。ダマスクスに至った彼は、誇張ではあろうが、それまでに六万の騎兵と一六万の歩兵を整えていたと言われている。

一二九一年四月五日、ハリールの姿はアッコンの城壁の前にあった。アッコンの城壁はさらに防備が強化され、三大騎士修道会、イングランド国王エドワード一世やキプロス王国からの援軍、ヴェネツィアやピサの軍勢などを合わせて、一〇〇〇人の騎兵と約一万四〇〇〇人の歩兵で防衛されていた。女性や子どもはすでにキプロスに避難していた。翌四月六日から包囲が開始された。五月四日には、キプロス国王アンリ二世も、一〇〇人の騎兵と二〇〇〇人の歩兵とともに駆けつけた。最後の和平交渉もハリールがアッコンの町の鍵を要求するのみで決裂し、ハリールは使節を殺害してその遺骸を送り返した。五月八日に攻撃が再開され、一〇日後にアッコンはほぼ陥落した。アンリ二世と弟のアモーリーは命からがらキプロスへ逃れたが、多くの者が殺害された。唯一フランク人の手に残ったのは、海に飛び出した形の町の南西角にあるテンプル騎士修道会所有の建物であった。しかし、そこも五月二八日に制圧された。

アッコンの危機的状況を打開すべくティール政府の軍勢が出陣した後の五月一九日、空《から》となったティールもあっけなく陥落した。七月一四日にはテンプル騎士修道会所有のシドンが陥落し、七月三一日にはベイルートも降伏した。テンプル騎士修道会所有のシャトー・ペルランは八月三日、同じくトルトサは八月一四日に制圧された。唯一残ったのは同騎士修道会所有のルアド島（現アルワード島）となったが、一三〇二年にそこも放棄された。

ハリールは、二度とフランク人たちがやってこられないようにするために、沿岸部に位置するすべての城塞を完全に破壊した。

Ⅱ　キプロス王国

第7章
キプロス王国の形成と発展（一一九一―一三六九年）

キプロス島の制圧

一一五五年から翌年にかけて、アンティオキア侯ルノー・ド・シャティヨンがビザンツ帝国の支配下にあったキプロス島に侵攻した。この侵攻は失敗し、ビザンツ帝国はキプロスの支配・防備強化を進めた。一一八四年からは、ビザンツ皇帝マヌエル一世の姪の息子イサーク・ドゥーカス・コムネノスが島の統治に当たった。彼は、サラーフッディーンと同盟を結ぶという外交政策を選択していた。

一一九一年四月、いわゆる第三回十字軍に参加して東方に向かっていたイングランド国王リチャード一世獅子心王の船団がリマソル（現レメソス）沖にさしかかったとき、妹でシチリア国王グリエルモ二世の未亡人であったジョーンと、妻でナバラ国王サンチョ六世の娘ベレンガリアの乗った船が座礁した。それに対してイサークは、難破船の乗員たちへの水の供給を拒否するなどの対応をとった。これに激怒したリチャードは一か月以内にキプロス島を制圧し、五月六日にリマソルに上陸した。イサークを捕縛した後、五月一二日にはリチャードとベレンガリアの結婚式がリマソル近郊のコロッシ城にて挙行された。

六月五日、リチャードはアッコンに向けて出港した。キプロスの統治は、家臣のリシャール・ド・カンヴィルとロバート・オブ・ターナムに委ねられた。これまでイサークの圧政に苦しんできた在地のキプロス人たちは、当初はリチャードの統治に期待を寄せた。しかし、これまで以上の搾取に落胆した島民たちは、反乱を起こした。この反乱を鎮圧するために、リチャードはテンプル騎士修道会に、頭金として四万ディナール、その後はキプロス島の収益から六万ディナールを支払うことを条件に、島を売却した。

写真7－1　コロッシ城（著者撮影）

しかし、一一九二年四月、再び反乱が起こった。リチャードとテンプル騎士修道会との間での協議の結果、折しもエルサレム国王位を巡る争いで敗れたギー・ド・リュジニャンに、上記と同様の条件で島が売却された。ギーは、必要な頭金をトリポリの豪商やジェノヴァからの借金によって工面した。

ギー・ド・リュジニャンによる島の再建

一一九二年五月にキプロスを購入したギー・ド・リュジニャンが行ったのは、都市部および農村部の人口増加を目指す政策を展開することであった。反乱の中で在地の貴族であるアルコンたちを中心にしたキプロス人の多くは山岳部に逃避したが、従来認められていた財産の保護などを約束することで、彼らの都市や農村への復帰を誘った。ただし、キプロス人たちに支配者階級への入り口は開かれなかった。

あくまでも支配者層として必要とされたのは、フランク人やアルメニア人であった。騎士には、エルサレム王国の約三～四倍に相当する年四〇〇ベザントの価値を有する封の保持が約束された。同様に、主としてアルメニア人から構成されるトゥルコポーレースには、年三〇〇ベザントの封に加えて、二頭の馬と鎧の支給が約束された。さらには、ブルジョワ（騎士や教会人以外のフランク人の総称）たちにもブルガージュ（軍事奉仕義務を持たない封）が与えられることが約束された。

ハッティーンの戦い以降に所領や財産を失った者たちを中心に、エルサレム王国、トリポリ伯国、アンティオキア侯国、さらにはキリキアのアルメニア人の領域から、約三〇〇人の騎士と約二〇〇〇人のトゥルコポーレース、そしてそれ以上の数のブルジョワたちがキプロス島に入植した。一三世紀後半に作成された『エラクル年代記』は、ギーの良策とラテン皇帝ボードゥアン一世の愚策を、次のように対比的に描いている。「もし、ボードゥアン伯が皇帝になった際に、（ギーと同様に）人々にコンスタンティノープルの土地を配分していたら、彼はそれ（帝国）を失わなかったであろう。しかし、悪しき助言に従って彼はすべてを欲したので、すべてを失ってしまったのである」と。

一一九四年八月一八日、ギーが死去した。彼は最後まで「エルサレム国王」を自称していたが、キプロスに関しては「ドミヌス（領主）」と称するに留まっていた。嗣子のなかったギーの跡は、兄のエメリー・ド・リュジニャンが継ぐこととなった。

キプロス王国の成立

エメリー・ド・リュジニャンにまず必要であったのは、弟の行った大盤振る舞いの政策の後始末であった。『エラクル年代記』によると、騎士たちを召集したエメリーは次のように言ったという。「貴君たちよ。承知のように、余の所有する所領はあまりにも少なく、貴君たちそれぞれが所有する所領のほうが大きい次第である。貴君たちの領主たる余があまりにも貧しく、貴君たちがあまりにも豊かなのは、いかがすべきであろうか。ありえない話である。したがって、貴君たちで話し合い、各自その所領の幾分かを差し出すように、余は要求する」と。加えて、エルサレム王国の慣習とは異なり、直系の相続者のいない封は、領主に返還されることが定められた。その結果、エメリーの財産は三倍以上にまで回復した。

写真7－2　バッフォにあるフランク人の城跡（著者撮影）

次にエメリーが着手したのは、キプロス島内のカトリック教会組織の整備であった。一一九六年に教皇ケレスティヌス三世は、エメリーの要請に応じて、ニコシア大司教とその三つの属司教として、リマソル司教、バッフォ（現パフォス）司教、ファマグスタ（現ガズィマウサ）司教の各司教座を設置することを定めた。ただし、後に見るラテン・ギリシアの世界と同様、キプロス島内の教会領は当初は世俗権力からの封として捉えられており、教会が俗権から自立していくのは一二二〇年代を待たねばならなかった。教会と俗権の関係の模様については、改めて後述することにしたい。

さて、このようにして国内の情勢の軌道修正・整備を行ったが、エメリーにはもう一つの悩み事があった。それは、ビザンツ皇帝がキプロスの宗主権を要求してくるかもしれないことであった。そこで彼は、神聖ローマ皇帝ハインリヒ六世にキプロスの宗主となるように要請した。ハインリヒは代理人として自身の尚書官でもあるヒルデスハイム司教コンラート・フォン・クヴェーアフルトを派遣した。一一九七年九月、ニコシアにおいてエメリーはコンラートからキプロス国王の冠を受けた。なお、先述のように、翌月にはエルサレム王国の貴族たちの要請を受けるかたちで、エメリーはエルサレム国王位継承権を持つイザベル一世と結婚し、エルサレム国王としても即位した。

一二〇五年四月一日にエメリーが死去すると、彼と前妻エシーヴ・ディブランとの間に生まれたユーグ一世がキプロス国王位を継いだ。当時のユーグは一〇歳であったため、摂政として姉ブルゴーニュの夫であり、エルサレム王国の軍務長官を務めていたゴーティエ・ド・モンベリアールがキプロス王国の統治を担った。一二〇八年に成年の一四歳に達したユーグは親政を開始するとともに、元エルサレム「領主」のアンリ・ド・シャンパーニュとイザベル一世との間に生まれたアリクスと結婚した。

親政を開始してから二年後の一二一〇年、ユーグはかつての摂政で義兄のゴーティエに王室財産の返還を要求した。というのも、同年にエルサレム国王に即位したジャン・ド・ブリエンヌとユーグは対立関係にあり、ゴーティエはジャンの従兄弟であったからである。返還要求を無視したゴーティエは、財産をアッコンに持ち逃げし、そこでジャンに迎えられた。ユーグとジャンの対立は一二一三年まで続いたが、最終的には教皇インノケンティウス三世がユーグを非難することで収まりを見せた。

一二一七年にユーグは第五回十字軍の十字軍士として東方にやってきたハンガリー国王アンドラーシュ二世に合流したが、翌一二一八年一月一〇日、逗留先のトリポリにて二四歳の若さで病没した。

ロンバルディア戦争とキプロス王国の独立

ロンバルディア戦争についてはすでに触れたが、ここではキプロス王国の状況により重点を置きつつ見てみよう。

父ユーグ一世を失ったアンリ一世が即位したのは、わずか生後八か月目のことであった。摂政には母のアリクスが、さらにその代理人としてアリクスの伯父であるフィリップ・ディブランが、一二二七年にフィリップが死去するとその兄のベイルート伯ジャン一世・ディブランが王国の統治を担った。一二二二年にはキプロスを地震が襲い、リマソルやバッフォは水没したが、その復興に尽力したのがイブラン兄弟であった。

しかし、一二二八年六月、神聖ローマ皇帝兼シチリア国王であり、キプロス王国の宗主権を持つフリードリヒ二世が東方に向けて出発した。すでに一二二五年、当時の代理人フィリップは、フリードリヒが幼王アンリの保護権を主張するのを危惧して、アンリの国王戴冠式を挙行することで牽制の意思を示していた。それも空しく、一二二八年七月にリマソルに降り立ったフリードリヒは、当時の代理人ジャンにアンリの摂政権を要求し、それを奪った。

一二二九年五月一日、エルサレム国王ともなったフリードリヒが、アッコンを出立してシチリアに戻った。代理人には、アモーリー・バルレなどの反イブラン家の姿勢をとる者たちを指名した。アモーリーたちは重税やイブラン派の財産没収などの、まさに圧政を展開した。一二二九年七月、エルサレム王国から追放されたジャン・ディブランがニコシアに到来した。ジャンはキプロス島内のフリードリヒの代理人たちを北へと追いやると、彼らが逃げ込んだカンタラ城やキレニア（現ギルネ）城も制圧した。最終的には一二三〇年の春、デューダモール城（聖ヒラリオン城）包囲戦の後に、代理人勢力は降伏した。

そのころ、教皇グレゴリウス九世との戦いを優位に進めていたフリードリヒは、一二三〇年七月にサン・ジェルマノ条約を締結して教皇との戦いを一時休止した。東方に目を向ける余裕を再び得たフリードリヒは、軍務副長官のリッカルド・フィランギエッリを代理人として派遣した。一二三一年九月にリッカルドはリマソル沖に到着するが、ジャンが上陸を阻止した。その報復として、リッカルドはジャンの拠点であるベイルート伯領を制圧した。シリアに戻ったジャンは、翌一二三二年春先にはベイルートを奪還し、四月には反皇帝派組織であるアッコン・コミューンを結成して皇帝軍をティールに追い込んだ。

一方で、キプロスに降り立ったリッカルドは、デューダモール城とブッファヴェント城を除くキプロス全島を制圧していた。キプロスに戻ったジャンは、一二三二年五月にファマグスタを奪還し、六月一五日にはアグリディアの戦いで勝利して皇帝軍をキレニア城に追い込んだ。しかし、一二三三年春にはキレニア城も陥落し、皇帝勢力はキプロスから駆逐された。上述のとおり、シリア方面ではロンバルディア戦争は一二四三年まで続くが、戦争終結後、エルサレム王国の貴族たちは、国王コンラート四世の摂政としてアリクスを選出した。彼女が一二四六年に死去すると、その地位は息子のアンリ一世に引き継がれることとなった。

写真7－3　キプロス島北部の要となったキレニア城（著者撮影）

一二四四年八月二三日にホラズム・シャー朝がエルサレムを蹂躙すると、キプロス国王家に責任がのしかかった。アンリ一世は急ぎ援軍を送るも、同年一〇月一七日のラ・フォルビーの戦いで大敗北を喫した。一二四七年にもアスカロン救援のために援軍を送るも、一〇月一五日にアスカロンが陥落した。このように、目立った軍事成果を挙げることのできなかったアンリに対して、同時代人はその「肥満王」というあだ名どおり肥満以外に取り柄がないと評したが、一二四七年、キプロス王国を神聖ローマ皇帝から切り離そうとした教皇インノケンティウス四世によって、キプロス王国は独立国家として承認されたのである。

二人のユーグの争い

一二五三年一月一八日、当時五歳の唯一の男子相続者ユーグ二世を遺して、アンリ一世が死去した。摂政には、母親でありアンティオキア侯ボエモンド五世の娘であるプレザンス・ダンティオシュが就いた。しかし、一二六一年にプレザンスが死去すると、摂政位を巡って三人の候補者が争った。一人は、前国王アンリの姉であり、アンティオキア侯ボエモンド四世の息子アンリを夫としていたイザベルである。もう一人は、そのイザベルの息子のユーグ・ダンティオシュである。最後の一人が、元エルサレム国王ジャン・ド・ブリエンヌの家系にあるヤッファ伯ゴーティエ・ド・ブリエンヌの息子ユーグ・ド・ブリエンヌであった。

貴族たちの審議は長く続いたが、最終的には一二六三年、イザベルが摂政に選出された。しかし、翌年にイザベルが死去すると、残る二人のユーグの争いとなった。勝利したのは、イザベルの息子のユーグであった。さらに、一二六七年に国王ユーグ二世が嗣子なく死去した。その結果、摂政のユーグが、キプロス国王ユーグ三世として即位することとなった。翌一二六八年にはエルサレム国王コンラーディンがシャルル一世・ダンジューに殺害されると、エルサレム王国の貴族たちの協議の結果、一二六九年にユーグ三世はエルサレム国王を兼務することとなった。

産業と農民

さて、国王ユーグ三世の統治期について話を進める前に、ここで当時の社会状況、とりわけ産業と農民について簡単に触れておこう。

後述するラテン・ギリシアの世界と同様に、キプロスにおいてもアルコンたちの財産は保障された。しかし、少なくとも一三世紀においては、フランク人とギリシア系住民との間の婚姻は推進されず、したがってアルコンたちが行政に関与できる道は閉ざされていた。

都市部の住民の多くはフランク人で占められた。例えば、ヴェネツィアはすでに一一四〇年代からビザンツ皇帝マヌエル一世コムネノスよりキプロス島内の都市部における特権を付与されていたが、より多くの商業都市を誘引するために、ギー・ド・リュジニャンやエメリー・ド・リュジニャンは、さらに多くの都市にさらに多くの特権を付与した。また、フランク人の騎士やブルジョワたちも、基本的には都市内に居住した。

一方で、ほとんどのギリシア系住民は農村部に居住し、空間的にもフランク人とは遮断された。一口に農民と言っても、それは次のように三つの身分に細分化される。一番上位に位置するのが、エレウテロイ（ラテン語ではフランコマティ）と呼ばれた、完全自由地保有農民である。彼らには収益・収穫の五分の一から一〇分の一の貢納が求められ、また有給ではあるが労働奉仕義務も課された。次に位置するのが、ペルピリアロイ（ラテン語ではペルピリアリイ）と呼ばれた、個人的自由農民である。比較的豊かな彼らには、年一五ピュペルピュロン以上の金納と生産物の三分の一の貢納が課された。そして、最下層に位置し、最も多くの者が当てはまったのが、パロイコイと呼ばれる非自由農民である。その生活はビザンツ帝国支配期と基本的には変わらず、人頭税、一週間に二日の賦役、生産物の三分の一の貢納が課された。

冬でも比較的温暖な気候に恵まれたキプロス島では穀物生産が盛んであり、加えて綿花やサトウキビの栽培と、それによる綿や砂糖の生産も主要産業として発展した。余剰分は売却することが可能であり、製品をヨーロッパ世界に運搬するイタリア商業都市から現金での収入を得ることができた。その結果、農民の生活は比較的安定したものとなり、一三世紀後半には彼らは全体的に自由農民へと上昇していった。

教会

被支配者たちのほとんどはギリシア正教徒であったが、彼らの信仰生活はどのように維持されたのであろうか。引き続き、この点も含めてキプロス王国の教会の状況を概観しておこう。

上記のとおり、一一九六年にキプロス島に四つのカトリックの司教座が設置されたが、当初から国王と教会との間には隔たりがあった。というのも、より多くのフランク人をキプロスに留めておきたい、現地住民の反乱の再発を防ぎたいとの意図から、エメリーはカトリック教会が徴収する一〇分の一税に制限をかけたからである。また、基本的には教会領は封土として捉えられ、したがって教会にも奉仕義務が強要された。またギリシア系住民については、教皇庁はギリシア正教徒のカトリックへの改宗の推進を奨励し、ギリシア正教会の聖職者にはカトリックの聖職者にオマージュを示すよう強要した。

このような複合的な問題を解決するために、一二二〇年一〇月にリマソル協約が決せられた。そこでは、すべての土地から一〇分の一税が徴収されること、世俗権力による教会への奉仕義務の強要は免除されるべきこと、ギリシア正教会はカトリック教会に服従してその管理下に置かれることなどが定められた。しかし、この取り決めは順守されなかった。

二年後の一二二二年、キプロスにやってきた教皇特使ペラギウスの下で、新たな協約であるファマグスタ協約が定められた。リマソル協約を骨子としつつ、さらにそこでは、一四あったギリシア正教会の主教区をカトリック教会の司教区に合わせて四つに減ずること、ギリシア正教会の主教座の郊外への移転が定められた。後者について具体的には、ニコシア大主教座はソリ（もしくはソロイ、現カラボスタシ［トルコ語ではゲミコナウ］）に、バッフォ主教座はアルシオネ（現ポリ・クリソクス）に、リマソル主教座はレフカラ（現パノ・レフカラ）に、ファマグスタ主教座はカルパッシア（現リゾカルパソ［トルコ語ではディプカルパス］）に移転させられた。これに異を唱えた（元）ニコシア大主教ネオフィトスは、追放された。

彼は、ニケーアの総大主教ゲルマノスの指示を仰ぎつつ、その後も抵抗を続けた。そうした中で、一二三一年にアトス山からキプロスにやってきた一三人のギリシア正教会の修道士が、異端として火刑に処される、という事件が起こった。生き残った仲間の修道士たちは、彼らを殉教した聖人とみなして、その遺灰が見つからないように動物の骨に混ぜて持ち帰った。この一件を耳にしたゲルマノスは激怒した。教皇グレゴリウス九世も話し合いの場を設けようと使節を派遣するも、ゲルマノスは応じようとしなかった。それに対してグレゴリウスは、正教会の聖職者が逃亡したため空き家となったキプロス内の教会を、カトリックの教会人で埋めていった。

グレゴリウスの後を継いだ教皇インノケンティウス四世は、キプロス内の正教会の聖職者の保護を表明するなど宥和的な姿勢を見せたが、一二五一年にニコシア大司教に就任したウーゴ・ディ・ファジアーノは島内の正教会の根絶を目指す強硬派であった。膠着状態が続いた後の一二六〇年七月三日、ゲルマノスが教皇アレクサンデル四世に訴え続けた結果、アレクサンデルはキプロス勅書を発布した。そこではカトリック教会とギリシア正教会の併存体制が確認されるものの、正教会の主教座の数は四であること、正教会の聖職者はカトリック教会に服従することなどが維持された。この勅書は、一五七三年にキプロスがオスマン朝に割譲されるまで、効力を持ち続けることとなった。

このようにしてカトリック教会の優位は確立された。しかし、一二六一年にビザンツ帝国を復活させた皇帝ミカエル八世パレオロゴスがキプロス島内のギリシア正教徒に反乱を呼びかけると、国王を始めとする世俗領主たちは島内の正教徒たちとの間に平和を構築することを模索し、懐柔的な政策をとるようになっていった。

シャルル一世・ダンジューとの闘争とエルサレム王国の滅亡

では、ここで話をキプロス国王ユーグ三世に戻そう。

エルサレム国王としてのユーグは、マムルーク朝スルタンのバイバルスへの対応を余儀なくされた。一二七一年春に到来したイングランド王国のエドワード王太子の十字軍も活かすことができなかった。たび重なるシリアへの遠征でキプロス島内の騎士たちの負担が増大した結果、従軍拒否という問題が生じた。この問題の解決には二年を要し、一二七三年になってようやく、キプロス島外での軍事奉仕は一年につき四か月以内とすることが定められた。バイバルスに関しては、その間の一二七二年に一〇年間の和平を締結することで凌いだ。

しばし平穏の時を過ごしていたユーグを脅かしたのが、一二七七年にエルサレム国王位継承権を購入したシチリア国王（一二八二年以降はナポリ国王）シャルル一世・ダンジューであった。彼はさっそく代理人としてルッジェーロ・ディ・サンセヴェリーノをアッコンに派遣し、ユーグに対してエルサレム国王位を要求した。ユーグは自身の権利の正当性を主張するも、教皇ヨハンネス二一世の後ろ盾を得たシャルルのほうが優位であり、一二七九年にユーグはキプロスへの撤退を余儀なくされた。一二八三年に復権を狙ったユーグはシリアに訪れるも、そのさなかの一二八四年三月、ティールにて没した。

一方で翌一二八五年一月七日、シャルル一世も死去した。ナポリ国王位を継いだ息子のシャルル二世であったが、当時はアラゴン王家に捕縛されているさなかにあり、エルサレム国王位を要求できる状況になかった。必然的に、キプロス国王位をユーグから受け継いだ長兄のジャン一世がエルサレム国王（ジャン二世）として選出された。しかし、彼も一二八五年に死去し、すべてが弟のアンリ二世に引き継がれた。一二八六年八月一五日、アンリはティールにおいてエルサレム国王としての戴冠式を挙行した。まず彼が行ったのは、シャルル一世がエルサレム王国に残していった駐屯軍の駆逐であった。しかし、これはまさに自分で自分の首を絞める行為であった。

小さくない軍事力を手放した十字軍国家に、マムルーク朝スルタンのカラーウーンの攻勢が続いた。一二八七年四月二〇日にはラタキアが、一二八九年四月二六日にはトリポリが陥落し、その三日後にアンリは多くの所領を割譲することで、カラーウーンとの和平締結にこぎ着けた。しかし、トリポリ陥落の報を受けた教皇ニコラウス四世が主としてイタリア人からなる十字軍を派遣し、このことがカラーウーンに休戦協定違反という口実を与えることとなった。

一二九〇年末に死去したカラーウーンの跡を継いだハリールの下で、一二九一年五月一八日にはアッコンが陥落した。一三〇三年までルアド島は維持されるものの、事実上一二九一年でシリアおよびパレスチナの十字軍国家は滅亡した。キプロス王国は多くの難民を受け入れざるをえなくなったが、その多くはヨーロッパ世界までは辿り着くことのできない貧困層に属していた。

アモーリー・ド・リュジニャンのクーデター

当然のことながら、エルサレム国王としてのアンリ二世の肩にはその回復の責務がのしかかった。一二九四年には、教皇ニコラウス四世の呼びかけに応じた十字軍の助力を得て、小アジアのアラヤ（現アランヤ）を攻撃した。また、一三〇〇年にはアンリの弟でティール領主の称号を持つアモーリー・ド・リュジニャンを中心として、テンプル騎士修道会および聖ヨハネ修道会との連合軍でエジプトおよびシリアの沿岸部を攻撃した。しかし、いずれも成果を挙げることができなかった。アモーリーはモンゴル勢力との同盟を模索したが、それもうまくいかなかった。

アモーリーは、一二九三年にアルメニア国王レヴォン三世の娘の一人であるザベルと結婚しており、上記の遠征後は妻の故国に身を寄せることとなった。アンリにとって幸いであったのは、かねてよりキプロス国王位を狙っているとの噂が絶えなかった弟アモーリーがキプロス王国を離れたことであった。

　しかし、一三〇六年四月二六日、アモーリーの煽動によってキプロス王国で反乱が勃発し、王国の貴族のほとんどが反乱軍に加担した。アンリおよびアモーリーの弟エメリーの姿も、反乱軍の中にあった。反乱軍はニコシアの王宮に押し入り、アンリに対して弟アモーリーに国王位を譲るように強要した。三日後の四月二九日、テンプル騎士修道会と聖ヨハネ修道会が仲裁に入った。翌一三〇七年には、ようやく元の鞘に納まったかのようであった。しかしその後も、アモーリーは兄アンリの勢力の削減に努め、ついに一三一〇年初頭には、アンリをアルメニア王国に連行し、監視下に置いた。

　これに対して、ついに教皇庁も動いた。教皇クレメンス五世は、一三一〇年三月に教皇特使レーモン・ド・パンをキプロスに派遣し、反乱軍に対してアンリを国王位に復帰させるように命じた。これは、フランス国王フィリップ四世の意向でもあった。アモーリーは拒否するも、同年四月に暗殺された。すると、反乱軍は弟のエメリーを国王に据えようとした。エメリーは反乱軍に留まり続けるも、国王になることは拒否した。これによって、国王位はアンリの下に戻ったが、その身柄はキプロスに戻っていなかった。

　特使レーモンは、アルメニア国王オーシンとの交渉に入った。当時、アモーリーの未亡人となったザベルはキプロス王国領内で軟禁状態に置かれていたが、ザベルとアンリの身柄の交換が成立した。そして、一三一〇年八月二七日、アンリはファマグスタへの帰還を果たした。

　王位に復帰したアンリは、まずは反乱軍の押さえつけを実行した。反乱軍には謝罪と忠誠が要求されたが、主だった者たちはキレニア城に投獄された。エメリーもそこで獄死した。また、アモーリーの未亡人ザベルも、アンリの意向を受けてアルメニア王国領内で投獄され、一三二三年に死去するまで獄中にあった。

経済的復興

王国内部の問題を処理したアンリ二世であったが、三つの問題に直面することとなった。

一つは、テンプル騎士修道会の解体問題への対処であった。キプロス王国では一三一一年一二月に領内のテンプル騎士修道会士の逮捕や財産の没収が開始された。同騎士修道会が王国領内に所有していた動産・不動産は、聖ヨハネ修道会に譲渡された。

もう一つは、対ムスリム勢力のための軍事的な立て直しと、それを支えるための経済状況の改善であった。しかし、この問題に対処するためには、三つ目の問題であるジェノヴァへの対応をどうするかを考える必要があった。

アンリは基本的には親ヴェネツィアの立場にあったが、それに対する威嚇であろう、ジェノヴァは一三一二年および一三一六年にバッファ海域で略奪行為を繰り返した。その報復として、アンリはニコシア在住のジェノヴァ人たちを投獄した。最終的には教皇ヨハンネス二二世の仲介で和解するものの、アンリとジェノヴァの対立は一三二〇年まで続いた。

さしたる経済復興政策をなすことができぬまま、一三二四年三月三一日、癲癇の持病を抱えていたアンリが死去した。彼は一三一七年にシチリア国王フェデリコ三世の娘コスタンツァを妻に迎えていたが、二人の間に嗣子はなかった。次期国王には最も近親であったアンリの末弟ギーの息子ユーグ・ディブランが継いだ。妻アリクス・ディブランとともに、ニコシアでキプロス国王として、ファマグスタでエルサレム国王としての戴冠式を済ませたユーグ四世は、叔父の果たしえなかった政策の実行を目指した。

王国の経済状況を安定させるために、ジェノヴァやヴェネツィアをはじめとする海運都市との密接な関係の構築を目指した結果、ファマグスタは一大交易都市へと発展した。一三三四年には教皇ヨハンネス二二世の要請によって、ヴェネツィアとフランス王国との同盟軍に加わって、小アジアへの遠征を行った。また、一三四三年にヴェネツィアや聖ヨハネ修道会との間で結成された第一次エーゲ同盟にも参加し、翌年のスミルナ（現イズミル）十字軍に参戦した。しかし、ユーグの統治期は基本的には慎重な外交政策が展開され、比較的平和な状況が続き、それがさらなる経済繁栄を導いた。

写真7－4　レコンキスタが推進されていたイベリア半島では、例外的にテンプル騎士修道会が維持・存続された。しかし、それもやがて各国王権の監督下に置かれるようになった。写真のトマールにあるテンプル騎士修道会所有のキリスト修道院も、14世紀半ばにはポルトガル国王を団長とするキリスト騎士団の支配下に置かれた（著者撮影）

ユーグは反抗的な家臣を絞首刑に処すなどの残虐な一面も見せたが、文化にも高い関心を示し、例えば『デカメロン』などで有名なジョヴァンニ・ボッカッチョに依頼して『異教の神々の系譜』を献呈さ

図7−1　ユーグ4世発行の貨幣（上）と、ピエール1世発行の貨幣

せた。一三五九年にユーグは死去するが、その前年にすでに次男のピエールを国王に即位させていた。ユーグの長男ギーは一三四三年に没していたが、ギーには嗣子ユーグがいた。血統の上ではギーの息子ユーグのほうが正統であり、実際に彼は祖父ユーグ四世の死後に自身の王位継承権を主張した。しかし、ユーグから見ると伯父に当たるピエールが、王位をいわば簒奪したのであった。なお、両者の和解は一三六五年を待たねばならなかった。

ピエール一世と永続的十字軍特権

生前のユーグ四世がピエール一世を後継者にしたのは、その最後の課題であった軍事的立て直しのためであったと考えられる。ペトラルカやチョーサーにも称賛されるピエールは、一三四七年に「剣の騎士団」を創設していた。真十字架のかけらが埋められたと言われている、サリーネ（現ラルナカ）近郊のスタブロボウニ修道院において幻視を体験したピエールは、聖地の回復に人一倍燃えていた。キプロス国王として即位した翌年の一三六〇年四月五日、妻のレオノール・デ・アラゴンとともにファマグスタにおいてエルサレム国王としての戴冠式を挙行した。彼の発行した貨幣では、他の国王たちが杓を持つ姿であるのに対して、剣を持つ姿が打刻されている。

父ユーグの政策を踏襲してピエールもジェノヴァやヴェネツィアとの関係を強化するが、その目的は商業よりも軍事に重きが置かれた。一三六一年にはアルメニア王国防衛のために小アジアのコリクスに出陣し、その城砦をアルメニア国王コスタンディン三世より委ねられた。その後もコリクス城は一四四八年までキプロス王家の支配下に置かれた。次なる目標は、オスマン朝支配下のアダリアであった。聖ヨハネ修道会からの援軍を受けつつ、同年八月二四日にアダリアを占領した。アダリアも一三七三年まではキプロス王家が死守した。

次なるピエールの仕事は、ヨーロッパ世界の勢力を自身の軍事活動への支援に導くことであった。一三六二年一〇月、嗣子のピエール（後のキプロス国王ピエール二世）を伴って、バッフォを出航し、ヴェネツィアとジェノヴァを経由してアヴィニョンに至り、そこで教皇ウルバヌス五世とフランス国王ジャン二世に迎えられた。そして一三六二年四月一二日、ウルバヌスは十字軍を提唱するとともに、キプロス王家に対して永続的十字軍特権を付与した。すでに一三四一年に、永続的十字軍特権は教皇ベネディクトゥス一二世によってキプロス国王ユーグ四世に与えられていたが実行に移されなかったために、再度の付与となったのである。永続的

写真7－5　1309年より教皇庁はアヴィニョンに移され、その後大シスマ（教会大分裂）の終わる1417年まで教皇座が置かれた。最終的には1433年にローマ教皇庁の資産となった（著者撮影）

十字軍特権とは、その組織・国家が存続する限り、その活動は十字軍と同等の価値を持つという特権であり、後述するように、この特権の付与はドイツ騎士修道会と聖ヨハネ修道会に続く三例目となった。

教皇からのお墨付きを得たピエールは、ヨーロッパ各地を行脚して各地での直接交渉に入った。ブラバント公ヴェンツェル一世およびフランドル伯ルイ二世からは好感触を得た。一三六三年一〇月には、エドワード三世とフィリッパ・オブ・エノーのイングランド国王夫妻にエジプトを攻撃することの重要性を主張した。スコットランド国王デイヴィッド二世にも謁見した。折しも英仏百年戦争のさなかではあったが、翌一三六四年二月には大陸に戻り、アングレームでイングランドのエドワード黒太子と会談し、エジプト遠征に強く誘った。同年五月にはサン・ドニでフランス国王ジャン二世に謁見し、ランスにおいてはジャンの息子シャルル五世の戴冠式にも立ち会った。そして歩みを東に転じてクラクフに向かった。ポーランド国王カジミェシュ三世、その後に謁見したハンガリー国王ラヨシュ一世、神聖ローマ皇帝カール四世たちからはあまり良い感触は得られなかったものの、ウィーンで会談したオーストリア公レオポルト三世はピエールの呼びかけに応じる約束をした。

一三六四年一一月にヴェネツィアに至ったピエールは、ロドスに向かった。一三六五年六月二七日に聖ヨハネ修道会のロドス本部と会議が持たれ、アレクサンドリアを攻撃することが決定された。この決定は、当時マムルーク朝と交易関係にあったヴェネツィアには秘密裏になされた。そして、同年一〇月九日、アレクサンドリアを急襲し、翌日に占領した。町の蹂躙と住民の虐殺は三日間続いた。ピエールは、アレクサンドリアを足場としてさらなるエジプト侵攻を目指したが、教皇特使ピエール・トマはその提案を却下した。結局、期待されたヨーロッパ世界からの援軍が現れなかったからである。一〇月一六日、ピエールは失意の中でキプロスに撤退した。

ピエール一世の暗殺と十字軍熱の冷却

一時的にではあれ、ピエールによるアレクサンドリア占領の功績は、ヨーロッパ世界で絶賛された。その後も、ピエールは単独で軍事活動を展開した。一三六七年九月から一〇月にかけてそれはピークに達し、ベイルート、トリポリ、トルトサ、ウァラニア、アヤス（現アヤシュ、イタリア語ではアジャッツォと呼ばれた）などを攻撃した。しかし、聖地を回復するためには、やはりヨーロッパ世界からの大規模な援軍が必要であった。ピエールは、再び渡欧した。

ロドスで聖ヨハネ修道会総長ライムンド・ベレンゲルと会談した後に、ナポリ国王ジャンヌ一世（ジョヴァンナ一世）に謁見した。そして、一三六八年春にローマに至った。ピエールは再び教皇ウルバヌス五世に十字軍を提唱するよう要請した。しかし、交易を重視するジェノヴァやヴェネツィアの工作の結果、ウルバヌスの返答は大規模な軍事遠征の実行は困難である、というものであった。結局、ピエールもマムルーク朝と和平を締結せざるをえなくなった。

ピエールは、自身の目的を達成するために、反対者を投獄するなど強権的な政策を実施してきた。これは、必然的に決して小さくはない敵意を醸成することとなった。一三六九年一月一七日、ピエールの弟であるジャンとジャック（後のキプロス国王ジャック一世）を含む騎士たちが、ピエールの寝込みを襲った。アルスール領主の称号を持つフィリップ・ディブランが、剣でピエールを殺害し、その首を刎ねた。並々ならぬ聖地回復の熱意を持っていたピエールの死は、その反動から多くの人々の心の中で十字軍熱の冷却化を促した。これは、キプロス王国の歴史にとっても、一つの時代の幕が閉じたことを示す。

ピエール一世のもう一つのもくろみ

ただし、ピエールの軍事遠征は、必ずしも十字軍熱にのみ基づくものではなかった。上記のとおり、先代の国王ユーグ四世は経済政策を重視したが、それはたび重なる軍事遠征が王国の資金を枯渇させたためでもあり、その結果として晩年には平和的な外交政策を行わざるをえなくなったためでもあった。

いずれにせよユーグの時代にファマグスタは一大貿易港として発展したが、マムルーク朝による小アジア侵攻は、交易路の変更、すなわちキプロス島を経由しない交易路を確立させる可能性を持った。加えて、ピエールによるアレクサンドリア占領は、むしろそこを商業拠点の一つとしていたジェノヴァやヴェネツィアとの関係を悪化させ、ファマグスタの地位の低下を招いた。

そこでピエールが特に狙ったのが、小アジアの貿易港アヤスとアダリアであった。これらの小アジアの港町とファマグスタとを結ぶ交易路の確立が、ピエールのもう一つの大きな目的だったのである。しかし、このピエールの計画も、その死後に生じたキプロス王国内の混乱状態の中で、水泡に帰すこととなった。

第8章
キプロス王国の混乱と消滅（一三六九―一四八九年）

報復の融合

一三六九年のピエール一世の暗殺を受けて、嗣子のピエール二世が即位した。父の殺害に加担した伯父でアンティオキア侯の称号を持ち、キプロス王国の軍務長官を務めていたジャンが摂政となった。もう一人の伯父でエルサレム王国の軍務長官の職位にあったジャックが、兄ジャンを補佐した。しかし、ピエール二世が成年に達するまでは、母親のレオノラ（レオノール）・デ・アラゴンが実権を手放さなかった。その動機は、夫殺害の復讐であった。

ピエール一世の死後も、一三六九年七月一〇日にアレクサンドリアへの再度の攻撃が試みられた。しかし、同年九月にキプロス王国、ジェノヴァ、ヴェネツィアとマムルーク朝の間で和平が成立した。これ以降、キプロス王国では十字軍熱はほぼ鎮火された。

さて、一三七二年一月に、ようやくピエール二世のキプロス国王としての戴冠式が執り行われた。そして、翌一三七三年一〇月、慣例に従ってファマグスタでエルサレム国王としての戴冠式

写真8－1　エルサレム国王としての戴冠式は、ファマグスタの聖ニコラス大聖堂（現ララ・ムスタファパシャ・ジャーミィ）で挙行されるのが慣例であった（著者撮影）

が挙行された。行進の際、右側にはジェノヴァ人が、左側にはヴェネツィア人が位置するかたちで国王に随行した。これが事の発端となった。本来ならば右側の担当はヴェネツィア人であったことから、ヴェネツィア人たちとジェノヴァ人たちとの間で流血を伴う争いとなった。さらに、ヴェネツィアを支持したファマグスタ住民、すなわちキプロス王国の貴族やブルジョワによるジェノヴァ人への攻撃も激しかった。

摂政のジャンが仲裁に当たり、少なくともキプロス王国とジェノヴァとの関係は修復するかのようであった。しかし、多くのジェノヴァ商人がファマグスタを後にした。この混乱に乗じて、レオノラがジャンを中心とする夫の殺害犯に報復しようと試みて、ジェノヴァ政府に情報を誇張して流した。

ジャンとピエール二世は、事態の悪化を回避すべく、教皇グレゴリウス一一世に仲裁を依頼した。一方のレオノラも、同じ教皇に対して、ジェノヴァ軍をキプロスに派遣し、夫の殺害犯を罰するように要請した。板挟みとなったグレゴリウスにできたのは、ジェノヴァ総督ドメニコ・ディ・カンポフレゴゾに対して、キリスト教徒の間での和と、戦うのであれば異教徒と戦うことを要請するのみであった。

ジェノヴァ軍のキプロス侵攻

一三七三年三月にジェノヴァを出航した軍勢が、五月一二日にファマグスタに夜襲をしかけた。この夜襲は失敗したが、あくまでも平和的解決を望むピエール二世は、ファマグスタ住民たちにはジェノヴァ軍を攻撃しないように命じた。交渉に臨んだピエールであったが、ジェノヴァ側がそれまでの損害賠償として一五万ドゥカートという法外な金銭の支払いを要求してきたために、ピエールは応戦せざるをえなくなった。

ジェノヴァ軍はリマソルを焼き討ちし、バッフォを占領した。一三七三年一〇月にはジェノヴァ軍は本国からの援軍を得て、さらに増強された。摂政のジャンは、ファマグスタにて交渉のテーブルに着くようにジェノヴァに打診した。これに応じたかに見せかけたジェノヴァ側は、交渉の場でピエール二世以下の者たちを捕縛した。ジャンは料理人の取り計らいで辛くも台所から逃げ出し、弟のジャックはニコシアにいたために難を逃れた。しかし、捕縛された者たちの中で、かつてピエール一世の暗殺に関与した者たちは斬首された。その背後にレオノラの姿があったことは言うまでもないが、あくまでも彼女の目的はジャンとジャックの殺害であった。その後、ニコシアもジェノヴァに制圧されたため、ジャンたちはキレニアに逃れた。

事を優位に運んでいたジェノヴァであったが、一三七四年三月までには、ジェノヴァにとってもキプロス侵攻が大きな経済的負担となっていた。優位のままで事態を収めようとしたジェノヴァは、同年一〇月二一日、和平のための条件をキプロス王国側に提示した。キプロス王国側はジェノヴァに年四万フローリンを貢納すること、キプロス島内に駐屯するジェノヴァ軍の維持経費九万フローリンをキプロス王国側が負担すること、損害賠償として二〇一万二四〇〇フローリンを支払うこと、すべての支払いが済むまではファマグスタはジェノヴァの支配下に置かれること、駐屯軍の維持経費の支払い完了まではニコシアは返還されないこと、違反を防止するために国王ピエール二世は人質としてジェノヴァの軟禁下に置かれること、が条件であった。ピエールは条件を受け入れた。

この和平協定の締結に先立って、一三七四年四月、ジェノヴァはピエールに強要して教皇庁の下に向かうよう命令を出させた。このジェノヴァの計略に引っかかったジャックは道中でジェノヴァに捕縛され、まずはロドスに連行された。その後の一三七八年にはジェノヴァに身柄を移され、監禁状態に置かれた。処刑の危険すらあった。ジャックの兄ジャンは、一三七五年にすでにレオノラに騙し討ちされていた。一三七八年にミラノ僭主ベルナボ・ヴィスコンティの娘ヴァレンティーナと息子ピエール二世との婚姻を成就させたレオノラは、夫ピエール一世の無念を晴らしたことを確信し、一三八〇年にキプロスを離れた。彼女は、一四一七年にバルセローナで没するまで、キプロスの地を踏むことは二度となかった。

一三八二年、ピエール二世が二八歳の若さで死去した。ヴァレンティーナとの間には一人の娘をもうけたが、彼女は夭逝していた。

キプロス国王ジャック一世

嗣子のなかったピエール二世の死を受けて新たな国王に選出されたのは、ジェノヴァの獄中にあるジャックであった。一三八三年二月一九日、ジャックの釈放に関する協議が持たれた。翌一三九四年までにジャックはジェノヴァに八五万二〇〇〇フローリンを支払う、という厳しい条件が課せられた。捕囚中、ジャックは妻エルヴィス・フォン・ブルンスヴィク゠グルーベンハーゲンとの間に長男をもうけていた。あえて大敵であるジェノヴァの創設者の名を取って、ヤヌス（ジャニュ）と名づけた。ジェノヴァは、ジャックの契約不履行を防ぐために、人質としてヤヌスをジェノヴァに留めさせた。

釈放されたジャックは、サリーネ沖に至った。元国王ピエール一世の娘、すなわち前国王ピエール二世の妹のマリエットを国王として支持する一派がジャックの上陸を阻んだものの、キプロス王国の貴族たちがジャックの国王即位を宣言すると騒動は収まった。一三八五年四月二三日にキプロスに降り立ったジャックは、翌月にニコシアにてキプロス国王ジャック一世としての戴冠式を行った。四年後のこととなるが、一三八九年にはやはりニコシアでエルサレム国王としても即位した。慣例では戴冠式はファマグスタで執り行われるが、そこは依然としてジェノヴァの支配下に置かれていたからである。

一三九二年一〇月、ジャックの保釈金の支払いの完了を受けて、ヤヌスも釈放された。しかし、かつてピエール二世とジェノヴァとの間で契約された年貢の支払いは、ジャックの肩に重くのしかかったままであった。同年にキプロスを襲った黒死病の流行が、さらなる追い打ちをかけた。一三九六年に内紛に乗じてフランス軍が一時ジェノヴァを占拠したことはジャックの負担を軽減したが、一三九八年、生涯のほとんどをジェノヴァに苦しめられたジャックが死去した。

マムルーク朝の属国に

一三九八年九月九日、ニコシアにてヤヌスは、キプロス国王およびエルサレム国王として即位した。また、詳細は後述するが、父ジャック一世が帯びていたアルメニア国王の称号も受け継いだ。一四〇〇年にはベルナボ・ヴィスコンティの娘であり、叔父の元キプロス国王ピエール二世の妻の妹でもあるアングレシアと結婚した。ピエールのときとは異なり、当時のミラノ公国はジェノヴァを苦しめていた。

ヤヌスがキプロス国王として自身に課した使命は、キプロスからジェノヴァの影響力を排除することであった。一四〇二年、カタルーニャ傭兵団の助力を得て、ジェノヴァ支配下のファマグスタの包囲を開始した。ジェノヴァも、このころに十字軍士として東地中海で暴れまわっていたブシコー元帥ことジャン二世・ル・マングルを活用して応戦した。聖ヨハネ修道会総長フィリベール・ド・ナイヤックが仲裁に入った結果、一四〇三年七月七日、ニコシアにて和平協定が締結された。このたびも、ジェノヴァに対する損害賠償の支払いと貢納の継続がヤヌスに課された。この協定は一四一〇年にも更新された。

ジェノヴァとの和平は、決して安いものではなかった。また、一四〇九年には再びキプロスを黒死病が襲った。加えて、同年から二年間におよぶイナゴの大量発生により、キプロスの農産物は大打撃を受けた。しかし、しばらくの間、ヤヌスは平穏な時期を過ごすことができた。この状況を一変させたのが、マムルーク朝からの攻撃であった。

上で触れた一三六九年九月の和平締結以降、キプロス王国とマムルーク朝との関係は基本的には良好であった。しかし、まったく問題がないわけでもなかった。和平時においても、両者の活用する私掠船が略奪行為を行っていたが、特にキプロス側の私掠行為が問題であった。ついに一四二四年、マムルーク朝スルタンのアシュラフ・バルスバーイが、リマソルを攻撃した。これに対して、ヤヌスはシリア沿岸部を攻撃するなどして応じた。しかし、マムルーク朝のほうが優勢であり、翌年にはリマソルに加えてサリーネを蹂躙・略奪し、約六〇〇〇人に上る多くの住民をエジプトに連行し、奴隷として売却した。ヤヌスはジェノヴァに援軍を要請し、ジェノヴァはそれを受諾した。しかし、一四二六年七月一日、マムルーク朝の大艦隊がキプロスの南岸に姿を現した。二日後、ヤヌスは迎撃のためにニコシアを出発したが、七月七日、キプロス王国軍は大敗北を喫し、ヤヌスも捕縛された。

ヤヌスの弟でニコシア大司教であったユーグ・ド・リュジニャンはニコシア陥落の恐れもあるとみてキレニアに撤退した。七月一一日、マムルーク朝軍がニコシアに入城して市内を蹂躙・略奪し、王宮も焼かれた。七月一四日にはサリーネも陥落し、キプロス王国に残されたのはキレニアのみとなった。しかし、そこでマムルーク朝軍は撤退した。八月のカイロには、捕虜となったヤヌスの姿があった。頭髪は剃られ、裸足の足は鎖で繋がれていた。保釈金二〇万ドゥカートに加え、マムルーク朝の宗主権の承認が要求された。保釈金は教皇マルティヌス五世が十字軍税を導入して工面した。一四二七年五月一二日、解放されたヤヌスはバッファに帰還した。一四三一年に死去するまで、ヤヌスは一度も笑うことがなかったと言われている。

家庭問題

ヤヌスの跡を継いでキプロス国王に登位したのは、息子のジャン二世であった。当時のジャンは一四歳を迎えたばかりであり、すでに成年に達していたが、摂政として従兄弟でトリポリ伯の称号を持つピエール・ド・リュジニャンを据えた。ピエールは、かつてジャンの祖父ジャックの国王即位を阻もうとしたマリエットの息子であった。伯父でニコシア大司教を務めていたユーグ・ド・リュジニャンは、イタリアのパレストリーナ司教に任命されてキプロスを離れていたが、遠方から甥をサポートしていた。ここで、リュジニャン家は再び一枚岩となった。

一四三二年八月、ニコシアでキプロス国王、エルサレム国王、アルメニア国王の冠を頭に抱いたジャンは、まずそのことを宗主であるマムルーク朝スルタンのアシュラフ・バルスバーイに報告した。ジャンの治世においては、大きな対外的動きは少なかった。一四四一年には依然としてジェノヴァの支配下にあったファマグスタへの攻撃をしかけたが、成果はなかった。なお、一四四七年にファマグスタを維持するための経費に問題を抱えたジェノヴァは、町の管理をジェノヴァ政府お抱えのサン・ジョルジョ銀行に委ねた。また、一四四八年には、かつてピエール一世が獲得した小アジアの拠点であるコリクスを、マムルーク朝に奪われた。このような対外的な問題以上にジャンを苦しめることとなったのは、家庭内の問題であった。

一四四〇年七月、ジャンは一度目の結婚をアマデア・パレオロギナ・デル・モンフェッラートとの間で行った。モンフェッラート辺境伯、サヴォワ（サヴォイア）公、そしてビザンツ皇帝家の血を引くアマデアであったが、婚姻後二か月で死去した。毒殺されたとの噂もあった。そして、一四四二年、ジャンは二度目の結婚をモレアス専制侯テオドロス二世パレオロゴス（ビザンツ皇帝マヌエル二世パレオロゴスの次男）の娘ヘレナとの間で行った。問題は、ヘレナの抱える反ラテン人感情であった。加えて、ジャンの妾であったパトラ出身のマリエットに対する敵意もあった。ヘレナの心の中には、キプロスの「ギリシア化」が強く根づいた。

ジャンとヘレナの間には男子は生まれなかった。二人の娘がもうけられたが、うち一人は夭逝し、結果として、娘シャルロットのみとなった。一方、ジャンとマリエットとの間には、男子のジャックがもうけられていた。ジャンは、ヘレナの敵意をジャックから反らすために、当時一三歳であったジャックをニコシア大司教に据えた。教皇ニコラウス五世もそれを承認した。一方のヘレナは、娘シャルロットの王位継承を盤石のものにしようと、シャルロットをポルトガル国王ジョアン一世の息子ジョアン・デ・コインブラと結婚させた。一四五六年にキプロスにやってきたジョアンであったが、翌一四五七年に毒殺された。ジョアンがヘレナの「ギリシア化」政策に反対したためだと言われている。

キプロスの貴族たちも、ジャック派とヘレナ派で割れた。息子ジャックと妻ヘレナとの間で板挟み状態となったジャンは、ジャックの身を案じて大司教職から解き、ロドスに身を隠させた。しかし、密かにキレニアに戻ってきたジャックは、ヘレナ派の者たちを襲撃しつつニコシアを目指した。これに対してはジャンも対処せざるをえず、息子を召喚して自身への忠誠の誓いを立てさせることで、事態の鎮静化を図った。そして、息子をニコシア大司教位に復帰させた。

一方のヘレナ派では、シャルロットの再婚についての協議が行われていた。ヘレナ派貴族たちが推したのは、国王ジャンの妹アンヌと、サヴォワ公アメデー八世の息子でジュネーヴ伯のルイとの間に生まれた、ルイであった。ギリシア正教会では従兄妹どうしの結婚を認められていないことからヘレナは強く反対したが、サヴォワ公と深い関係にあったジェノヴァの後押しによって話は進められた。その間の一四五八年四月一一日、ヘレナが死去した。その後を追うように、同年七月二六日、ジャンも結末を知ることなくこの世を去った。

「キプロス人」の形成

話を進める前に、ヘレナの「ギリシア化」政策の推進を可能とした背景を、少し確認しておこう。前章で記したように、一三世紀においては支配者層であるフランク人と、被支配者層であるギリシア人との間には、例えば婚姻を通じての融合は見られなかった。

しかし、一四世紀後半、とりわけピエール一世の死後より、徐々にアルコンたちが騎士として叙任される事例が見られるようになる。この背景には、キプロス王国における十字軍熱の冷却化がヨーロッパ世界からの入植者を減少させたことがあったと考えられる。騎士身分を獲得したアルコンたちとフランク人領主たちとの間の親族関係の形成も進み、一四〇〇年までにはそれは一般的な傾向となった。このようにしてアルコンたちの「フランク化」が進んだが、日常生活における言語はギリシア語が支配するなど、フランク人領主たちの「ギリシア化」も進んだ。

一六世紀初頭のギリシア人年代記作者のゲオルギオス・ブストロニオスが記しているように、このようにして「キプロス人」が形成されていったのであった。

シャルロット対ジャック

さて、ジャックによるヘレナ派襲撃は、キプロス王国の貴族たちに悪印象を与えた。加えて、シャルロット側にはヴェネツィア、ジェノヴァ、聖ヨハネ修道会、さらには教皇庁もついた。教皇ピウス二世は、対ジャックの十字軍も提唱した。こうして、ジャン二世の後継者にはシャルロットが指名された。彼女は異母兄弟のジャックに助力を仰ぐも、ジャックは懐疑的であった。貴族たちも、ジャックの関与を好まなかった。本来、国王戴冠式を挙行するのはニコシア大司教であったが、リマソル司教ピエールがシャルロットに戴冠した。

シャルロットとジャックとの間の溝は埋まらず、ジャックはキプロスを去って機会を探ることにした。彼が向かったのは、宗主でもあるマムルーク朝スルタンのアシュラフ・イーナールの下であった。その間の一四五九年一〇月七日、キプロスに到着したルイ・ド・サヴォワとシャルロットの結婚式がなされ、三つの王国の冠がシャルロット夫妻に授けられた。しかし、ルイは政治的には有能でなく、ジャックと対抗するには力不足であった。一方のジャックは、スルタンに宗主権の確認をしたうえで、自身がキプロス国王位に就いたら年貢を倍にするともちかけた。アシュラフ・イーナールは、ジャックの申し出を受諾した。

一四六〇年、マムルーク朝の大軍がキプロスに現れた。同年九月までにはジャックも合流し、ニコシアが占領され、シャルロットたちが籠城したキレニアを残して、すべてのキプロス国王領が制圧された。翌一四六一年には、ジェノヴァ支配下のファマグスタへの攻撃も始まった。シャルロット夫妻はロドスに逃れ、聖ヨハネ修道会に助力を仰いだ。交渉は実らず、シャルロットはローマ教皇庁へ、夫のルイは故国のサヴォワに向かった。しかし、期待するほどの軍事援助は得られず、一四六四年秋にはキレニアも陥落した。その少し前には、ファマグスタも制圧されていた。

その後、シャルロット夫妻がキプロスに戻ることはなかった。シャルロットは一四八五年にようやくキプロス国王位の放棄を宣言し、一四八七年七月一六日、ローマにて死去した。彼女は、一四六二年に義父であるサヴォワ公ルイとその妻アンヌ・ド・リュジニャン（元キプロス国王ヤヌスの娘）との間で、もしシャルロット夫妻が相続人なしに死去した場合は、シャルロットの有する国王位はアンヌとその相続人たちに与えられる、という約束を交わしていた。この約束も一四八五年のシャルロットによる国王位放棄で消滅したのであるが、サヴォワ家は一九四六年までエルサレム国王兼キプロス王兼アルメニア国王を名乗り続けるのであった。

キプロス国王ジャック二世の結婚

ジャックがいつ国王戴冠を行ったのかは定かではないが、彼はジャック二世として王座に就いた。国王ジャックの最初の課題は、結婚相手の選択であった。一四六六年、ジェノヴァに代わってキプロスへの影響力の強化を狙うヴェネツィアは、モレアス専制侯ソマス・パレオロゴスの娘ソフィアとの結婚を提案した。ジャックは、その提案を受け入れる条件として、教皇ピウス二世にジャックのキプロス国王位を承認させるように説得することを、ヴェネツィアに求めた。ピウスはジャックの国王位を認めなかったが、後任の教皇でヴェネツィア出身のパウルス二世は認めた。しかし、結婚は成立しなかった。その間に、ソフィアがモスクワ大公イヴァン三世との結婚を選んだからであった。

ジャックの結婚問題は振り出しに戻った。次に白羽の矢が立ったのは、元キプロス国王ジャン二世を支えたヴェネツィア人のマルコ・コルナーロの娘カタリーナであった。一四六八年七月、ヴェネツィアにおいてジャックとカタリーナの婚姻の儀が執り行われた。このとき、カタリーナには「聖マルコの娘」の称号が与えられたが、それはジャック夫妻に相続人がない場合は、キプロス王国の相続権は聖マルコを守護聖人とするヴェネツィアに移る、ということを意味した。

カタリーナがキプロスの地を踏んだのは、ようやく一四七二年のことであった。久しぶりに、ニコシアではキプロス国王としての、ファマグスタではエルサレム国王とアルメニア国王としての戴冠式が挙行された。しかし、その翌年の七月六日、ジャックが死去した。その死因は恐らくは赤痢であったが、ヴェネツィアによる毒殺説も根強く残っている。夫の死後の八月二八日、カタリーナは男子ジャック（三世）を出産した。

死の間際にジャック二世が遺した遺言では、相続人の序列としてまずはカタリーナとジャック二世との間の子、次いでジャックの四人の庶子（ウジエーヌ、ヤヌス、カルラ、シャルロット）、最後にリュジニャン家の近親者、となっていた。キプロス王国がヴェネツィアの手に渡らないようにするためであった。

ヴェネツィアへの譲渡

一四七三年八月二八日、すなわち後継ぎのジャックの出産日に、カタリーナ・コルナーロが即位した。同年一二月に洗礼を受けたジャックは、その数週間後に国王ジャック三世として即位した。しかし、ジャック三世は一歳になる直前に死去した。ここにも、ヴェネツィアによる毒殺説がつきまとっている。

ジャック二世の四人の私生児たちは、ヴェネツィアによってパドヴァで軟禁状態に置かれた。キプロス王国の貴族たちは、カタリーナの再婚相手についてナポリ国王フェルディナンド一世に打診した。彼は、自身の息子の一人アルフォンソを推薦した。アルフォンソは、元キプロス国王シャルロットの養子でもあり、パドヴァに連行されたジャック二世の庶子の一人と結婚していた。ここから分かるように、フェルディナンドもまたキプロスに関心を寄せる一人であった。また、一四七三年に、キプロス王国の貴族リッツォ・ディ・マリーノが、コルナーロ家の一人であるアンドレア・コルナーロを殺害した。これら貴族たちの動きは、ヴェネツィアの影響力を排除しようとする試みであった。さらには、一四七三年一一月、かつてジャック二世が自身の権力基盤を強化するために導入したカタルーニャ人勢力が、クーデターを起こした。

これに対してヴェネツィアは、カタリーナをサポートするとの名目で、ピエトロ・モチェニーゴを艦隊長とする艦隊を、一四七四年二月にキプロスに送り込んだ。加えて、やはり同じ名目で、三人の役人を派遣し、島の統治に当たらせた。さらには、カタリーナの父マルコも派遣した。マルコは三人の役人たちとの軋轢からその後すぐにヴェネツィアに戻るが、カタリーナの自由は完全に奪われた。ヴェネツィアにとって残る唯一の、そして最大の障害は、カタリーナとアルフォンソとの結婚が現実のものとなることであった。

一四八八年一〇月、ヴェネツィアの十人委員会は、オスマン朝の脅威からキプロスを守っていた艦隊長のフランチェスコ・プリウリにカタリーナを説得してヴェネツィアに戻らせるように命じた。説得の内容は、もしヴェネツィアに戻ればキプロス国王としての待遇と生活を保障するが、拒めば反逆罪とみなされる、というものであった。加えて、カタリーナの兄ジョルジョ・コルナーロも派遣した。ジョルジョも、もしカタリーナが拒めばコルナーロ家は存亡の危機に直面する、と説得した。

一四八九年二月二六日、ファマグスタにおいて、ヴェネツィアにキプロスを譲渡するセレモニーが催された。この瞬間、十字軍国家としてのキプロス王国は消滅した。同時に、ユーグ四世やピエール一世に与えられていた永続的十字軍特権も消滅した。同年六月にヴェネツィアに戻ったカタリーナは、一五一〇年七月一九日にそこで生涯を閉じた。彼女に割り当てられたのは、当初の約束とは異なり、ヴェネツィア北西部に位置するアーゾロ領からの収益という少額の年金のみであった。

補章1

ヴェネツィア領キプロス（一四八九―一五七三年）

統治構造

一四八九年に正式にキプロスを譲渡されたヴェネツィアであったが、上で触れたように、すでにカタリーナ・コルナーロの統治期より本国より役人を派遣して実質上の統治活動に当たらせていた。加えて、ジャック二世統治期にはヴェネツィアの政務官としてオノフリオ・レクエセンスが、カタリーナ統治期にはヴェネツィアの軍務長官としてピエトロ・ダヴィラがキプロスに派遣されていたが、いずれもその職務を各相続人が世襲することを認められていた。

これらに加えて、一四八九年七月より、ヴェネツィアは本格的な支配構造の構築に入った。まずは、本国において無記名投票で選出された領事が、二年間の任期でキプロスの統治に当たった。有給の職務で、年間の給与は三五〇〇ドゥカートであった。彼には八人のスタッフと八頭の馬が与えられたが、それにかかる旅費などの必要経費も本国より支給された。領事の他には、二人の補佐官が選出され、彼らの給与は年二四〇〇ドゥカートであった。彼らにも四人の従者と四頭の馬が支給された。一人の領事と二人の補佐官で、レクトールと呼ばれる統治機関を形成した。レクトールはニコシアに置かれたが、ファマグスタには特別にカピタネイという職務が設置され、独立した統治機関を持った。カピタネイの任期も二年で、給与は領事と同額であった。以上が日常的な統治機構であるが、戦争などの緊急時や非常時には本国から総領事が派遣され、すべての者は彼の命令に従った。

当然のことながら、キプロス王国時代の貴族たちはその地位が保障され、国政から完全に排除されたわけではなかった。キプロス大評議会が設置され、これはレクトールと、二五歳以上のキプロスの貴族たちから構成された。しかし、後者に関しては、五年以上をキプロスで過ごしたヴェネツィア人たちで徐々に埋められるようになっていった。

在地の貴族や住民たちは、ヴェネツィアの法によってではなく、キプロス王国時代と同様にアシズ（慣習法集成）に基づいて裁かれた。アシズはフランス語であり、一五三一年にはイタリア語に翻訳されたアシーセに変更されるが、その内容は維持された。ただし、あらゆる裁判は、ニコシアとファマグスタのみに残された副伯の宮廷裁判を除いて、レクトールおよびカピタネイの立ち会いの下で行われた。また、都市行政を司る副伯や、その領事であるマテセップといった役職も、キプロス王国時代のまま在地の貴族の特権の一つとして維持された。しかし、例外はあるものの、基本的にそれらには二年という任期が設けられた。以上のように、キプロス王国時代からの貴族や住民たちは、ヴェネツィア支配下で多くを失ったわけではないが、ヴェネツィア規格の枠組みの中で、徐々に勢力を失っていった。

写真補1－1　サリーネには聖ラザロの墓所である聖ラザロ教会があり、多くの巡礼者たちも惹きつけた（著者撮影）

さて、一四九七年以降、ヴェネツィア政府は、キプロスを含む海外領土に二人の調査官を派遣した。各地における職権乱用や悪政を監視するためであり、彼らには大きな権限が与えられた。キプロスにおいては、例えば一五二四年にファマグスタのカピタネイが、殺人の罪などに問われて調査官に捕らえられた。なお、この事件以降、ファマグスタの町そのものの地位も低下し、代わってサリーネが交易の拠点として発展していくこととなった。

植民地化と暴動

以上のようにしてヴェネツィア化が進められたキプロス島であったが、現地に派遣される役人による不正も横行したようである。そして、それはキプロスにおける社会構造の変化ももたらした。

上述のように、フランク人支配下の農民は、エレウテロイ（完全自由地保有農民）、ペルピリアロイ（個人的自由農民）、パロイコイ（非自由農民）の三層に区分されていた。一五世紀ごろには、パロイコイの自由農民化が進んだこともすでに触れたが、ヴェネツィア支配下においてその傾向はさらに進んだ。ただしその手段は、パロイコイが法外な金額をレクトールに支払って自由農民の身分を購入する、という不当なものであった。しかしその一方で、本来は賦役に対する対価が支払われるべき自由農民たちには、無償かつ長期間の賦役労働が課された。このようにして、キプロス島の農民全体の地位は、以前と比べて相対的に大きく低下した。

農民たちは、ヴェネツィアの所有する塩田、綿花・穀物・サトウキビなどの大規模農園での労働を強要され、ヴェネツィアはそれらから莫大な収益を上げることができた。このような状況は、必然的に農民たちによる暴動・反乱を招くこととなった。一四九〇年代には一連の暴動が起こったが、これもキプロス島に調査官が派遣される一因となった。それでも状況は大きく改善・修復されることはなく、キプロスが失われる前夜の一五六五年にも大規模な暴動が勃発した。

宗主国マムルーク朝との関係

さて、キプロス王国からヴェネツィア領キプロスへの変更は、キプロス王国の宗主国であったマムルーク朝に報告されねばならなかった。キプロスの総領事に任命されたマルコ・マリピエロが、マムルーク朝スルタンのアシュラフ・カーイトバーイに報告するための使節役に選出された。未払いのままであった過去二年間分の年貢一六〇〇〇ドゥカート、絹、キャムレット（ラクダやアンゴラヤギの毛織物）を持参したマルコは、一四八九年四月二五日にカイロに到着した。しかし、スルタンは謁見を許さなかった。ヴェネツィア政府が改めてピエトロ・ディエードを使節として派遣すると、いわゆる三顧の礼であろうか、今度は謁見を許された。

一四八九年一二月七日にカイロに到着したピエトロは、スルタンとの協議に入った。オスマン朝がキプロスを制圧することを危惧し、スペインや聖ヨハネ修道会がキプロスを押さえることも危惧したスルタンは、ヴェネツィアがキプロスを統治するほうがましであると最終的には判断した。そして一四九〇年二月、次のようなかたちで和平協定の締結に至った。スルタンの支配領内におけるヴェネツィア商人の移動の自由の承認、および年八〇〇〇ドゥカートの年貢はキプロスのレクトールかカピタネイを通じて支払うこと、である。このようにして、ヴェネツィアはキプロス支配の公的なお墨つきを得た。

しかし、その後も年貢の額を巡る攻防は続いた。和平協定の締結直後、年貢の支払いの遅延を理由に、ファマグスタのカピタネイたちがカイロで拘留される、という事件が起こった。これを機にヴェネツィア側は年貢の値下げを要求したが、一四九〇年八月のスルタンの返答は、罰として四年分の年貢三万二〇〇〇ドゥカートに加えてさらに一〇〇〇ドゥカートを請求するものであった。最終的に、ヴェネツィア側はこの請求を呑んだ。他にも同様の事例としては、例えば一五〇三年には年貢を運んだヴィンチェンツォ・ソランツォの投獄、一五一二年のジョヴァンニ・マルチェッロに対する年貢額の引き上げの要求などが挙げられよう。

宗主国マムルーク朝の滅亡

一四六三年から一四七九年にかけての、いわゆる第一次オスマン・ヴェネツィア戦争の中で、ヴェネツィアはネグロポンテ（現エウボイア）島、ギリシアやアルバニアの所領を失っていたが、翌一四八〇年よりキプロスに対するオスマン朝の脅威も本格化していった。一四九九年より、いわゆる第二次オスマン・ヴェネツィア戦争が始まった。ヴェネツィアはモドン（現メソニ）、コロン（現コロニ）、ドゥラッツォを失い、さらにはアドリア海にまでオスマン朝軍が侵攻してくるなど劣勢に立たされたが、一五〇三年五月二〇日、ヴェネツィアはオスマン朝スルタンのバヤズィト二世との間に和平を結ぶことにこぎ着け、難を逃れた。

一方で、一五〇九年、教皇庁、フランス、スペイン、神聖ローマ帝国などからなるカンブレー同盟の軍勢が、ヴェネツィア領キプロスに侵攻するとの噂が流れると、ヴェネツィアはマムルーク朝やオスマン朝との連携を模索した。これらはいずれも現実のものとはならず、その後もキプロスの綱渡り状態は続いた。

対マムルーク朝戦のさなかにあったオスマン朝スルタンのセリム一世は、一五一四年一〇月一二日、キプロスに援軍要請を行うとともに、マムルーク朝への貢納を停止するように求めた。ヴェネツィアは、セリムの要求を拒否しつつ、中立的な立場をとることに徹した。そして、一五一七年一月、マムルーク朝がオスマン朝によって滅亡させられた。

宗主国を失ったヴェネツィアは同年五月にセリムに対して、貢納と引き換えにその領内での交易の自由を求めた。六月三〇日に最初の合意に至り、年貢の額はマムルーク朝期と同額の八〇〇〇ドゥカートと設定された。その後も支払い方法などを巡る詳細な点についての交渉は続いたが、一五一九年に最終合意に至った。

一五二〇年九月二二日、セリムが死去した。そして、同月三〇日にスレイマン一世が即位した。新たな宗主との間で貢納などに関する確認がなされ、スレイマンとの間でも一五二一年一二月一日に合意がなされた。スレイマンはすでにハンガリー王国領への侵攻を開始しており、また翌年にはロドスを攻撃することを計画していた。合意の中で、ヴェネツィアは中立を保つことも約束させられたのであった。しかし、一五二二年一二月にロドスが陥落すると、キプロスはオスマン朝の脅威を一身に受けることとなった。

第三次オスマン・ヴェネツィア戦争とキプロスの防衛強化

一五三三年一一月一日、キプロス総領事の地位にあったジローラモ・カナーレが、海賊船と見誤って一二隻のオスマン朝の船に攻撃をしかけ、うち五隻を拿捕、うち二隻を撃沈するという事件が起こった。ヴェネツィア側がすばやく謝罪するなどの対応を見せたため、このときは事なきを得た。また、一五三六年、フランス国王フランソワ一世とオスマン朝の同盟軍が、神聖ローマ皇帝カール五世に攻撃をしかけた際、ヴェネツィアも同盟軍への参加を要請されたが、ヴェネツィア側はそれを拒否した。この際も、事なきを得た。

しかし、翌一五三七年、キプロス海域でヴェネツィア船がオスマン朝船に拿捕されたことを皮切りに、第三次オスマン・ヴェネツィア戦争が勃発した。同年八月から九月にかけてのヴェネツィア領コルフ（現ケルキラ）への攻撃は跳ね返されたが、一五三九年五月にはリマソルが破壊された。最終的には一五四〇年一〇月二日、ヴェネツィアがエーゲ海に所有していたいくつかの島をオスマン朝に割譲することで、和平が締結された。キプロスに課された貢納金はそのまま維持され、キプロスは立て直しのための猶予期間を得ることとなった。

すでに、一五二五年、領事ドナート・ダ・レツェの統治期に、ニコシア、サリーネ、リマソルなどの城壁の修復と防衛の強化の計画が審議され始めていた。しかし、予算、資材、人員配置などについての問題が山積しており、なかなか実行に移されなかった。一五五八年よりオスマン朝が不穏な動きを見せ始めると、ギリシア系の農民たちには、土地が与えられることと引き換えに、軍事訓練が施されるようになった。そして、一五六七年、領事ニッコロ・ダンドーロの下で、ようやくニコシアとキレニアの城壁の改築が着手された。現在、我々が見ることのできる、一一の頂点を持つ独特な形のニコシアの城壁が完成したのは、一五七〇年一月のことであった。これは、オスマン朝によってニコシアが包囲される二か月前のことである。

その一方で、オスマン朝が島内に侵攻してきた際にその拠点として活用できないようにするために、リマソルの防備強化は放棄され、デューダモール城、ブッファヴェント城、カンタラ城は解体された。

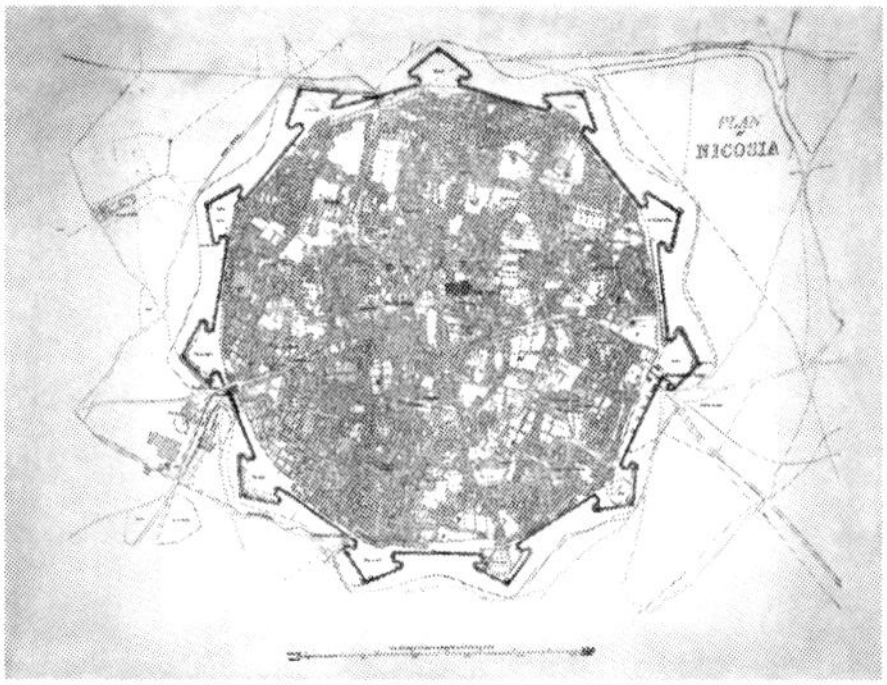

図補1－1　11の稜堡を持つ独特な形のニコシアの町。19世紀に作製された都市地図

一五七〇年の攻防

一五六六年、スレイマン一世が死去し、息子のセリム二世が即位した。比較的ヴェネツィアと友好的であった父とは異なり、セリムは即位前からキプロス占領を公言していた。彼の二人の補佐役たちの間では、対キプロスのスタンスは異なっていた。スレイマン一世に見いだされた大宰相

ソコルル・メフメト・パシャは、基本的には親ヴェネツィアの立場をとった。それに対して、オスマン宮廷において影響力を持っていたポルトガル出身のユダヤ人ジョアオ・ミケスは、反ヴェネツィアの立場をとった。後述する一五六五年のマルタ包囲戦でも活動する二人の艦隊長、ララ・ムスタファ・パシャとピヤーレ・パシャはともに、反ソコルル・メフメト・パシャ、すなわち反ヴェネツィアの姿勢を示した。オスマン朝内部の情勢は、キプロスに不利に傾いていた。

一五六八年二月一七日、神聖ローマ皇帝マクシミリアン二世との間に優位なかたちでの八年間の休戦協定を締結したセリムは、その視線をキプロスに向けた。実際に、このころよりキプロスから本国ヴェネツィアに向けて、危機感を露わにする報告が多く発せられるようになる。そして、一五七〇年に入ると、まずは外交的な攻防が繰り広げられることとなった。

一五七〇年一月一六日、フランス王国の外交使節クロード・デュ・ブール・ド・ゲリーヌとともにフランス国王シャルル九世の下に向かう道中で、セリムの秘書官兼通訳官マフムトがヴェネツィアに立ち寄り、キプロスの譲渡を要求するセリムの意向を伝えた。そして、同年三月二八日、セリムは公式にキプロスの譲渡をヴェネツィアに求めた。当然、ヴェネツィアはいずれをも拒否した。同年四月、イスタンブルに滞在していたヴェネツィア商人たちがセリムの命令によって捕縛され、商船も拿捕されると、ヴェネツィアはマフムトの捕縛、およびヴェネツィアに滞在していたセリムの臣民たちの財産の没収で応じた。ただし、その後すぐに、マフムトを除いて、双方ともに捕虜の解放と財産の返還を行い、事態は収まったかのようであった。

同年五月三日、ヴェネツィア総督のピエトロ・ロレダンが死去した。恐らくは病死であったが、彼がトルコ人にキプロスを割譲しようとしたために毒殺された、との噂が広まった。この噂が広まること自体が問題であった。そして、ピエトロの死から五日後の五月八日、ヴェネツィア政府は対オスマン朝の神聖同盟への参加を決定した。

同年二月より、教皇ピウス五世はキプロスを防衛するための十字軍の提唱、および神聖同盟の結成を模索しており、当然のことながらヴェネツィアにも同盟への参加を呼び掛けていた。しかし、この段階ではヴェネツィアの姿勢は後ろ向きであった。それがこの三か月の間で、姿勢を一八〇度転換させたのである。

同年六月二七日、三五〇隻からなるオスマン朝の艦隊がキプロスに向けて出港した。六月三〇日、ヴェネツィアは、ペロポネソス半島南部に位置するオスマン朝支配下のマニ半島を攻撃・蹂躙して対抗した。しかし、七月一日にキプロス南岸沖に至ったオスマン朝の軍勢が、その二日後にリマソルに上陸した。同月二二日には、ラーラ・ムスタファ・パシャ率いる増援部隊がそこに加わった。神聖同盟軍がキプロスの防衛に当たる態勢を整えたのは、ようやく八月になってからのことであった。

スペイン艦隊の艦隊長は、海軍提督アンドレア・ドーリアの大甥であるジョヴァンニ・アンドレア・ドーリアが務めた。教皇庁艦隊の艦隊長はタリアコッツォ兼パリアーノ公マルコ・アントニオ・コロンナ、ヴェネツィア艦隊の艦隊長はジローラモ・ゼンであった。オスマン朝に攻撃されていたのはキプロスのみではなく、クレタ、イオニア海域、ダルマチア地方の沿岸部でもせめぎあいが展開されていた。多局面での戦いを強いられた神聖同盟軍は、三人の艦隊長どうしの意見の衝突や主導権争いでうまく機能しなかった。特にキプロスにとっての不運は、ジョヴァンニがキプロスの防衛に消極的であったことだった。

ヴェネツィア領キプロスの消滅

ラーラ・ムスタファ・パシャの軍勢がリマソルに上陸すると、艦隊はサリーネに向かった。リマソル主教座の置かれたレフカラの住民たちなど、一部の現地住民たちは「解放」として喜びつつ、オスマン朝の軍勢を迎え入れた。そのような住民を裏切り者とみなして懲罰を与えたヴェネツィアの対応が、さらに多くの現地住民たちのオスマン朝への自主的な降伏に繋がっていった。そして、彼らを介してより多くの情報がオスマン朝軍にもたらされた。

一五七〇年九月九日、四五日間の包囲と一五度におよぶ大規模な攻撃の末、ニコシアが陥落した。領事ニッコロ・ダンドーロやバッフォ司教の首が刎ねられ、ヴェネツィアの死守するファマグスタに送りつけられた。殺戮と略奪は三日間におよんだが、初日だけで二万人の命が奪われたと言われている。九月一五日にニコシア内のキリスト教会は、すべてモスクとなった。

ニコシアを守れなかったニッコロの無能さが批難される一方で、ファマグスタを死守していたカピタネイのマルカントニオ・ブラガディンと陸軍指揮官アストッレ・バリオーネは、その有能さを讃えられた。ニコシアの陥落から一週間後より、ラーラ・ムスタファ・パシャは二五万人の軍勢でファマグスタを包囲した。マルカントニオたちは、翌年春に十字軍士たちが到来することを期待しつつ、反撃し続けた。しかし、ヨーロッパからの援軍は現れず、一方でオスマン朝軍は絶えず増強された。一五七一年七月の半ば、食糧や必要物資の枯渇を受けて、ファマグスタ市民の代表者たちはマルカントニオたちに降伏するように勧めた。マルカントニオは提案を却下したが、七月二九日と同月三一日の二度の大規模な攻撃が決定打となり、八月一日、堅牢な要塞都市ファマグスタもついに降伏した。

ファマグスタ攻略を長引かせたマルカントニオに対するララ・ムスタファ・パシャの怒りは、相当なものであった。彼はマルカントニオに向かって、「おい、犬め。なぜお前は十分な物資もないのに町を守ろうとしたのか、言ってみろ。なぜ一か月前に降伏しなかったのか。そうすれば、私は有能な部下八万人を失うことはなかったのに」と叫んだと伝えられている。マルカントニオが「殉教」の名誉を受けることを避けるために、ララ・ムスタファ・パシャは彼の皮を剝いだうえで、あえて生き続けさせることで彼に恥辱を与えた。

写真補1－2　シェイクスピアの戯曲『オセロ』(原題『オセロの悲劇、ヴェニスのムーア人』)の舞台となった、ファマグスタのオセロ塔(著者撮影)

ヴェネツィア側は降伏の条件として、ヴェネツィア市民の身の安全の保障、ギリシア系住民たちについては二年間の猶予を与えたうえでキプロスに残ることを選択した者の身体・財産の保障、退避時における武器の携帯の許可を求めた。最後の点を除いて合意に至り、ヴェネツィア市民たちにはカンディア(現イラクリオン)までの安全保障書が付与された。

しかし、一部のファマグスタ住民たちは降伏を受け入れられずに、立てこもり始めた。すると八月六日、抵抗勢力に対する虐殺が開始された。有力者は市中引き回しのうえで絞首刑に処された。また一部の者たちは斬首された。すべてが終わった八月八日、ラーラ・ムスタファ・パシャがファマグスタに入城した。九月二二日、多くの略奪品、奴隷、そして刎ねた首を伴って、ラーラ・ムスタファ・パシャはイスタンブルに向けて出港した。

イスタンブルに到着した彼は、一〇月七日にレパントの海戦で自国が敗北したことを知った。しかし、神聖同盟軍はその勝利を活かすことができなかった。クレタ島がオスマン朝に攻撃されることを危惧して神聖同盟から離脱したヴェネツィアは、一五七三年三月七日、単独でオスマン朝との和平協定を結んだ。ヴェネツィアは、多額の損害賠償金を支払うとともに、キプロスも正式にオスマン朝に割譲した。

「キプロス国王」のその後

このようにしてキプロスはオスマン朝の支配下に置かれることとなったが、前章で記したように、「キプロス国王」という称号は、エルサレム国王およびアルメニア国王という肩書とともに、サヴォワ公家が使用し続けた。

まだキプロスがヴェネツィア支配下に置かれていた一五〇九年、カンブレー同盟に加わったサヴォワ公カルロ三世は、自らがキプロス国王であることを強調してヴェネツィアと戦った。また、一六三三年、ヴェネツィアとの関係を悪化させたサヴォワ公ヴィットーリオ・アメデーオ一世も、キプロス国王としての自身の立場を強調した。

サヴォワ公家は一七二〇年以降にサルディーニャ国王家となるが、キプロス、エルサレム、アルメニア国王位も同家に継承されていった。最終的には、一九四六年、サルディーニャ国王ウンベルト二世が退位することで、すべての国王位が消滅した。

補章2

キリキアのアルメニア王国(一一九八―一三七五年)

アルメニア人のキリキアへの移動

キリキアのアルメニア王国が成立するのは一一九八年のことであるが、アルメニア人たちが第一回十字軍の進軍過程においてフランク人と深い関わりを持ってきたことはこれまでにも見てきたとおりである。前史としては長くなるが、極力これまでの記述との重複を避けつつ、一一世紀ごろから彼らの足跡を辿ってみよう。

アルメニアの地からアルメニア人が移動した第一波は一一世紀初頭のことであり、ヴァン湖周辺に成立したバスプラカン王国、アニ(現オカクル)周辺域を支配したアニ王国、カルス周辺域にあったカルス王国の諸王によって率いられた集団がユーフラテス南西部に移動した。彼らの移動先の領土はビザンツ帝国によって奪われたが、代わりにカッパドキア周辺の地が与えられた。

第二波は、一〇七一年のマラズギルト(マンツィケルト)の戦いに至る過程で生じた、セルジューク朝によるアルメニア占領が引き金となった。アルメニア人たちは、キリキアのトロス山脈方面およびシリア北部方面への移住を余儀なくされた。そして、やがて「キリキアの門」を境とするかたちで、二つの勢力が台頭していった。キリキアの門の海側および西部地域はヘトゥム家を中心とし、ビザンツ帝国寄りの姿勢をとった。

一方、山岳部および東部地域は、当初はバグラト家出身の元アニ国王によって束ねられていた。しかし、一〇七九年に国王ガギク二世・バグルトゥニが死去すると、各諸侯領に分裂していった。その中でも最も勢力を誇ったのがシスを拠点とするルーベン家であり、彼らは反ビザンツ帝国の立場をとった。恐らくはガギクの親族関係にあったルーベン一世は、一〇八〇年ごろにはビザンツ帝国から自立した。後のキリキアのアルメニア王国は、ヘトゥム家とルーベン家、とりわけ後者を中心として形成されていくこととなる。

写真補2－1　後にキリキアのアルメニア王国の首都となるシス城から見下ろしたシスの町

ルーベン家の苦境

一〇九五年にルーベン一世が死去すると、息子のコスタンディン一世がその地位と領域を継承した。第一回十字軍の際にフランク人をサポートしたのは彼であり、アンティオキア包囲戦にも援軍を送った。フランク人がエルサレム占領を達成した一〇九九年、コスタンディンは二人の息子、トロスとレヴォンを残してこの世を去った。

まず跡を継いだのは、長男のトロス一世であった。彼は、一一〇四年ごろに妹のベアトリスと、エデッサ伯ボードゥアン二世の家臣であり、後にボードゥアンを継いでエデッサ伯となるトゥルベッセル領主ジョスラン・ド・クルトネーとの婚姻を成立させることで、フランク人たちとの関係を深めようとした。しかし、一一一五年から一一一八年の間にエデッサ伯ボードゥアン二世がキリキアより東のアルメニア人諸侯領を制圧すると、トロスはフランク人を刺激しないような注意深い政策を展開するほかなかった。

一一二九年に兄の跡を継いだレヴォン一世の時代は、さらに外圧に悩まされることとなった。一一三〇年二月、北方からはダニシュメンド朝のアミール・ガーズィー・グムシュテギンが侵攻してきた。一方で、レヴォンの救援を名目としてアンティオキア侯ボエモンド二世の軍勢がキリキアに遠征してきた。レヴォンは巧みに両者をマミストラ北方の平原で衝突するように導き、その結果としてボエモンドが斬首されるに至ったことは、第3章で見たとおりである。両勢力のぶつかり合いによる弛緩の間隙を縫うかたちで、レヴォンは一一三二年にマミストラ、アダナ、タルススなどを制圧した。また一一三五年には、エデッサ伯国とアンティオキア侯国との境界に近いサブランディカル（現サブランダ）を占領し、そこに城塞を建造した。これに対して、アンティオキア侯レーモン・ド・ポワティエと、エデッサ伯国の西部に位置するマラシュの領主ボードゥアンが、キリキアに侵攻してきた。レヴォンは甥に当たるエデッサ伯ジョスラン二世に救援を求めた。ジョスランはそれに応じたものの、レヴォンは捕縛されてアンティオキアに連行された。二か月の捕虜生活の後、レヴォンは釈放された。ビザンツ帝国の脅威がフランク人とアルメニア人との同盟を導いたためであった。一一三六年、ビザンツ皇帝ヨハネス二世コムネノスがキリキアに侵攻してきた。タルスス、アダナ、マミストラ、アナザルブス（現アナザルバ）がビザンツ軍によって制圧された。レヴォンは家族とともに山岳部に逃亡した。しかし、一一三八年にレヴォン、妻、二人の息子ルーベンとトロスは捕縛され、鎖に繋がれてコンスタンティノープルに連行された。また、キリキアの北部地域は、ダニシュメンド朝の勢力によって押さえられた。

このようにして、ルーベン家の支配地域は一時的に消滅した。キリキアでアルメニア人の手に残ったのは、親ビザンツ帝国の立場をとっていたヘトゥム家の支配する西部地域のみとなった。

トロス二世の巻き返し

父レヴォンと兄ルーベンは獄死した。生き残ったトロスは、一一四五年ごろにコンスタンティノープルからの脱出に成功し、密かにキリキアへと向かった。ダニシュメンド朝支配下に置かれた山岳部に変装しながら潜伏し、勢力を拡大していった。従兄弟であるエデッサ伯ジョスラン二世の下に保護されていた、弟のステファネーもそこに加わった。ヴァカ（現フェケ近郊）の占拠を皮切りに、一一四八年までにはかつてルーベン家の拠点の一つであったアナザルブスを奪還し、そこでトロス二世として即位した。

当時、フランク人たちはヌールッディーンからの圧力によって自衛で精一杯であったが、トロスはすでに崩壊していたエデッサ伯との関係強化に努め、ジョスランの家臣シモン・ド・ラバンの娘と結婚するなどした。旧エデッサ伯国の勢力の一部を取り込んだトロスは、一一五一年にマミストラの占領に成功した。これに対して、翌一一五二年、ビザンツ皇帝マヌエル一世の従兄弟のアンドロニコス・コムネノスの軍勢が、マミストラを包囲した。しかし、トロスの奇襲攻撃が功を奏してアンドロニコスは逃亡し、多くの者を捕虜とすることに成功した。

ここで動いたのが、親ビザンツ帝国派であるヘトゥム家のオーシンであった。ビザンツ人捕虜を釈放するために、オーシンは息子のヘトゥムと、トロスの娘との婚姻を成立させ、自身の所領を嫁資として受領する、すなわち、トロスの家臣となることを選択した。このようなかたちで、トロスはキリキアの統一を果たした。

キリキア平原の支配者となったトロスに対して、マヌエルはルーム・セルジューク朝スルタンのマスウード一世を煽動し、キリキアに侵攻させた。マスウードはトロスに対して、自身の宗主権の承認と、旧ビザンツ帝国領にあった都市の返還を要求した。一度は受諾したトロスであったが、一一五四年春にトロスは逆にカッパドキアに侵攻した。そして、一一五六年、マスウードはトロスの弟ステファネーによって殺害された。トロスの軍勢は、シヴァスを中心とするガバドニア地域にまで侵攻した。ただし、マスウードの跡を継いだクルチ・アルスラーン二世とは、トロスは良好な関係を構築した。ともに、ヌールッディーンの脅威を感じたからであった。

この間、次のような出来事も起こっていた。セルジューク朝が頼りにならないことを悟ったマヌエルは、アンティオキア侯ルノー・ド・シャティヨンに、遠征費用を負担するのでキリキアに侵攻するように、と要請した。しかし費用の支払いが滞ると、トロスと手を結んだルノーは、一一五五年、ビザンツ帝国支配下のキプロスに侵攻した。これに対して、一一五八年にマヌエルがルノーとトロスへの報復に出ると、トロスは逃亡した。ビザンツ帝国軍によるキリキア蹂躙を経て、ルノーとトロスはマヌエルにオマージュをなした。見返りとして、マヌエルはトロスに「セバストス（君主）」の称号を与えた。このようにして、キリキアは再びビザンツ帝国の宗主下に入った。

マヌエルは、対ムスリム勢力のためには、トロスを自由にしたうえで利用するほうが得策であると踏んだ。一一五九年にはフランク人勢力、ビザンツ帝国軍、そしてトロスの軍勢が、ヌールッディーンと戦った。また、一一六〇年にはビザンツ帝国とトロスの連合軍が、クルチ・アルスラーン二世と戦った。しかし、一一六二年、またもやマヌエルとトロスとの間に亀裂が入った。マヌエルによってタルススの支配者に任命されていたアンドロニコス・エウフォルベノスが、トロスの弟ステファネーを殺害したのである。トロスは報復として、アナザルブスとヴァァカに駐屯していたビザンツ帝国軍に攻撃を仕掛け、多くを殺害した。ただし、このたびのいざこざは、エルサレム国王アモーリーの仲介によって収まりを見せた。一一六四年にはビザンツ帝国軍の対ヌールッディーン遠征に、トロスも加わった。なお、この後にキリキアに戻ったトロスは、ダニシュメンド朝からマラシュを奪還した。

以上のように紆余曲折はあったが、トロス二世の統治期にキリキアのアルメニア人国家は、大きく成長し、安定したと言えよう。その一例となるのが、アルメニア聖使徒教会の総主教座の移転である。一一一六年より、総主教座はドゥゾヴク（現ハルプト南東）に置かれていたが、そこはルーム・セルジューク朝の動向に左右されやすい位置にあった。そこで、一一四九年により安全なフロムクラ（現ルムカレ）に移転された。なお、フロムクラは、当時ヌールッディーンの捕囚下にあったエデッサ伯ジョスラン二世の妻ベアトリス・ド・ソーヌより提供された地であった。

ムレーの謀反

しかし、アルメニア人国家の成長は、その後も順調に進んだわけではなかった。一一六九年にトロス二世が死去し、息子のルーベン二世が跡を継いだ。しかし、トロスの死を受けて、弟のムレーも動いた。数年前にトロスによって追放されたムレーは、ヌールッディーンの家臣となり、キュロス（現キリス北西）の統治者に任命されていた。

兄の死を受けて、ムレーはムスリムの軍勢とともにキリキアに侵攻した。一一七〇年にルーベン二世を殺害し、アルメニア人たちはムレーに屈した。ムレーは、一一七二年末から一一七三年初頭にかけてアダナ、マミストラ、タルススを次々と制圧し、アンティオキア侯国領にも侵入した。アンティオキア侯ボエモンド三世が迎撃するもうまくいかず、ボエモンドはエルサレム国王アモーリーに救援を要請した。駆けつけたアモーリーは戦いを優位に進めるも、窮地からムレーを救うためにヌールッディーンがケラクを攻撃したことで、アモーリーはケラクに向かわざるをえなくなった。こうしてムレーはキリキアの支配者となった。

しかし、一一七四年五月のヌールッディーンの死によって、ムレーの命運は閉じた。アルメニア人たちは反乱を起こし、シスにおいてムレーを殺害した。アルメニア人国家の支配者には、トロス二世の弟スデファネーの子ルーベン三世が選出された。

兄ルーベン三世と弟レヴォン二世

ルーベン三世は、一一八一年にトロン領主でエルサレム王国の軍務長官を務めていたオンフロワ三世の娘イザベルと結婚するなど、親フランク人の政策を選択した。それは、対ムスリム勢力の政策をとることを意味した。ルーム・セルジューク朝のクルチ・アルスラーン二世の要請により、一一八〇年にサラーフッディーンがキリキアに侵攻してきた。ただし、このたびのサラーフッディーンの遠征は本格的なものではなく、ムスリム捕虜の釈放を取りつけると彼は撤退していった。そして、その後はルーム・セルジューク朝とルーベンとの間で休戦協定が締結された。この休戦協定の背後には、ビザンツ皇帝アレクシオス二世コムネノスによる小アジア侵攻があった。一一八二年にキリキアもビザンツ帝国軍からの攻撃を受けたが、それを退けたうえで、ルーベンはアダナやマミストラを奪還することに成功した。前年の一一八一年にはタルススもアンティオキア侯ボエモンド三世によってビザンツ帝国から奪われていたが、一一八三年にボエモンドはそれをルーベンに売却した。

このように、すべてはルーベンにとって順調であるかのようであった。しかし、ルーベンが支配基盤をより強固にするためにライバル関係にあったヘトゥム家に圧力をかけると、ヘトゥム家はボエモンドに援助を要請した。ボエモンドとルーベンは同盟関係にあったが、ルーベンの勢力拡大を危惧したボエモンドは、彼を晩餐会に誘い出して投獄したうえで、キリキアに侵攻した。しかし、ボエモンドのキリキア政策はうまくいかず、約一年後の一一八五年ごろにルーベンを解放した。キリキアに戻ったルーベンは、勢力基盤を立て直していった。

一一八七年、ルーベンはシスの北西約四〇キロに位置するドラザルク(トラザルク)修道院に隠居した。後継者には弟のレヴォン二世が指名された。ビザンツ皇帝イサキオス二世アンゲロスとサラーフッディーンとの同盟関係が脅威となり、レヴォンはボエモンド三世との関係を修復した。一一八八年にクルチ・アルスラーン二世が死去すると、それを好機と見たレヴォンは、ルーム・セルジューク朝領に進軍し、セレウキアを制圧した。そして、カエサレアにまで侵攻したが、そのころ、フランク人の領域が危機的な状況に置かれており、レヴォンもそこに巻き込まれることとなった。

アルメニア王国の誕生

いわゆる第三回十字軍に際して、教皇庁はレヴォン二世にも軍事的支援を要請した。ヨーロッパ世界にとっても、キリキアのアルメニア人たちの重要性は十分に認識されていたからである。レヴォンの側からすると、神聖ローマ皇帝フリードリヒ一世の到来は、彼から「アルメニア王国」への昇格の確約を得るという期待もあった。しかし、フリードリヒはキリキアに至る直前に小アジアにて溺死してしまった。それでもレヴォンは十字軍に加わり、イングランド国王リチャード一世によるキプロス島制圧戦やアッコン奪還戦に参加した。

一方で問題も生じた。一一九一年、レヴォンは、サラーフッディーンによって占領されたテンプル騎士修道会所有のバグラースの奪還に成功したが、それをテンプル騎士修道会に返還することを拒否したのである。この出来事が、すでに上に述べたように、その後に長らく続くアルメニア人国家とアンティオキア侯国との対立の第一歩となった。サラーフッディーンといち早く和平を締結したボエモンド三世は、バグラースに関する不満をサラーフッディーンに陳情した。しかし、一一九三年三月にサラーフッディーンが死去して脅威が取り除かれると、レヴォンはボエモンドをバグラースに誘引して捕縛した。アンティオキア侯国の併合まで考えたが、アンティオキア住民たちの強い抵抗によってそれは実現しなかった。

一一九四年の春、エルサレム「領主」のアンリ・ド・シャンパーニュの仲裁によって、レヴォンにはバグラースの所有が認められた。また、保釈金を支払うことで釈放されたボエモンドには、アンティオキア侯国における従来の権利を持つことが確認された。そして、レヴォンの姪アリクスとボエモンドの長男レーモンとの婚姻も成立した。

優位に立ったレヴォンは、教皇および神聖ローマ皇帝への接近によって、さらに権力基盤を固めることを目指した。そして、一一九七年、神聖ローマ皇帝ハインリヒ六世の尚書官のマインツ大司教コンラートがキリキアを来訪した。議論の中心は、アルメニア聖使徒教会のローマ＝カトリック教会への帰属であった。アルメニア聖使徒教会の聖職者たちは強く反発したが、教会合同はあくまでも形式的なものであると、レヴォンは説得した。教会合同は、一一九八年一月八日に即位した教皇インノケンティウス三世によって正式に承認されるが、その二日前の一月六日、タルススの大聖堂において、レヴォンはアルメニア国王レヴォン一世として即位した。

アルメニア国王レヴォン一世

アンティオキア侯位継承戦についてはすでに述べたが、ここでもごく簡単に触れておこう。一一九七年、次期アンティオキア侯となるべきレーモンが死去した。血統の上で言えば、レーモンの子で国王レヴォン一世の大甥に当たるレーモン・ルーベンが継承権を有することとなった。しかし、ボエモンド三世の次男でトリポリ伯に収まっていたボエモンド（四世）が立ちはだかった。そして、一二〇一年にボエモンド三世が死去すると、継承戦争に発展した。まずは、ボエモンド四世が勝利したが、一二一六年にレーモン・ルーベンがアンティオキア侯位に就くことに成功した。しかし、一二一九年に侯位はボエモンド四世に奪還され、アンティオキア侯国の併合というレヴォンの野望も潰えた。

近隣のムスリム勢力とは、アンティオキア侯位継承戦と絡むかたちでアレッポ総督のザーヒル・ガーズィーとルーム・セルジューク朝スルタンのクルチ・アルスラーン三世やカイホスロー一世と争った。しかし、一二〇八年には両勢力と休戦協定を結んだ。その後も衝突がなかったわけではないが、レヴォン一世の統治期はアルメニア王国の出発とともに、その最盛期を迎えたと言える。

一二一〇年ごろには、レヴォンは自身の二度目の結婚によって、元キプロス国王兼エルサレム国王エメリーとエルサレム国王イザベル一世との間に生まれたシビーユを妻とした。また、最初の妻であるアンティオキア侯ボエモンド三世の姪イザベルとの間に生まれたリタを、一二一四年四月にエルサレム王国の摂政であるジャン・ド・ブリエンヌに嫁がせた。このようにして、キプロス王国およびエルサレム王国との関係をさらに強固なものにした。一方で、一二一二年には兄ルーベン三世の娘フィリッパと、ニカイア皇帝テオドロス一世ラスカリスとの婚姻を成立させることで、旧ビザンツ帝国勢力との関係も維持した。

教皇庁との関係も重視し、教皇直属機関である聖ヨハネ修道会やドイツ騎士修道会には多くの所領を与えた。例えば、ドイツ騎士修道会にはオスマニエ北西約二五キロメートルに位置するアモウダなどを、聖ヨハネ修道会にはセレウキアなどを割譲した。これらの騎士修道会は、ルーム・セルジューク朝勢力に対する防波堤の役割も担った。

写真補2－2　アヤスの町はカッパドキア王アルケラオス（位紀元前36-17年）の時代には栄えたがその後に衰退していた。それを復活させたのが、キリキアのアルメニア王国であった。写真はアヤスにあるエライウッサ・セバステ劇場跡

防波堤の内側では、ヨーロッパ型の封建制を導入し、より安定した統治体制の構築を目指した。そして、ジェノヴァやヴェネツィアに多くの特権を付与することで、商業も大きく成長させた。特に、アヤスやコリクスは、小アジアにおける重要な港として大きく発展していくこととなった。

モンゴル皇帝の家臣に

一二一九年、レヴォンが死去した。彼は、後継者として娘のザベル（イザベル）を生前に指名していた。アンティオキア侯位を追われた大甥のレーモン・ルーベンを排除す

るためであった。レーモンのその後については上述のとおりであるが、一二二二年、ザベルの摂政であったヘトゥム家のコスタンディン・バベロンによって、復権を狙ったレーモンは獄死に追い込まれた。ザベルの権力基盤を固めるために、同年にコスタンディンはアンティオキア侯ボエモンド四世の三男フィリップとザベルとの婚姻を成立させた。しかし、フランク人重用政策に舵を切ったフィリップに対して、一二二四年末にコスタンディンは反乱を起こし、翌年初頭にフィリップを獄中にて毒殺した。

一二二六年、コスタンディンの息子ヘトゥムとザベルの婚姻が成立し、アルメニア国王ヘトゥム一世が誕生した。ここで、長年ライバル関係にあったルーベン家とヘトゥム家が融合した。ヘトゥムの統治期には、アンティオキア侯国との関係が修復され、アンティオキアの慣習法集成がアルメニア語に翻訳された。

その一方で、ルーム・セルジューク朝からの圧力には苦しめられた。一二三三年、ルーム・セルジューク朝スルタンのカイクバード一世が、軍勢を率いてキリキアに侵攻し、貢納を要求してきた。このときは難を逃れるも、一二四五年から翌年にかけて、スルタンのカイホスロー二世が侵攻してきた。ただし、この際の侵攻は、モンゴル軍の圧力から逃れるためのものであった。

これ以降、ヘトゥムは親モンゴル政策に舵を切ることとなる。まずは、一二四六年、モンゴル帝国の将軍バイジュ・ノヤンに使節を送った。それに対して、バイジュはヘトゥムの妻とカイホスロー二世の娘を差し出すように要求した。ヘトゥムはこの要求を却下するも、アルメニア王国が生き残るためにはモンゴル帝国との同盟しか選択肢がないと考え、翌一二四七年には王国の軍務長官を務めていた弟のスムバトを、皇帝グユクのいるカラコルムへと派遣し、モンゴル帝国の宗主権を認めた。さらに、一二五三年にはヘトゥム自ら皇帝モンケの下を訪れた。そして、ヘトゥムはモンケの家臣となり、アルメニア王国および教会の保護と、聖地エルサレム回復のための援助の約束を取りつけることに成功した。

一二五六年、ヘトゥムはキリキアに帰還した。その後も、幾度か自らイルハン朝を訪れては、軍事支援を要求した。その結果、一二五九年にはルーム・セルジューク朝スルタンのカイカーウス二世の軍勢を破るなどして、アルメニア王国領を拡大させた。しかし、翌一二六〇年、アイン・ジャールートの戦いでキトブガー率いるモンゴル軍がマムルーク朝軍に敗れ、シリア方面における影響力を弱めることとなった。

バイバルスの脅威

ヘトゥムはマムルーク朝スルタンのバイバルスとの交渉も開始したが、うまく事は運ばず、やはりモンゴル勢力に頼らざるをえなかった。しかし、モンゴル勢力との提携はバイバルスを刺激した。一二六六年、ヘトゥムがモンゴル軍に援助を要請するためにタブリーズを訪れている間、マムルーク朝の軍勢がキリキアに侵攻し、スムバト率いる軍勢を破った。二〇日間にわたってマミストラ、アダナ、アヤス、タルススなどが蹂躙され、王都シスも焼き討ちと略奪の被害に遭った。その中で、ヘトゥムの長男トロスは殺害され、次男のレヴォンは捕虜とされた。

一二六八年にはアンティオキア侯国が滅亡し、テンプル騎士修道会もバグラースから撤退する。

これらのことは、ヘトゥムの絶望感を増大させた。捕虜となっていた息子のレヴォンを交渉によって解放させることに成功したヘトゥムは、彼を伴ってイルハン朝のアバカの宮廷に赴き、レヴォンのアルメニア国王位継承を承認してもらった。そして、翌一二六九年にヘトゥムは修道院に隠遁した。

国王戴冠式を済ませたレヴォン二世は再度アバカの下に行き、両者の関係の再確認を行った。再三にわたってヨーロッパ世界にも援軍要請を行うとともに、一二七一年には王国を立て直すためにヴェネツィアに特権を与え、そのヴェネツィアの尽力で港町アヤスが再建された。ヴェネツィアの側からすると、特に聖サバス戦争の影響で、シリアやパレスチナの港町が交易には使えない状況にあったためである。

こうして一時的にアルメニア王国の状況は改善するも、一二七五年、バイバルスの攻撃が再開された。そして、それは王国内の貴族たちの反乱も導くこととなった。まさに内憂外患であった。

キプロス王国との関係強化

一二八一年、マムルーク朝スルタンのカラーウーンは、シリアに侵攻してきたモンゴル軍を迎撃しに出た。当時、カラーウーンはエルサレム王国およびトリポリ伯国とは休戦協定を締結しており、したがってフランク人の国家は中立を保った。一方、アルメニア王国は、イルハン朝の属国として参戦せねばならなかった。結果は、ホムス近郊におけるモンゴル・アルメニア連合軍の敗北であった。そのままの勢いでキリキアに侵攻したカラーウーンは、再建されたアヤスを焼き討ちにした。レヴォンは、カラーウーンに和平を求めた。当初は拒否していたカラーウーンであったが、モンゴル勢力の回復を恐れた結果、一二八五年六月六日、一〇年間の和平をレヴォンとの間に結んだ。ただし、レヴォンにとっては年間一〇〇万ディルハムの貢納という高い代償を払ってのことであった。

一二八九年、レヴォン二世が死去し、国王位は息子のヘトゥム二世に引き継がれた。まさにその年に、トリポリ伯国が滅亡した。そして、二年後にはエルサレム王国も消滅した。そのたびにヘトゥムは金銭をスルタンに送ることで難を凌いだ。しかし、一二九二年の春、休戦期間中であったにもかかわらず、スルタンのハリールがアルメニア聖使徒教会の中心地であるフロムクラに侵攻してきた。五月一一日に町は陥落し、徹底的に破壊された。さらに翌一二九三年五月には首都シスが攻撃を受けた。ヘトゥムは、年貢を二倍にすることと、マラシュなどを割譲することで事を収めた。

一二九三年末のハリールの死去とその後のスルタン位を巡る混乱が、アルメニア王国に一息つく余裕を与えた。ヘトゥムは隠居して弟のトロスに王位を譲ったが、王国の舵取りが難しくなった国王トロス一世は、一二九四年にヘトゥムに王位を返還した。復権したヘトゥムは、キプロス王国との関係の強化を図った。ヘトゥムの妹ザベルと、キプロス国王アンリ二世の弟アモーリーとの間に婚姻が成立したのは、このころのことである。また、イルハン朝との関係強化も継続させ、君主のバイドゥや、彼から権力を簒奪したガザン・ハンにも忠誠を誓った。

瀕死のアルメニア王国

一二九五年、外遊からヘトゥムがシスに帰還した。さらに、彼は妹のリタと、ビザンツ皇帝アンドロニコス二世パレオロゴスの息子で共同皇帝の地位にあったミカエル九世との婚姻を成立させるべく、弟トロスとともにコンスタンティノープルに赴いた。その間の一二九六年、アルメニア聖使徒教会総大主教のグレゴリー七世と教皇ボニファティウス八世の後ろ盾を得ることに成功していた、ヘトゥムとトロスの弟に当たるスムバトが王位を簒奪した。スムバトは、コンスタンティノープルから帰還途中にあったヘトゥムたちを捕らえた。トロスは殺害され、ヘトゥムは片目を潰された。

この事態に、三人のさらに下の弟のコスタンディンが動いた。一二九八年、彼は兄スムバトを駆逐し、ヘトゥムを救出するも、自身を王位に居座らせた。しかし、翌一二九九年にヘトゥムが復権し、スムバトとコスタンディンをコンスタンティノープルに追放した。そして、彼らはそこで死去した。

このような混乱をマムルーク朝が見逃すことはなく、一二九八年にアダナとマミストラを攻撃してきた。しかし、反撃に出たアルメニア王国軍は、むしろマラシュやタル・ハムドゥンなどの奪還に成功した。さらに、同年一二月にはホムス近郊において、ガザン・ハンとヘトゥムの連合軍が、マムルーク朝軍に勝利した。この報告は、教皇ボニファティウス八世を歓喜させた。ボニファティウスは、全ヨーロッパ世界に十字軍を提唱した。

しかし、ヨーロッパからの援軍は到来せず、ヘトゥムはこの好機を活かすことができなかった。一三〇一年および一三〇三年の対マムルーク朝戦では、敗北を喫した。一三〇四年には、タル・ハムドゥンなどを再び失った。一二九四年にすでにイスラームに改宗していたとはいえ、イルハン朝のガザン・ハンはアルメニア王国にとって頼みの綱であった。しかし、一三〇四年五月一七日、ガザン・ハンが死去した。跡を継いだ弟のオルジェイトゥは国家のイスラーム化を推進させ、その結果、アルメニア王国との関係は悪化した。もはや、アルメニア王国は瀕死の状態となった。

一三〇五年、ヘトゥムは再び隠遁し、王位を甥のレヴォンに譲った。関係は悪化しつつも、イルハン朝しか頼るすべのないヘトゥムと国王レヴォン三世は、一三〇七年一一月一七日、イルハン朝の将軍ビラルグーの下を訪れるも、ともに殺害されてしまった。これ以降、モンゴル勢力もキリキアを荒らすようになった。

三人の国王の殺害

アルメニア国王位は、イルハン朝勢力の駆逐に成功したヘトゥムの弟の一人であるオーシンに引き継がれた。モンゴル勢力が敵対勢力となってしまった今、オーシンの頼ることができたのはヨーロッパ世界のみとなった。彼が極度に教皇庁に歩み寄った結果、アルメニア聖使徒教徒たちの反感が高まった。また、一三一〇年ごろに最初の妻を失ったオーシンは、キプロス国王ユーグ三世の娘イザベルと再婚した。一三一六年にイザベルと離婚した彼が、三度目の妻として選んだのがアンジュー家出身のターラント侯フィリップ一世の娘ジャンヌであった。このような、ヘトゥム家と非アルメニア人との結びつきも、アルメニア人貴族たちの反感を強めた。そして、一三二〇年、最初の妻ザベルの兄弟であるコリクス領主オーシンによって、国王オーシンは毒殺された。

オーシンの跡を継いだのが、ザベルとの間に生まれたレヴォン四世であった。そして、先王を殺害した叔父のオーシンが摂政となった。摂政オーシンによる義兄弟の殺害は、必ずしもアルメニア人たちの意志を代弁するためではなかった。彼は先王オーシンの未亡人ジャンヌと結婚し、一三二一年にはレヴォン四世を自身の娘アリクスと結婚させた。アリクスは、摂政オーシンの最初の妻であるイブラン家出身のマルグリットとの間の子であった。さらに彼は、先王の二度目の妻イザベルやその子どもたちの殺害にも関与したと伝えられている。このようにして、摂政オーシンはコリクス家による支配を志向した。

一三二二年、マムルーク朝によって王国領内随一の港であるアヤスを蹂躙されると、オーシンとレヴォンは再び教皇庁に歩み寄っていった。そして、このことが再びアルメニア人たちの反感に火をつけた。このような状況の中で、レヴォンは権力の独占を図る摂政オーシンとの決別を選択した。一三二九年、彼は摂政オーシンとその娘であり自身の妻であるアリクスを殺害した。そして、一三三一年、レヴォンはシチリア国王フェデリコ三世の娘であり、キプロス国王アンリ二世の未亡人であったコスタンツァと再婚した。

しかし、このようなヨーロッパ世界への歩み寄りも空しく、一三三七年にアヤスは完全に制圧された。休戦の条件として多くの領土の割譲と、ヨーロッパ世界に救援を求めないことを約束させられた。なす術もなくシスに蟄居状態になった彼は、一三四一年八月二八日、家臣たちの手によって殺害される。首謀者たちは、次期国王としてレヴォンの父親違いの弟ジャン・ド・ポワティエ＝リュジニャンを選出した。しかしジャンは固辞し、レヴォンの従兄弟に当たるコスタンディン二世に国王位を委ねた。

本名ギー・ド・リュジニャン、アルメニア国王となってコスタンディン二世を名乗った彼は、国王になることを望んではいなかった。かつて摂政オーシンによって母および兄弟を殺害されていたからであった。そして、特に目立った功績を残すことなく、一三四四年四月一七日、アルメニア人たちの起こした反乱の中で殺害された。

アルメニア王国の滅亡

コスタンディン二世の死を受けて、次期国王に名乗りを上げたのが、彼の又従兄弟にして王国の軍務副長官を務めていたネギル（現在地不明）領主ボードゥアン・ド・リュジニャンであり、国王としてはコスタンディン三世を名乗った。王位継承権を有する者たちを粛清するとともに、外交政策においてはそれまでの親ヨーロッパ政策からマムルーク朝懐柔政策へと舵を切った。一方で、リュジニャン家出身者としてキプロス王国との関係は維持し、一三六一年にはキプロス国王ピエール一世にコリクスを割譲し、その十字軍運動のための足場を作った。その結果、同年にはピエールおよび聖ヨハネ修道会の連合軍によるアダリア占領が達成された。

一三六三年、コスタンディンが死去した。アルメニア国王位はキプロス国王ピエール一世が引き継いだが、彼がキリキアに赴くことはなく、実質的にはコスタンディン三世の従兄弟のコスタンディン四世が王座に座った。彼はピエールとの良好な関係を維持したが、一三六九年にピエールが暗殺されると、マムルーク朝への朝貢を始めた。そして、一三七三年、親マムルーク朝政策を良しとしないアルメニア人の貴族たちによって、コスタンディン四世は殺害された。

次期国王に選出されたのは、かつてコスタンディン二世に国王位を委ねたジャン・ド・ポワティエ＝リュジニャンの子レヴォンであった。当時、ジェノヴァとの戦争に苦しむキプロス王国にいた彼は、苦難の末にアルメニア王国に至り、一三七四年九月一四日、シスにおいて国王戴冠式を行った。しかし、翌一三七五年、マムルーク朝によってシスが占領され、国王レヴォン五世も捕縛された。ここに、アルメニア王国は滅亡した。

七年間の捕囚の後に釈放されたレヴォンはヨーロッパに渡り、各地でアルメニア王国復活のための助力を仰いだ。しかし、その努力は一三九六年のオスマン朝によるバルカン半島侵攻を迎撃するためのニコポリス十字軍というかたちをとることとなり、レヴォンの夢はかなわなかった。すでに一三九三年、レヴォンは失意の中で死去していた。アルメニア国王の称号のみは、キプロス国王家の中で生き続けた。

Ⅲ　ラテン・ギリシア

第9章

ラテン帝国（一二〇四―一二六一年）

ラテン帝国の成立

一二〇四年四月一三日、五日間に及ぶ包囲の末、第四回十字軍とヴェネツィアの勢力は、コンスタンティノープルを占領した。クーデターによってビザンツ皇帝となっていたアレクシオス五世ドゥーカスが逃亡したため、占領地には新たな統治者が必要となった。このたびの十字軍の軍事統率者であったボニファーチョ一世・デル・モンフェッラートが新たな皇帝になることは、自然な流れであった。彼には、アレクシオス五世によって廃位・殺害されたビザンツ皇帝イサキオス二世アンゲロスの未亡人にして、ハンガリー国王ベーラ三世の娘であるマルガリタ（マルギト）と婚姻によって結びつく、という利点もあった。

しかし、十字軍士側より六人、ヴェネツィア側より六人からなる一二人委員会において、ボニファーチョを支持したのは三人のみであった。かつてジェノヴァと同盟を結んでいたボニファーチョを権力の座から遠ざけたいとするヴェネツィアの強い意向があったためである。そして、最終的には五月九日の同委員会において、満場一致でフランドル伯ボードゥアン九世（エノー伯ボードゥアン五世）が「コンスタンティノープルの皇帝」として選出された。同月一六日、ハギア・ソフィア大聖堂で挙行されたボードゥアンの皇帝戴冠式は、かつて十字軍の助力で皇帝位に就いたアレクシオス四世アンゲロスの戴冠式を模倣したものであり、紫色の長靴を履いたボードゥアンは、マントの上に宝石をちりばめた鷲を肩の上に乗せていた。式典もギリシア語でなされた。ボードゥアンの皇帝戴冠は、新たな帝国の誕生ではなく、ビザンツ帝国の継承を意味していた。

　このようにして皇帝の座に就いたボードゥアンであったが、その権力は決して絶大なものではなかった。同月に他の十字軍士やヴェネツィアと締結された協定により、例えば都市コンスタンティノープルに関して、ボードゥアンに認められたのは四分の一の区画のみであった。

写真9－1　ハギア・ソフィア（現アヤ・ソフィア）大聖堂。現在はモスクとなり、博物館としても利用されている（著者撮影）

写真9－2　テサロニキの町を望む城塞は、ビザンツ帝国時代のものがそのまま利用された（著者撮影）

　皇帝位を巡る争いに敗れたボニファーチョは、広大なテサロニキ王国領と国王位を要求した。加えて、彼はボードゥアンに対してテサロニキ王国領への不入権を要求した。それのみならず、アドリアノープル（現エディルネ）のギリシア系住民たちに対して、義理の息子となったイサキオス二世の二人の皇子、マヌエル・アンゲロスとヨハネス・アンゲロスを皇帝として受け入れるよう求めた。この一連のボニファーチョの行動は、トラキアの戦いにおけるボードゥアンとの衝突を招いた。ヴェネツィアなどのとりなしにより協議が持たれた結果、ボニファーチョのテサロニキ国王位は承認された。

そこから利益を得たのはヴェネツィアであった。ボニファーチョにはかつてアレクシオス四世よりクレタ島が割譲されており、ジェノヴァがその購入に動き出していた。しかし、この協議でイニシアティブを握ったヴェネツィアは、ジェノヴァに先んじてそれをボニファーチョから購入することに成功したのであった。

一二〇四年一〇月、二四人委員会（十字軍士から一二人、ヴェネツィアから一二人）が開催され、改めて（旧）ビザンツ帝国領の分割について協議された。ラテン皇帝の直轄領は、コンスタンティノープルの四分の一区画と小アジア、およびリムノス、キオス（ヒオス）、スキロス、サモス、サモトラキ、タソスのエーゲ海諸島に設定された。テサロニキ王国から西の領域については、今後の占領地の獲得も見込んで、十字軍士たちに配分されることが決定された。

さらに、ラテン皇帝領内の土地は、ボードゥアンの家臣たちに下封された。エドレミト湾周辺域は弟にして後に皇帝位を継ぐアンリに、イコニウム近隣域はピエール・ド・ブラシューに与えられ、ルイ・ド・ブロワはニカイア公の、エティエンヌ・ド・ラ・ペルシュはフィラデルフィア（現アラシェヒル）公の称号を得た。ヨーロッパ側の領土も、ルニエ・トリト・サン・レジェールにフィリッポポリス（現プロヴディフ）とその周辺域が、ユーグ・ド・サン・ポルにはディディモティホとその周辺域が委ねられた。当然のことながら住民たちの多くはギリシア系であったが、彼らは旧来からの権利を奪われないかぎりは、新しい領主を受け容れたのであった。

ヴェネツィア領ギリシア

さて、ヴェネツィアには、上記のクレタ島に至るまでのアドリア海やイオニア海の沿岸部の主要拠点に加えて、コリント湾の主要拠点、エギナ島、アンドロス島、そしてネグロポンテ（エヴィア）島の所有も認められた。また、十字軍士たちを導いたヴェネツィアのドージェ（総督）、エンリコ・ダンドロの甥のマルコ・サヌードが一二〇七年にナクソスを占領し、皇帝ボードゥアン一世よりアルキペラーゴ（群島）公の称号を得た。

一二〇五年五月、エンリコが死去すると、ギリシア世界のヴェネツィア人たちは、本国政府の意向を待たずして、マリーノ・ゼンを現地のポデスタ（執政官）として選出した。独立を疑ったヴェネツィア政府は、同年八月、エンリコの後を継いでドージェとなったピエトロ・ツィアニの下で、ギリシア世界のヴェネツィア領を本国の直轄下に置いた。そして一二〇七年以降は、ポデスタ

写真9－3　カンディアの港にあるヴェネツィア城砦（著者撮影）

写真9－4　ヴェネツィアのアルセナーレ（造船所）。ヴェネツィアでは政府が造船し、競売によって市民に貸与された。なお、現在はイタリアの海軍施設となっている（著者撮影）

が本国より派遣される体制が整えられた。

このように、とりわけヴェネツィアに多くの譲歩を行うことを余儀なくされた皇帝ボードゥアン一世であったが、それは皇帝にとってはデメリットばかりではなかった。

詳細は後述するが、一二〇五年四月、ボードゥアンはトラキアに侵攻してきた第二ブルガリア帝国軍にアドリアノープルの戦いで敗北し、捕縛された。これを受けて同年一〇月、ボードゥアンの跡を継ぐこととなった弟のアンリと、ヴェネツィアとの間で協定が結ばれ、不慮の出来事に対しては互いに軍事奉仕義務が生ずることが確認された。一二〇六年八月二〇日、アンリの皇帝戴冠式の際にも、この協定の順守が誓われた。このようにして、ヴェネツィアはラテン帝国との運命共同体に組み込まれたのである。

教会組織の整備

ラテン帝国の成立は、その地に新たなカトリック教会組織を整備する必要をもたらした。ヴェネツィア側の意向が反映されるかたちで、在地の有力者たちはヴェネツィア貴族家系出身であるトマーゾ・モロシーニをコンスタンティノープル総大司教に選出した。当初はそれに難色を示した教皇インノケンティウス三世であったが、ヴェネツィアの力なくしてはラテン・ギリシアの維持が困難であるとの考えから、トマーゾの選出を承認した。しかしその後、両者の対立が生ずることとなる。

一二〇四年一二月、教皇は特使ピエトロ・カプアーノを派遣して、対話によるギリシア正教会との教会合同およびローマ教会の優位性の確立を目指した。しかし、トマーゾはギリシア正教会と反目し、都市コンスタンティノープル内に限定してのことではあるが、正教会の聖職者による宗教活動を禁止した。これを受けて正教会の高位聖職者たちはニカイアへと移動し、一二〇八年までにはそこに総大主教座を設置した。これにより、完全なかたちでの教会合同の道筋は絶たれた。

ただし、すべての正教会の聖職者がニカイアに去ったわけではない。数としては多くの下級聖職者たちはそのまま残り、正教徒住民のための宗教儀礼を執り行い続けた。主教管区もビザンツ帝国時代のものがそのまま維持され、カトリック教会の司教管区はその上に被さるかたちで整備された。

さて、トマーゾの強硬姿勢は、正教会のみに向けられたわけではなかった。彼が総大司教座教会聖堂参事会員をヴェネツィア人に限定したことで、フランク人との対立も生じた。一二一一年、トマーゾが死去したが、その後任を巡ってヴェネツィアと、ヘラクレア(・ポンティカ)大司教ジェルヴェーズを推すフランク人たちとの間で対立が生じ、一二一五年に教皇がジェルヴェーズを公式に任命するまで、総大司教位は空位となった。四年後のジェルヴェーズの死後も同様の事態に陥り、総大司教座は二年間の空位を迎えた。一二二一年、時の教皇にしてインノケンティウス三世の後継者であるホノリウス三世は、今度はヴェネツィアに譲歩するかたちでヴェネツィア人のマッテオを総大司教に任命した。

以上のように、ラテン帝国の教会組織は、ヴェネツィアとの衝突やヴェネツィアへの妥協を経て整えられていったのであるが、当然のことながら、教会を整備するためにはその生活基盤を整える必要もあった。建国当初、ラテン帝国領は俗人領主を中心として分割され、教会は蚊帳の外に置かれた。一二〇六年三月になってようやく、各世俗領主の領土の一五分の一が教会に委ねられるという協約が聖俗有力者の間で締結された。そして一二一九年になって、その割合は一一分の一に引き上げられた。これに伴ってより多くの正教徒住民を抱えることとなったカトリック教会は、一〇分の一税の制度がなく、したがってそれを課されることのなかった正教徒住民に対して、一三分の一税を課すこととした。

これらのことはフランク人領主たちと教会との間で慣例的に成立していったが、最終的には一二三三年にヴェネツィアもこれらの制度を受け容れることに同意し、ラテン帝国における教会の整備が完成形を見ることとなった。

ビザンツ系国家

大きく見ると、ラテン・ギリシアの周囲には四つの旧ビザンツ帝国系の国家があった。

ビザンツ皇帝アレクシオス一世コムネノスの孫であるアレクシオスは、コンスタンティノープルを追われた後の一二〇四年四月、トレビゾンド（現トラブゾン）を制圧してトレビゾンド帝国を建国し、自らアレクシオス一世として皇帝に即位した。

ビザンツ皇帝アレクシオス三世アンゲロスの義理の息子であったテオドロス・ラスカリスは、アレクシオス五世ドゥーカスの逃亡後に皇帝に選出された。しかし、一二〇四年五月のフランク人の小アジア遠征の中、ブルサにおいて敗北したテオドロスは、ニカイアへと逃れた。一方、逃亡中のアレクシオス五世は捕らえられ、塔の上から飛び降りさせられる、というかたちで殺害された。ニカイアに逃れたテオドロスは政敵を抑えたうえで、一二〇八年に同地で復活したコンスタンティノープル総大主教の下で、皇帝としての戴冠式を挙行した。ここに、名実ともにニカイア帝国と呼ばれる国家が誕生することとなった。

一方、バルカン半島では、ビザンツ帝国の高官の庶子であったミカエル・ドゥーカス・アンゲロス・コムネノスが、勢力を蓄えていた。彼は、一度はテサロニキ国王となったボニファーチョに仕えるもその後に離脱し、エピロスを拠点としてエピロス専制侯国を樹立した。加えて、ペロポネソス半島の南端にも、後のモレアス専制侯国の礎となるビザンツ帝国の残存勢力があった。

トラキアの反乱とアドリアノープルの戦い

以上のビザンツ帝国系国家の他に、北には（第二）ブルガリア帝国、南にはルーム・セルジューク朝があった。

第四回十字軍に際して、ブルガリア帝国の皇帝（ツァール）のカロヤン・アセンは、インノケンティウス三世とは良好な関係を築いていた。カロヤンは、カトリック教会に歩み寄る見返りとして、自身を皇帝として、主都（ヴェリコ・）タルノヴォにある聖バシル教会を総大主教座教会として承認するように要請した。しかし、一二〇四年一一月、インノケンティウスは教皇特使レオを派遣して、カロヤンは国王として、聖バシル教会は第一主教座教会としてのみ認めることを告げた。これに対してカロヤンは、もしフランク人たちがブルガリアを侵害したら報復する旨の書簡を教皇に送った。ほぼ同時期にカロヤンはラテン帝国のフランク人たちとの提携も目指したが、拒否された。彼は遊牧民のクマン人たちと連携しつつ、南下する機会を窺った。

その折に起こったのが、ディディモティホやアドリアノープルのギリシア人を中心としたトラキア地方における反乱であった。これらの町を統制下に置いていたヴェネツィアの圧政に対してのものであった。反乱軍と提携したカロヤンはこれらの町を制圧し、一二〇五年四月、反乱鎮圧に出たフランク軍を迎撃した。この中でニカイア公ルイ・ド・ブロワは戦死し、ラテン皇帝ボードゥアン一世も捕縛された。

皇帝代理を務めた弟のアンリは、インノケンティウス三世に援軍を要請するも空振りに終わった。一二〇五年の冬から翌年の春にかけて、カロヤンはトラキアを蹂躙した。その中で、裏切り者とみなしたギリシア人たちの虐殺も行った。このようにして反乱軍との関係を悪化させたカロヤンは、最終的にはディディモティホ占領に失敗した後に、ブルガリアに撤退した。

さて、南方においては、フランク人たちはルーム・セルジューク朝からの提携の打診も断っていた。その結果、一二〇五年にはスルタンのカイホスロー一世によって、イコニウムなどが奪還された。

以上のようなラテン帝国の外交は多面的な対立状況を生み、その結果として生じた不安定な支配体制の中で、一度は手にした町の多くが失われていくこととなった。

アンリ一世の即位

ブルガリアに連行されたボードゥアンの消息は不明のままであり、すでに殺害されたとの噂も広まった。ついに、一二〇六年にはラテン帝国政府もその死を承認し、八月二〇日、ハギア・ソフィア大聖堂において総大司教トマーゾの手によりアンリが皇帝として戴冠された。

上述のように、ヴェネツィアとの連携体制を整えたアンリ一世はアドリアノープルに侵攻し、再び南下の兆しを見せていたカロヤンをブルガリアに退けた。また小アジア方面においても、トレビゾンド皇帝アレクシオスの弟ダヴィド・コムネノスから臣従を取りつけることに成功したうえで、ニカイア帝国への攻撃を開始した。そして、一二〇六年から翌年にかけての冬の間に、ペガエ（現カラビガ）、キュジコス、ニコメディア（現イズミト）などの占領に成功した。しかし、ニカイア皇帝テオドロスがカロヤンと提携してアドリアノープルを再占領すると、アンリは二年間の休戦協定の締結を余儀なくされ、ペガエとキュジコスを除いて小アジアから撤退した。

いずれにせよ、落ち着いた状況となった中の一二〇七年二月、アンリはテサロニキ国王ボニファーチョの娘アニェーゼと結婚した。ハギア・ソフィア大聖堂での式の後に、ブーカレオン宮殿で祝宴が持たれた。このようにしてボニファーチョとの関係を密にしたが、同年九月にボニファーチョはブルガリア勢力によって殺害されてしまった。しかし、ボニファーチョを死に追いやったカロヤンも、翌月のテサロニキ包囲中に暗殺され、ブルガリア帝国は混乱状態に陥った。その結果として状況はアンリに優位に傾き、一二〇八年八月一日のフィリッポポリスの戦いで勝利し、ブルガリア勢力を抑え込んだ。

テサロニキの反乱

ボニファーチョ一世を失ったテサロニキ王国では、彼と二番目の妻であるマルギト（ハンガリー国王ベーラ三世の娘であり、ビザンツ皇帝イサキオス二世アンゲロスの未亡人）との間に生まれた、当時わずか二歳のデメトリオが国王に即位した。これに対して、テサロニキ王国の軍務長官であったオベルト二世・ディ・ビアンドラーテを中心とする有力貴族たちが反旗を翻した。彼らは、ボニファーチョとその前妻のエレーナ・ディ・ブスカとの間に生まれ、当時モンフェッラート辺境伯の地位にあったグリエルモ六世をテサロニキ国王のみならず、ラテン皇帝にしようと計画した。これはグリエルモ自身が拒否することで失敗し、一二〇九年一月六日にデメトリオの国王戴冠式が挙行された。

しかし、反対派の貴族たちは反乱を起こし、その波はテッサリア全域に広まった。デメトリオの後見人であり宗主でもあるアンリ一世は、テサロニキ国王の封建家臣の立場にあるアカイア侯ジョフロワ一世・ド・ヴィルアルドゥアンよりオマージュを取りつけて彼をテサロニキ王国から切り離したうえで、反乱軍の鎮圧に乗り出した。アンリがテーベやアテネなどを制圧すると、首謀者のオベルトはネグロポンテ島に逃亡した。同島の領主ラヴァーノ・デッレ・カルチェリが、直前まではオベルトを支援していたからであった。しかしラヴァーノがアンリ側に鞍替えすると、オベルトは投降した。彼からオマージュを受けたアンリは、彼をテサロニキ国王の摂政に任命するも、オベルトはモンフェッラートへと身を移した。

以上のようなテサロニキ王国での反乱の鎮圧に脅威を感じたのが、エピロス専制侯ミカエルであった。彼は、アンリにオマージュをなしたうえで、娘をアンリの弟のユスターシュの妻とすることにこぎ着けた。しかし、その後にミカエルがテサロニキ王国の軍務長官アメデー・ポフェイなどを捕縛したことを契機に、ミカエルとアンリは衝突した。一二一二年初頭までには、アンリはミカエルを抑え込むことに成功し、再びエピロス専制侯国はラテン帝国の影響下に置かれた。

アンリ一世の死

アンリがテサロニキやエピロスの問題に対処している間、ブルガリア皇帝カロヤンを暗殺して帝位に就いた甥のボリルは、対アンリの態勢を整えつつあった。それでも、ユスターシュとエピロス専制侯ミカエルがボリル勢力を牽制していた。

そのころのアンリは、小アジア方面への進攻により重きを置きつつあった。一二一一年一〇月一五日にニカイア皇帝テオドロスの軍勢を破ったアンリは、ポイマネノン、レンティアナ（現ススルルク近郊）、アドラミティオン（現エドレミト）などの制圧に成功した。これを受けて結ばれたニンファイオン協定によって、ラテン帝国はマルマラ海のアジア側沿岸からエーゲ海に面した小アジア沿岸部、およびニコメディア、キュジコス、ペガエ、アドラミティオン、さらには内陸のアキラオス（現バルケシル）に至るまでの領土を獲得し、一二一二年一月にアンリは勝利宣言をした。ただし、人員不足は深刻であり、獲得地の防衛もギリシア人捕虜に委ねる始末であった。

さて、ユスターシュは、ボリルの従兄弟であるアレクシオン・スラブと協力してボリルを破った。そもそもアレクシオンはアンリの娘を妻としていたが、彼女を失った後にはユスターシュの姪と結婚するなどして、フランク人と強い結びつきを持っていた。敗れたボリルは和平を求め、その結果、妻アニェーゼを亡くしていたアンリと、ボリルの娘マリーヤとの婚姻が成立した。

これによって結びついたアンリとボリルは、長らくボリルと対立していたセルビア国王ステファン・ネマニッチへの攻撃に打って出て、ニシュ侵攻などを展開した。一方のステファンは、エピロス専制侯国への攻撃を展開するなどしたが、一二一四年にミカエルが暗殺されると、侯位は弟のテオドロスに移った。彼は政策を一転させて、ステファンと同盟関係を構築した。これにより、バルカン半島北部の勢力はほぼ均衡状態となった。セルビアと結びつくことでラテン帝国との距離を置いたテオドロスであったが、彼はニカイア皇帝テオドロスとも同盟を結んだ。その結果、アンリは小アジアにおいても積極的な政策を展開することが難しくなった。

一二一六年六月一一日、アンリがテサロニキにおいて死去した。毒殺であった。かつてアンリと対立したオベルト二世・ディ・ビアンドラーテが首謀者であったとの説もあるが、正確なところは定かではない。いずれにせよ、約一〇年間におよんで統治した有能な指導者を、ラテン帝国は失った。

晩年のアンリの活動の足かせとなったのは、近隣諸国家との関係のみではなかった。一二一四年、後に第五回十字軍の中心人物となることで有名な、教皇特使のペラギウスが到来し、コンスタンティノープル市内のギリシア正教会を封鎖しようとした際、アンリは毅然とした態度でペラギウスの要請を却下した。ギリシア人の年代記作者アクロポリテスは、アンリの人となりを次のように記している。「アンリは、人種としてはフランク人であったが、ギリシア人およびコンスタンティノープルの住民たちから非常に快く受け入れられた。というのも、アンリは彼らの多くを高官として登用し、一般住民たちもあたかも自身の家臣であるかのように扱ったからである」と。

ピエール・ド・クルトネーの即位

アンリの死を受けて、帝位は妹のヨランドおよびその夫でヌヴェール兼オーセール伯ピエール・ド・クルトネーに移った。フランス国王ルイ六世の孫でもあるピエールは当時ヨーロッパにいたために、ラテン帝国の舵取りはバイイ（摂政）に任命されたコノン・ド・ベテューヌに委ねられた。そして一二一七年、教皇ホノリウス三世の手により、ローマ市の郊外においてピエール夫妻の皇帝戴冠式が執り行われた。ローマ市内で式が挙行されなかったのは、神聖ローマ皇帝フリードリヒ二世に配慮してのことであった。

このラテン皇帝の代替わりを契機に、テサロニキ王国ではかつて反乱を起こしたグリエルモ派が実権を握り、王母マルギトが故国ハンガリーへと逃亡する事態に至った。このテサロニキ王国の混乱とそれによる弱体化に目をつけたエピロス専制侯テオドロスは、王国領への侵入を開始した。

テオドロスを牽制するために、加えて、ヴェネツィアによるアルバニア制圧に助力するために、コンスタンティノープルに向かう道中のピエールは、ドゥラッツォなどのアルバニア沿岸部を制圧した。しかし、迎撃に出たテオドロスによってピエールや教皇特使ジョヴァンニ・コロンナをはじめとする多くの者が捕縛された。その勢いでテオドロスはテッサリアに侵攻し、テサロニキ王国を瀕死の状況に追い込んだ。捕縛されたピエールも、二年後の一二一九年初頭、捕囚中に死去した。

ピエールが捕虜となった一二一七年以降、帝国の命運はヨランドの肩にのしかかった。同年末に、後にラテン皇帝となるボードゥアン（二世）をピエールとの間の四男として出産した彼女は、一二一九年の秋にこの世を去るまで女帝として統治に当たった。彼女の主たる外交政策は、婚姻を通じての近隣勢力との関係構築にあった。ピエールとの間に四男六女をもうけていた彼女は、すでに一二一三年には三女のヨランドをハンガリー国王アンドラーシュ二世に嫁がせていたが、その後に四女のエレアノールをエルサレム王国内のティール領主フィリップ・ド・モンフォールに、六女のアニュエスをアカイア侯ジョフロワ二世・ド・ヴィルアルドゥアンに嫁がせた。

ロベール・ド・クルトネーの時代とテサロニキ王国の滅亡

ヨランドおよび捕縛中のピエールの死を受けて、皇帝位は次男のロベールに移った。長男のフィリップが弟に帝位を譲ったためと言われている。当時ロベールはヨーロッパにいたために再びコノン・ド・ベテューヌが、そして一二二〇年から翌年にかけては、ピエールとともに捕縛されていたものの後に釈放された教皇特使ジョヴァンニ・コロンナがバイイを務めた。

ロベールが東方に向かったのはようやく一二二一年初頭であった。彼は、ハンガリー経由でコンスタンティノープルを目指した。少し遡るが、一二一八年、従兄弟のボリルからブルガリア皇帝位を奪ったイヴァン二世・アセンは、ハンガリー国王アンドラーシュ二世の長女マーリア（母親はメラニア公ベルトールト四世の娘ゲルトルート）との婚姻関係を構築した。したがって、イヴァンはロベールにとって義理の甥に当たることとなった。このようなことから難なくコンスタンティノープルに至ったロベールは、一二二一年三月二五日、コンスタンティノープル総大司教マッテオの手より皇帝の冠を受けた。

ロベールの到来を受けてまず動いたのが、ニカイア皇帝テオドロスであった。テオドロスは娘のエウドキアを嫁がせようとしたが、ギリシア正教会側がこれに反対したために実現しなかった。代わって成立したのは、ロベールの妹（ヨランドの五女）マリーとテオドロスとの結婚であった。このようにしてニカイア帝国との関係を築いたロベールであったが、それは長くは続かなかった。一二二一年一一月にテオドロスが死去すると、ニカイア皇帝位は彼の娘婿ヨハネス三世ドゥーカス・ヴァタツェースに移った。これに脅威を感じたテオドロスの二人の息子（恐らくは庶子）がロベールの下に逃亡したが、この出来事がヨハネス三世とロベールとの対立を生むこととなった。

このころ、エピロス専制侯テオドロスの動きも活発となっていた。一二二二年初頭までには、テサロニキ北東約八〇キロメートルに位置する拠点、セレスを占領した。これを受けて、ヨーロッパ世界ではかつての反乱分子であるグリエルモ六世とオベルト二世・ディ・ビアンドラーテを中心に、テサロニキ王国救済のための十字軍が組織された。しかし一二二四年、十字軍が到着する前にテサロニキが陥落し、国王デメトリオはヨーロッパへの亡命を余儀なくされた。テサロニキ王国を滅ぼしたテオドロスは、同市にて自らに皇帝の称号を帯びさせた。当然、これをニカイア皇帝ヨハネス三世が認めるはずはなかった。

このようにして生じたニカイア帝国とエピロス専制侯国との対立をロベールは活かすことができず、彼にとっては二面戦争となった。一二二五年、キュジコス南のポイマネノンでの戦闘でヨハネス三世が勝利し、ラテン帝国は小アジアの領土のほとんどを失った。勢いに乗じたヨハネスはアドリアノープルに侵攻するが、これはテオドロスにとっても脅威であった。結果として、アドリアノープルはヨハネスとテオドロスとの間のせめぎあいの場となった。ここでロベールはヨハネスとの間の和平を選択し、ニコメディアのみであるが、小アジアの領地を回復した。しかし、テオドロスがコンスタンティノープルまで迫ってきた。このころにグリエルモの十字軍が到来するも、同年九月に彼は戦死した。

このような危機的状況を救ったのは、ロベールの義理の甥となったブルガリア皇帝イヴァン二世であった。イヴァンはテオドロスと和平を結び、テオドロスの弟マヌエルと、自身の庶子マーリアとを結婚させた。そのうえで、ロベールのコンスタンティノープルの所有権を承認するようにテオドロスを説得した。その結果、一二二八年、ロベールとテオドロスとの間で和平が結ばれた。イヴァンのもくろみは自身がコンスタンティノープルの皇帝になることであったとも伝えられているが、彼のとりなしによって、ヴィズヤ（現ヴィゼ）、ヴェリッサ（現プナルヒサル）、ゲヌア（現セルゲン）と三つの町に限定されるものの、ロベールはトラキアの一部を回復することができた。

コンスタンティノープルは守ったものの、ロベールの身を滅ぼしたのは自身のスキャンダルであった。その後に彼は、ある出自の低いフランス人女性にのぼせ上ってしまった。激怒した家臣たちは、その女性の顔面を削ぎ落とし、彼女の母親を溺死させた。ローマへと逃避したロベールであったが、教皇グレゴリウス九世の説得によりコンスタンティノープルへの帰還を余儀なくされた。しかし、その道中でロベールは死去した。一二二八年初頭の出来事であった。

イヴァン二世・アセンの野望とジャン・ド・ブリエンヌ

ロベールの死を受けて、当時一一歳のボードゥアン二世・ド・クルトネーが即位した。バイイにはロベールの姉でエピロス専制侯テオドロスの妻となっていたマリーが、さらにその代理人にはナルジョ・ド・トゥシーが就いた。これに際して、ブルガリア皇帝イヴァン二世は、娘のエレナをボードゥアン二世に嫁がせることで、ラテン帝国への影響力を拡大しようと試みた。

一方でフランク人の貴族たちはそれを阻止しようとした。そこで白羽の矢が立ったのが、元エルサレム国王のジャン・ド・ブリエンヌであった。フランク人の貴族たちは、ジャンの娘マリーとボードゥアン二世とを婚姻させること、ジャンを共同統治者としてラテン皇帝位に招くこと、ボードゥアン二世が成人した後も、彼はジャンにオマージュをなし、彼自身は小アジアの統治に当たること、すなわちコンスタンティノープルの統治はジャンに委ねること、を条件とするとの打診をジャンに行った。一二二九年四月、ジャンおよび教皇グレゴリウス九世がこれを批准した。一二三一年夏までにはジャンの姿はコンスタンティノープルにあり、そこで彼は皇帝として戴冠され、ボードゥアン二世が彼にオマージュをなした。二年後の一二三三年、準備を整えたジャンは、対ニカイア皇帝ヨハネス三世の戦いに打って出た。当時ヨハネスはロドス島の支配者レオン・ガバラスとの戦いに従事していたが、ジャンの遠征は成果を挙げることができなかった。

一方、ラテン帝国の貴族たちから遠ざけられたイヴァンの側には、大きな動きが生じていた。一二三〇年、エピロス専制侯テオドロスが和平を破ってブルガリアに侵攻するも、三月九日、クロコトニツァの戦いでイヴァンが勝利した。捕縛されたテオドロスは、盲目にされた。アドリアノープルに加え、テッサリアやアルバニアの大部分を獲得したイヴァンは、テオドロスの弟で自身の義理の息子であるマヌエルを、エピロスおよびテサロニキの専制侯に任じた。さらに、イヴァンは自身を「ブルガリア人およびギリシア人の皇帝」と称したのである。そして一二三二年、イヴァンは、支配下に収めたカトリック教会をギリシア正教会に置き換えることを伝えたうえで、ニカイア皇帝ヨハネスに自身の地位の承認を求めた。

当時は教皇グレゴリウス九世からの教会合同の交渉を受けていたためにヨハネスはイヴァンの申し出を保留したが、交渉が決裂した一二三五年にヨハネスとイヴァンは、前者の息子テオドロス二世ラスカリスと、かつてはボードゥアン二世の妻になることを計画していた後者の娘エレナとの婚姻を含む協定を締結した。タルノヴヴォ大主教座教会も、総大主教座教会に昇格された。

ヨハネスの軍勢がヴェネツィア支配下のガリポリを占領した後に、イヴァンの軍勢が加わってトラキアに侵攻、コンスタンティノープルに迫った。しかし、陸上ではジャン・ド・ブリエンヌの軍勢が、そして海上ではヴェネツィアの軍勢がそれを退けた。一進一退の攻防の末、最終的にはアルキペラーゴ公アンジェロ・サヌードの仲介により、二年間の休戦条約が結ばれることとなった。その背景には、ヴェネツィアの海軍力に対するイヴァンの恐怖心があった。

以上のような事態を受けて、教皇グレゴリウス九世はラテン帝国を支援するための十字軍の組織化を進めた。しかし、そのさなかの一二三七年三月二三日、ジャン・ド・ブリエンヌがこの世を去り、十字軍計画も頓挫することとなった。

ボードゥアン二世・ド・クルトネーのヨーロッパ遊説

ヴェネツィアの力を見たイヴァンは、再び教皇庁およびフランク人に歩み寄っていった。婚姻関係などを通じて関係を強化していたクマン人の支援も受けて、一二三七年、イヴァン指揮下のブルガリアとラテン帝国の連合軍は、ヨハネスの支配下に置かれたトラキアの町ツルルム（現チョルル）を包囲した。しかし、イヴァンは再びヨハネスと同盟を結んだ。これに対して、教皇グレゴリウス九世はイヴァンの元義兄弟であるハンガリー国王ベーラ四世に対イヴァンの十字軍を呼びかけた。しかし、モンゴル人の脅威に苦しむベーラにその余裕はなく、グレゴリウスもコンスタンティノープルの防備強化のためのわずかな資金援助以外は何もできなかった。

一方で義父の死を受けて、ボードゥアン二世はフランスに向かった。ジャンおよび妻マリーがヨーロッパ内に有する所領の整理もあるが、ラテン帝国のための人力・資金援助を求めるためでもあった。パリに至った彼は、フランス国王ルイ九世とその妻ブランシュ・ド・カスティーリャに謁見した。ブランシュは妻マリーの大叔母にあたる人物でもあった。翌一二三八年には、イングランド国王ヘンリ三世の下も訪れた。英仏両王国でラテン帝国への援助を訴えたが、反応は鈍かった。多くの者が聖地に向かうことを望んだからであった。その間、コンスタンティノープルが危機的状況にあるとの報告がボードゥアンの下にきた。急ぎコンスタンティノープルに戻ろうとするも、神聖ローマ皇帝兼シチリア国王の、そして依然としてエルサレム国王を自称していたフリードリヒ二世の妨害により、ボードゥアンが帰還できたのは一二三九年のことであった。ボードゥアン不在中のコンスタンティノープルは、ヴェネツィア軍によって死守されていた。ボードゥアンの帰還を受けて、一二四〇年、フランク人とクマン人の連合軍はツルルムの占領に成功した。

この連合軍から離脱していたイヴァン二世は、約一〇年間におよんで捕虜としていた前エピロス専制侯テオドロスの娘エイレーネーと結婚し、テオドロスを釈放した。テオドロスは弟のマヌエルをテサロニキから駆逐し、息子のヨハネスをその支配者に据えた。しかし、エピロス専制侯国は、マヌエルが侯に任じていたミカエル二世アンゲロス・コムネノスの手中にあり、テオドロスに抵抗した。結果として、イヴァンの行為は、エピロス専制侯国の分裂と弱体化を招くこととなった。

ブルガリア帝国も、一二四一年にイヴァンを失った後、弱体化する傾向を見せた。しかし、同年のグレゴリウス九世の死とその後の二年間の教皇座の空位は、教皇庁を頼りにしていたボードゥアンにとっては大きな痛手であり、近隣諸国の弱体化という好機を活用することができなかった。このような状況で優位に立ったのは、ニカイア皇帝ヨハネスであった。彼はヨーロッパ側への侵攻を繰り返したが、モンゴル軍がルーム・セルジューク朝を破ったとの報によって、ヨハネスは小アジアをより重視せざるをえなくなった。

モンゴルの脅威と二度目のボードゥアン渡欧

当該地域においてモンゴル軍の脅威を最初に受けたのは、ルーム・セルジューク朝であった。スルタンのカイホスロー二世は、ラテン帝国に歩み寄った。ギリシア人を母にする彼は、自領内にキリスト教会を設置するのみならず、自らもキリスト教に改宗することをほのめかして、ボードゥアン二世と同盟関係を築いた。フランク人の皇族の女性との婚姻も約束されたが、ボードゥアンには女子がなかった。そこで彼は、フランス国王妃ブランシュ・ド・カスティーリャに相談を持ちかけたが、返事はなかった。そのような中で一二四三年六月二日、上記のようにモンゴル軍がカイホスローを破ったのである。

これに脅威を感じたニカイア皇帝ヨハネス三世は、カイホスローと同盟を結んだ。すでに後者はモンゴルに朝貢することを余儀なくされ、ルーム・セルジューク朝はモンゴル帝国の属国となっていたが、いずれにせよヨハネスは小アジアの動向を注視せざるをえなくなった。

このころのボードゥアン二世は、フランス国王ルイ九世に聖遺物を売却するなどして、資金集めに奔走していた。そして、一二四三年の末もしくは一二四四年の初頭、再びヨーロッパに来訪した。一二四四年の春には、当時相争っていた神聖ローマ皇帝フリードリヒ二世と教皇インノケンティウス四世との間の関係回復の仲介役となり、前者を動かしてヨハネス三世との間に休戦協定を締結させた。翌一二四五年の六月二八日には第一リヨン公会議に出席し、同会議ではラテン帝国救援のための十字軍が呼びかけられた。しかし、この会議で最も重要な議案は、再び関係を悪化させていたフリードリヒ二世の廃位および破門であった。その理由の一つに、ボードゥアンのとりなしによる休戦協定の条件の一つであったことから生じた、フリードリヒの娘コンスタンツェとヨハネス三世との結婚が挙げられた。

一二四八年一〇月までには、ボードゥアンはコンスタンティノープルに戻った。彼の二度目の渡欧も思うような成果を生むことはできず、後継ぎの息子フィリップを抵当に入れてヴェネツィア商人から借金するまでに至った。ボードゥアンの帰還と入れ替わりに、妻マリーが資金集めのためにヨーロッパに向かった。

ニカイア帝国の勢力拡大

ボードゥアン二世の不在中、モンゴルの脅威が収まりを見せ、ニカイア皇帝ヨハネス三世は再びヨーロッパ側に勢力を注ぐ余裕を得た。一二四六年にヨハネスはヨーロッパ側に侵攻したが、折しもブルガリア皇帝カリマン一世が死去し、マケドニアの大部分が無血でヨハネスの下に転がり込んできた。また、テサロニキ専制侯国ではテオドロス一世の息子のヨハネスが死去して弟のデメトリオス二世が跡を継いでいたが、テサロニキ市民たちは反乱を起こして町をニカイア皇帝ヨハネスに差し出した。この結果、ヨハネスとエピロス専制侯ミカエル二世が相対することとなった。

ただし、一二四七年に神聖ローマ皇帝フリードリヒ二世との間の休戦協定が期限を迎えたことを受けて、ヨハネスはラテン帝国領への攻撃を優先した。ツルルムが攻撃され、ヴィズヤが占領された。コンスタンティノープルも危機的状況に陥ったが、ジェノヴァとアカイア侯国の連合軍によるロドス攻撃が、ヨハネスの視線をコンスタンティノープルからそらした。

なんとかヨハネスの攻勢を退けたボードゥアン二世は、一二四九年、十字軍士としてエジプトのダミエッタに滞在していたフランス国王ルイ九世の下を訪れた。借金のためであった。一二五一年にも、当時アッコンに滞在していたルイから借金をした。一方、教皇インノケンティウス四世は、一二四九年五月にフランチェスコ会総長ジョヴァンニ・ダ・パルマをニカイア皇帝ヨハネスの下に派遣し、教会合同の道を模索していた。この姿勢は一二五二年まで維持され、したがって、その間はラテン帝国を救援するための大規模な十字軍計画がなされることはなかった。

コンスタンティノープル攻略に苦戦していたヨハネスは、一二四九年ごろ、孫（次期皇帝テオドロス二世ラスカリスの娘）マリアと、エピロス専制侯ミカエル二世の息子ニケフォロスとを結婚させることで、ミカエルを牽制した。しかしミカエルは、盲目でありながらいまだ健在であったかつてのエピロス専制侯テオドロス一世の助言により、対ヨハネスのための準備を整えていた。

この不穏な動きを察知したヨハネスは、一二五二年、エピロス専制侯国領に侵攻し、エピロスおよびアルバニア地域の多くを獲得した。

このようにして、コンスタンティノープル攻略のための外堀をさらに埋めることに成功したヨハネスであったが、彼が選択したのは、軍事ではなく外交政策であった。一二五四年、彼は教皇庁に使節を送り、ローマ教会の優位性を認める代わりに、コンスタンティノープルの返還を要求した。教皇インノケンティウス四世も、教会合同が達成されるのであれば、コンスタンティノープルを明け渡すことを示唆した。しかし、この計画は同年の両者の死によって一時立ち消えとなった。二年後の一二五六年、インノケンティウスの後を継いだアレクサンデル四世は、ヨハネスの跡を継いだテオドロス二世に改めてかつての計画について交渉するが、決裂に終わった。これらの教皇側の背後には、ラテン皇帝ボードゥアン二世が、教皇と敵対する神聖ローマ皇帝フリードリヒ二世の庶子にして、実質的にシチリア国王となっていたマンフレーディと親密な関係を構築していたことがあった。

テオドロス二世はラテン帝国をはじめとする近隣諸国に強硬姿勢を見せたが、事を進展させることはできずに一二五八年に三八歳の若さで死去した。跡を継いだヨハネス四世は、わずか八歳であった。このような中で台頭してきたのが、ラテン人の傭兵隊を束ねる軍事長官ミカエル・パレオロゴスであった。一二五九年の夏、現在のギリシア共和国と北マケドニア共和国の国境近くに位置するペラゴニア平原において、ミカエルの軍勢と、エピロス専制侯ミカエル二世、アカイア侯ギヨーム二世・ド・ヴィルアルドゥアン、そしてシチリア国王マンフレーディの派遣した軍勢からなる連合軍が衝突し、ギヨームが捕虜となるなどしてミカエルの完勝に終わった。

ラテン帝国の滅亡

ミカエルの攻勢に対して、ボードゥアン二世はテサロニキ、および同市とコンスタンティノープルとの間のすべての土地を譲渡する意思を示すなどの外交的努力を行うも、ミカエルは妥協の姿勢を見せなかった。

一方で、ヨーロッパで外交的努力を行っていたボードゥアンの妻マリーは、一つの成果を挙げていた。一二五八年、彼女はカスティーリャ国王アルフォンソ一〇世賢王より、担保としてヴェネツィアに抑留されていた息子フィリップの保釈金を融通してもらうことに成功した。その結果、一二六一年五月までには、フィリップは解放された。アルフォンソの意図はギリシア世界で影響力を持つことであり、彼の娘の一人をフィリップに嫁がせること（ただし、実現せず）、そして軍事援助も約束された。

しかし、一二六〇年初頭、コンスタンティノープルが包囲された。なんとか凌いだボードゥアン二世は、ミカエルと一年間の休戦協定の締結にこぎ着けた。ラテン帝国の困窮状態は深刻であり、ブラケルナエ王宮の屋根の鉛をはがして売却するまでになっていた。一方のミカエルは、休戦期間を利用して、外堀を埋める作業を行った。ブルガリア帝国やルーム・セルジューク朝、およびモンゴル勢力とは同盟を結ぶことに成功した。そして一二六一年三月一三日、シリア方面でヴェネツィアと聖サバス戦争のさなかにあったジェノヴァに、ニンファイオン協定の締結を求めた。ジェノヴァには商業特権と船舶の提供が約束され、最終的にはジェノヴァ政府も六月一〇日にそれを批准した。

休戦期間の切れた一二六一年春、ミカエルは二つの軍を動かした。一つは弟ヨハネス指揮下の軍であり、エピロス専制侯を牽制するためであった。もう一つは、アレクシオス・ストラテゴプロス指揮下の軍であり、ブルガリア勢力を牽制するためであった。アレクシオス軍は道中でコンスタンティノープルに脅威を与えたが、これに近隣のギリシア人たちの義勇兵が呼応した。また、コンスタンティノープル防衛の要であったヴェネツィアのポデスタのマルコ・グラデニコは、ダフヌシア（現ケフケン）を割譲するとのミカエルの計略にかかり、同地に遠征中であった。

このような状況を見たアレクシオスがコンスタンティノープルに入城すると、ボードゥアン二世は逃亡した。マルコが急ぎコンスタンティノープルに戻るも、すでにヴェネツィア人居住区は火の海であった。怪我と飢えに苦しみつつ路頭に迷っていたボードゥアンは、運よくヴェネツィア船に救助され、ネグロポンテを経由してイタリアに運ばれた。そこからボードゥアンが向かったのは、シチリア国王マンフレーディの下であった。しかし、このことはマンフレーディと対立する教皇の懐疑を招き、カスティーリャ国王アルフォンソ一〇世の支援も水泡に帰させる結果を導くこととなった。

コンスタンティノープル占領の報を受けたミカエルは、一二六一年八月一五日に同市に入城した。そして、ニカイア皇帝ヨハネス四世を幽閉したうえで、ハギア・ソフィア大聖堂においてミカエル八世としての皇帝戴冠を受けた。ここに名実ともにラテン帝国は滅亡したが、当然のことながら、ラテン・ギリシア世界の中心もモレア（中近世におけるペロポネソス半島の呼称）に移ることとなる。

第10章

フランク人支配下のモレア(1)(一二〇四―一三一一年)

ペロポネソス半島の制圧とアカイア(モレア)侯国の誕生

一二〇四年一〇月から翌月にかけて、テサロニキ国王となったボニファーチョはテッサリア地域の制圧に成功した。そこから南下し、中央ギリシア地方の中心都市の一つであるテーベを、そしてアッティカ地方の中心都市アテネを占領した。さらにはペロポネソス半島の入り口に位置するコリントを中心とするコリンティア地域を支配していた豪族レオン・スグロスを抑えて、その拠点の一つであるナフプリオを獲得した。

このようにしてボニファーチョが北東からペロポネソス半島に侵入した折、もう一人の人物が南部からペロポネソス半島を抑えていった。一二〇四年一一月、第四回十字軍に参加し、コンスタンティノープル占領の後にシリアに向かったジョフロワ・ド・ヴィルアルドゥアン(『コンスタンティノープル征服記』の同名の作者の甥)である。彼は、コンスタンティノープルに向かう道中、その船が嵐に遭ってモドン沖で座礁したため、ペロポネソス半島に降り立った。そして、在地のアルコンたちの協力を得て、モドンの近隣地域を制圧した。その後にナフプリオにいるボニファーチョに合流したジョフロワは、そこで旧知の仲の騎士ギヨーム・ド・シャンリットに出会った。

ボニファーチョから一〇〇人の騎士と四〇〇人の従者をあてがわれたジョフロワとギヨームは、コリント湾に沿うかたちでモレアに侵攻した。パトラを占領し、アンドラビダは無血開城された。さらに半島西部に出て、ボーヴォワール（ポンティコ、現カタコロ）を押さえた。キパリシアなどの住民が一二〇五年二月まで抵抗するも、各地の多くのアルコンたちは、財産や慣習の保持の承認と引き換えに、フランク人に服従していった。半島南西部のメッシニア地域を制圧すると内陸部に侵攻し、アルカディアとラコニア地域を除く全モレアを占領した。同様にモレアを狙っていたエピロス専制侯ミカエル一世からの攻撃も、退けることに成功した。

そして一二〇五年一一月、教皇インノケンティウス三世は、アカイア（モレア）

写真10－1　ナフプリオの町を望む標高約200メートルの丘の上にある城塞。現在見ることができるのは、17世紀にヴェネツィアが修復したもの（著者撮影）

写真10－2　パトラ城の起源は6世紀の皇帝ユスティニアヌス1世による建造にまでさかのぼる（著者撮影）

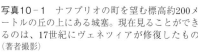

侯ギヨーム一世の誕生を承認した。侯となったギヨームは、家臣や騎士修道会のみならず、多くのアルコンたちにも土地を下封して配分した。一般のギリシア系住民たちにも、従来の権利などが認められた。

その他の諸侯領

その間、ボニファーチョは、家臣であるブルゴーニュ出身の騎士オトン・ド・ラ・ロシュにアテネ領を、イタリア出身の騎士アルベルティーノ・デ・カノッサとローランディーノの兄弟にテーベ領を下封した。ネグロポンテ領主にはフランス出身のジャック・ダヴェーヌが任ぜられたが、すぐにその地位はヴェローナ出身の騎士ラヴァーノ・ダッレ・カルチェリに引き継がれた。また、グィード・パッラヴィチーノはボドニッツァ（現メンデニツァ）辺境伯に、フランス北部のラン出身の騎士トマ・ドートルマンクールはデルフィ北西に位置するサロナの領主に任ぜられた。その他、テッサリアやマケドニア地域でも、ボニファーチョはさまざまな家臣に領土を配分した。

前章でも多少触れたが、ヴェネツィアも島嶼部を中心にさまざまな所領を得ていた。一二〇四年にボニファーチョから購入したクレタの他には、一二〇六年にはコルフ、モドン、コロンを占領した。一二〇七年にはマルコ・サヌードがナクソスを占領してラテン皇帝よりアルキペラーゴ公に任ぜられたが、事実上はヴェネツィア本国より派遣されるポデスタの監督下に置かれたことも前章のとおりである。

そのアルキペラーゴ公の下では、マルコの従兄弟であるマリーノ・サヌードがアンドロス島とスポラデス諸島北部の領主となり、ジョヴァンニ・ケリーニはアスティパレア島を、ヤーコポ・バロッツィはサントリニ島を、レオナルド・フォスコロはアナフィ島を領有した。一方で、チェリーゴ（現キティラ）島にはマルコ・ヴェニエールが、チェリゴット（現アンティキティラ）島にはヤーコポ・ヴィアロが、ヴェネツィア政府の封建家臣として領有した。コンスタンティノープル占領以前に、ケファロニア島、イタキ島、ザンテ（ザキントス）島はアプーリア出身の騎士マイオ・オルシーニによって制圧されていたが、一二〇九年に彼はヴェネツィア政府の封建家臣となった。

最後に、上に登場したネグロポンテ島について、一二一六年にラヴァーノが死去すると、ヴェネツィアのバイロ（領事）のピエトロ・バルボの提案に基づき、同島は六人の相続人で分割されることになった。同島はやがて三人の支配者が統治する体制（ネグロポンテ三頭公国）となるが、ヴェネツィアは強い影響力を保持し続けた。

以上のヴェネツィア支配下の島嶼部においては、基本的にはギリシア系住民に対して懐柔的な政策がとられた。

ジョフロワ一世とオトン一世

一二〇八年、アカイア侯ギヨーム一世・ド・シャンリットが故郷に戻り、そしてそこで没した。上記のとおり、当時のボニファーチョを失っていたテサロニキ王国で反乱が起こっていたこともあり、一二〇九年五月、ジョフロワ・ド・ヴィルアルドゥアンとアテネ領主オトンはラテン皇帝アンリの下を訪れ、忠誠を誓った。ここでジョフロワはアンリの家臣としてアカイア侯ジョフロワ一世として承認された。加えて、ジョフロワはモドン南方に位置するサピエンツァ島でヴェネツィアと協約を結び、その封建家臣ともなった。ただし、この関係は事実上は同盟であり、ジョフロワの思惑としては、それは依然としてペロポネソス半島内部に残る非征服地への侵攻を進めるための準備であった。

半島の北東部ではレオン・スグロスの抵抗が続いていたが、一二〇九年にはアクロコリント、

写真10－3　コルフには、ビザンツ帝国時代の旧要塞（パレオ・フルリオ）と、16世紀後半にヴェネツィアが造営した新要塞（ネオ・フルリオ）がある。上が旧要塞、下が新要塞（著者撮影）

写真10－4　ケファロニア島北西部に位置するアソスの山頂には、ヴェネツィアの城塞が建てられた（著者撮影）

一二一〇〜一二一一年にはアルゴスの制圧とナフプリオの再征服を果たした。スパルタのアルコンたちによる抵抗から難航していたアルカディアやラコニア地域もやがて制圧した。上記のとおり、基本的には従来の財産や慣習が維持されるかたちでギリシア系住民たちはそのまま留まったが、抵抗の激しかったアルカディアやラコニア地域では先住民たちは駆逐され、とりわけシャンパーニュ地方からの入植者で穴埋めされることとなった。ペロポネソス半島でフランク人の支配から逃れているのは、モネンバシア、タイゲトスの山岳地域（後のモレアス専制侯国の土台）や、パルノンの山岳地域のみとなった。

地図10－1　ペロポネソス半島の地域名

ジョフロワによる半島北東部への進出は、アテネ領主オトンとの間での領有権の調整を必要とさせた。その結果、ナフプリオを中心とするアルゴリダ地域は、両者の間で分割所有されることとなった。また、このころにテーベを領有していたアルベルティーノ兄弟が帰郷し、その領土もジョフロワとオトンとの間で分割された。その後にこれらの地域では、特にブルゴーニュ出身者の入植が進むこととなった。

このようにして一二一〇年代半ばには、世俗諸侯の支配領域はその輪郭を整えていったが、

写真10－5　牢獄として建てられたクレルモン城（著者撮影）

一つの問題が表面化した。それは、教会領の問題である。ラテン・ギリシア全体として、当初は教会領は征服者たる世俗領主からの封土として扱われた。しかし、征服事業が落ち着いてくると、このことが世俗領主と聖職者との間の対立を導くこととなった。教皇庁の介入の結果、ラテン帝国やアテネ領では一二一九年ごろには教会領は世俗諸侯領から切り離されるかたちで、聖俗の間で和がなされた。しかし、ジョフロワは激しく抵抗し、その結果、聖職者たちを投獄する目的で、半島の北西部にクレルモン城が建設された。この行為に対して、教皇ホノリウス三世はジョフロワを「ファラオよりも非道な神の敵」と激しく批難したうえで破門し、その支配領域を聖務停止令下に置いた。最終的には一二二三年九月四日にジョフロワも折れて、領域内における教会領の自立を認めた。

一二二五年、オトンはアテネ領を甥のギー一世・ド・ラ・ロシュに委ねて、ブルゴーニュに帰郷した。一二二八年にはジョフロワも死去した。同じころには、アルキペラーゴ公マルコ・サヌードも死去し、その地位は息子のアンジェロに受け継がれた。このようにして、ラテン・ギリシアの世界では一つの時代が終わった。

安定期の到来

ジョフロワ一世の作った土台を受け継いだのが、息子のジョフロワ二世・ド・ヴィルアルドゥアンであった。すでに一二一七年、彼はラテン皇帝ピエール・ド・クルトネーの娘アニュエスとの婚姻により、ラテン帝国との結びつきを強めていた。ジョフロワ二世はラテン皇帝および同帝国への支援を惜しまず、たびたびのコンスタンティノープルの危機的状況も救うこととなった。

また、史料上では寛大な良き人物として描かれる彼であるが、在地のギリシア系住民たちとも良好な関係にあり、領内の産業・経済は安定・発展していった。このような彼のパーソナリティーもあってのことであろう、一二三六年にはケファロニア伯の地位にあったマイオ・オルシーニがジョフロワ二世の封建家臣となった。

困窮に苦しむラテン帝国とは異なり、経済的に安定していったのはアカイア侯国だけではなかった。アテネ領も、特にテーベの絹織物産業に支えられて豊かになった。そのテーベの支配をより安定させるために、一二四〇年、ギー一世は娘のボンヌ・ド・ラ・ロシュとの結婚を成立させたうえで、テーベ領の半分を家臣のベーラ・サントメールに委ねた。

一二四六年、ジョフロワ二世が嗣子なくして死去したため、アカイア侯位は弟のギヨーム二世・ド・ヴィルアルドゥアンに移った。そのギヨームは一二四八年、いまだ征服されていなかったモネンバシアと、タイゲトスの山岳地域の獲得に成功した。また、スパルタの町を監視するために、ミストラの城塞都市が建設された。ただし、いずれの制圧も、軍事活動は伴ったものの、基本的には現地住民にそれまでの特権などを認める、という外交的なかたちで達成された。このことは、すでにフランク人の支配がペロポネソス半島に深く根を下ろしていた結果であると言え

写真10－6　モネンバシアは島であるが、ペロポネソス半島とは橋で結ばれている。その独特の形をした島の上部には、ヴィネツィアによって城塞が建造された（著者撮影）

写真10－7　スパルタの町を見下ろす山の頂きに建てられたミストラ城（著者撮影）

よう。

　その翌年の一二四九年、フランス国王ルイ九世が、第六回十字軍の遠征の道中でギヨームを訪問した。ギヨームの妻はラテン帝国のバイイも務めたナルジョ・ド・トゥシーの娘であったが、彼女はルイの従姉妹に当たる人物でもあった。そのままギヨームはルイの十字軍に参加し、一二五〇年五月に帰還した。一二五〇～一二五五年にはアカイア侯国は安定期を迎え、ギヨームは実質上のラテン・ギリシアの盟主となった。しかし、その後のギヨームは大きな混乱の波の中を漂うこととなる。

内紛とペラゴニアの戦い

上記のように、ネグロポンテ島では一二一六年の領主ラヴァーノの死後、最終的には三人の統治者が並立する支配体制をとることとなったが、相続権争いが続いた結果として一二五五年、事実上のラテン・ギリシアの盟主となったギヨームが介入し、強い影響力を誇っていたヴェネツィアのバイロを駆逐した。その結果、ギヨームとヴェネツィアが対立することとなった。ギヨームはジェノヴァと提携したが、ヴェネツィア側にアテネ領主ギーの弟ギヨームがついたことにより、アカイア侯対アテネ領主という対立構造を持つこととなった。

最終的には一二五八年の春、アカイア侯ギヨームがテーベに侵攻して勝利したために、ギー兄弟はギヨームにオマージュをなすことを余儀なくされた。しかし、これを不服としたギーは一二五九年の春にフランス国王ルイ九世の下に向かった。ギーがどのような成果を挙げたのかについて詳細は不明であるが、一二六〇年の春、彼は「アテネ公」という称号を携えて帰還した。

一方、アテネ領主を抑えることに成功したギヨームは、一二五八年に自身としては三度目となる結婚を、エピロス専制侯ミカエル二世の娘アンナとの間に成立させていた。このようにしてミカエル二世との距離を縮めた結果として迎えたのが、前章で述べたペラゴニアの戦いである。一二五九年一〇月、ギヨーム捕縛されるとの報を受け取ったアカイア侯国では、妻アンナがバイイとなり侯国の舵取りを任された。一二六〇年春にアテネ公として帰還したギーも、このときはアンナのサポート役となった。コンスタンティノープル陥落後の一二六一年の末、ギヨームはモネンバシア、ミストラ、（大）マニの三つの城塞をビザンツ皇帝ミカエル八世に割譲することで釈放された。

アカイア侯国の内部状況

ラテン帝国の滅亡はラテン・ギリシアに第二局面をもたらしたが、そこに話を移す前に、一三世紀半ばのアカイア侯国およびその周辺域の内部状況について確認しておこう。

まずは騎士の数について、アカイア侯国、アテネ公国、ネグロポンテ三頭公国、アルキペラーゴ公国、ケファロニア伯国をあわせると、およそ五〇〇〜六〇〇人であったと言われる。そこにフランク人に服従したアルコンたちを加えたものが、この地域の戦力であった。アカイア侯の第一拠点はアンドラビダであったが、その他にコリント、クレルモン、ボーヴォワール、カラマタに侯の居城が置かれ、侯不在時にはカピタネイ（城代）によって管理された。

侯に次ぐ者としては一二人の上級貴族がおり、その諸侯領が形成された。アカイア地域ではパトラ、ボスティツァ（現エギオ）、カランドリツァ、カラブリタに各諸侯の拠点が置かれた。アルカディアおよびアルゴリダ地域ではマタグリフォン（現アコバ）、カリタイナ、ベリゴスティ、ニクリ（現テゲア）が、メッシニア地域ではグリツェナ（もしくはグリトゼナ、カラマタ北方、現在地不明）と侯の居城も置かれたカラマタが、ラコニア地域ではゲラキ、パッサヴァン（現パッサバス）に各諸侯の拠点が置かれた。これらに加えて、騎士修道会の所領も封として位置づけられた。

これらの諸侯領では、さらにそのフランク人家臣たちに所領が下封されたが、フランク人領主に忠誠を誓ったアルコンたちは、封というかたちをとりつつも、実質的には自由財産としてそれまでの財産が保障された。このようにして、アカイア侯国支配下のペロポネソス半島は封として細分化されたが、おしなべてギリシア系住民をはじめとする現地住民の支配は比較的緩やかであった。交易都市、商業都市や産業都市には自治権が認められ、農村部においては、パロイコイ（農民）たちには納税と賦役（体僕）の義務が課されたが、その財産は自由財産として認められた。

司教区

上述のとおり、アカイア侯国をはじめとするラテン・ギリシアでは、当初は教会領も俗人領主から授かる封として位置づけられたが、一二二〇年代より独立したものとして承認されていった。では、ここでアカイア侯国とその周辺域の司教区についても確認しておこう。

当該地域には四つの大司教座が置かれたが、最上位に位置するのはパトラ大司教であった。同大司教の下には、アカイア侯国の主都アンドラビダにはオレーナ司教座、ヴェネツィア支配地域のコロン司教座とモドン司教座、そしてケファロニア司教座と四つの属司教座が置かれた。コリント大司教管区には、アルゴス、ラケダエモン（またはスパルタ）、モネンバシアに司教座が設置された。残る二つの大司教座はアテネ公国領内にあり、アテネ大司教座とテーベ大司教座である。前者の下には、ボドニツァのテルモピラエ司教座、サロナ司教座、ダウリア司教座に加えて、島嶼部にはネグロポンテ司教座、エギナ司教座、アンドロス司教座が設置された。後者の下には、カストリアとザラトヴォ（現サランダポロ）に司教座が置かれた。

アテネ大主教が逃亡したことを例外として、ギリシア正教会は基本的には以前のままに維持された。しかし、俗人のギリシア系住民とは対照的に、ギリシア正教会の聖職者に対するフランク人の扱いは、まるで奴隷のようにひどかったと言われている。

いずれにせよ、カトリック教会とギリシア正教会の併存、および俗人フランク人と俗人ギリシア人の併存は、徐々にではあるが両者の間で婚姻による結びつきを進行させ、一三世紀半ばまでにはガスムロイと呼ばれる混血児が多くみられるようになっていった。

第二局面の入り口

ここで話をペラゴニアの戦いとその後に戻そう。コンスタンティノープルの陥落により、ラテン・ギリシアの世界は必然的に第二局面に入っていくこととなる。

一二六一年末にミストラなど三つの城塞と引き換えに釈放されたアカイア侯ギヨーム二世であったが、さらに翌一二六二年、改めてビザンツ皇帝ミカエル八世との間で和平協定が結ばれ、ギヨームはさらにパッサヴァンとゲラキを割譲せざるをえなかった。このような危機的な状況の中で、同年五月一六日、ギヨームはネグロポンテを巡って争っていたヴェネツィアと和解した。

しかし、一二六三年に入ると、トルコ人傭兵隊を含むビザンツ軍が、モネンバシアからの侵攻を開始した。一二六四年の春にはニクリが包囲され、ビザンツ軍はメッセニアまで進軍してきたが、ギヨームもトルコ人傭兵隊を活用し、なんとか凌いだ。海上からもビザンツ帝国とジェノヴァの連合軍が攻撃を激化させたが、ヴェネツィアがそれに対応した。このような事態に介入してきたのが、教会合同を視野に入れた教皇ウルバヌス四世であった。

その結果、一二六五年にはヴェネツィアとミカエルとの間で和平が成立し、ヴェネツィアにはコンスタンティノープルにおける商業特権が認められた。ミカエルは息子のアンドロニコスと、ギヨームの娘イザベルとの婚姻を持ちかけるも、アカイア侯国の貴族たちの反対により、それは実現しなかった。しかし、ミカエルとギヨームとの間にも和平は成立した。

この間、ギヨームたちが最も期待を寄せたのは、シチリア国王マンフレーディが十字軍を率いてラテン・ギリシアにやってくることであった。しかし、そのマンフレーディ自身が、十字軍の攻撃対象となった。対マンフレーディの十字軍を率いたのが、フランス国王ルイ九世の末弟であるプロヴァンス兼アンジュー伯シャルル一世であった。

ヴィテルボ協約

一二六六年二月二六日、ベネヴェントの戦いでマンフレーディを敗死せしめ、名実ともにシチリア国王となったシャルル一世（イタリア語読みではカルロ一世）は、すでに第六回十字軍の際にアカイア侯ギヨーム二世と出会っていた。また、ギヨームの妻アニュエスは、シャルルの従姉妹に当たる人物であった。

すでに旧知の仲であったシャルルとギヨームは、一二六七年五月二四日、教皇クレメンス四世の立ち会いの下で、ヴィテルボ協約を締結した。その骨子は、ギヨームを軍事支援する見返りとして、シャルルはアカイア侯国の宗主権を得ること、ギヨームの娘イザベルとシャルルの息子のうちの一人との婚姻が約束されたうえで、その間に生まれた子どもが将来アカイア侯になること、もしその子どもがギヨームより先に死去した場合であっても、アカイア侯位はシャルルかその後継者に移行すること、であった。

さらにその三日後には、ラテン皇帝ボードゥアン二世とシャルルとの間でも協約が結ばれ、シャルルがボードゥアンに二〇〇人の騎兵を提供する見返りに、ボードゥアンはアカイア侯国、アルキペラーゴ公国、ヴェネツィア領コルフなどの宗主権をシャルルに認めることが約束された。

このようにして、ラテン・ギリシアの全域は、シチリア王国の属国となった。その結果、確かにギヨームたちはシャルルからの支援を受けたが、シャルルに対する軍事奉仕義務も生じた。例えば、シチリア国王位の奪還を狙った神聖ローマ皇帝兼シチリア国王フリードリヒ二世の孫のコンラーディンは、一二六八年八月二三日のタリアコッツォでシャルルに敗れるが、その戦いにはギヨーム以下のモレアの騎士たちも従軍した。また、シャルルは一二七二年よりアルバニア国王も名乗るが、シャルルによるアルバニア制圧の土台作りをしたのもギヨームであった。

一二七一年五月二八日、ヴィテルボ協約に基づいて、イザベルと、シャルルの息子フィリップとの間に婚姻が成立した。そしてシャルルは、自身およびイザベル夫妻の代理人として家臣のドロー・ド・ボーモンをアカイア侯国に派遣した。これによってモレアへの侵攻が難しくなったと見たビザンツ皇帝ミカエルは、攻撃の対象を内紛の中にあったネグロポンテ三頭公国に向けた。しかし、その試みもギヨームとドローの遠征によって実を結ぶことはなかった。

アルバニアを巡る攻防

次にミカエルが目を向けたのは、テッサリア地域であり、一二七五年春より侵攻を開始した。当時、同地域の多くは、エピロス専制侯ミカエル二世によってネオパトラス公に任じられていた庶子ヨハネス・アンゲロス・コムネノスの支配下に置かれていたが、ヨハネスが救援要請を行ったのが、一二六三年に父ギー一世の跡を継いでアテネ公に登位していたジャン一世・ド・ラ・ロシュであった。ジャンの援軍を受けたヨハネスは、ビザンツ軍を退けることに成功した。

そのころ、海上においては、再びネグロポンテを狙ったビザンツ軍と、ネグロポンテとヴェネツィアの連合軍が戦っていたが、三頭公の一人であるグィレルモ二世・デ・ヴェローナをはじめとする多くの者が捕虜とされるなど、フランク人側の被害は甚大であった。そして、一二七六年に再開されたテッサリア侵攻においては、アテネ公ジャンや、援軍に駆けつけたネグロポンテ三頭公の一人であるギルベルト・デ・ヴェローナが捕虜とされた。アルバニア方面においても、一二七四年の段階でベラトを押さえるなど、ビザンツ皇帝ミカエルは徐々に勢力を伸ばしていた。さらに彼は、一二七七年までにはラコニアやアルカディア地域を勢力圏に入れるなどして、モレアにおい

写真10−8 「千の窓の町」として有名なベラトは、現在では世界遺産に認定されている（著者撮影）

ても優位に立ちつつあった。

一方、アカイア侯国では、将来の侯の父となるべきフィリップ・ダンジューが、一二七七年二月、二一歳の若さで子どもをもうけることなくして死去した。その三か月後の五月一日、アカイア侯ギヨームが、カラマタの居城で死去した。死の間際に、彼はバイイとして大軍務長官のジャン・ショードロンを指名したが、ヴィテルボ協約に基づいてアカイア侯となったシャルル一世・ダンジューは、自身のバイイとしてガレラン・ディヴリを派遣した。しかし、ガレランは在地の慣習を無視した統治を行ったために解任され、一二八〇年八月に派遣された後任のフィリップ・ド・ラゴネーズの下で、ようやくシャルルによる支配は落ち着きを見せることとなった。

また、アテネ公国では、公ジャンが死去し、弟のギヨーム一世・ド・ラ・ロシュがその跡を継いでいた。彼はネオパトラス公ヨハネスの娘ヘレナと結婚することでネオパトラス公国との関係を強化し、それによって勢力を盛り返すことに成功した。

これらの結果、フランク人勢力とビザンツ帝国との争いの舞台はアルバニアに重点を移すこととなった。アルバニア国王でもあったシャルルは、同地をコンスタンティノープル侵攻のための拠点にしようと考えていたが、それを確固たるものとすべくさまざまな外交政策を展開していた。エピロス専制侯ニケフォロス一世、セルビア国王ステファン・ドラグティンや一二八二年にその跡を継ぐこととなる弟のステファン・ウロシュ二世、ブルガリア皇帝ゲオルギ一世テルテルとの間に協調関係を築くことに成功した。そして一二八〇年、シャルルはユーグ・ド・シュリーを統率者とする軍隊を派遣し、ベラトを包囲させた。しかし、ユーグは捕縛され、軍隊はアヴローナへの撤退を余儀なくされた。

敗北を喫したシャルルは、一二八一年六月にはヴェネツィアとの間にオルヴィエート協約を締結し、二年後の一二八三年四月一日出発が予定された第二次侵攻のための準備を行った。シャルルによる第二次アルバニア侵攻を牽制するため、ビザンツ皇帝ミカエルは、元シチリア国王マンフレーディの娘婿にして、シチリア国王位を狙うアラゴン国王ペドロ三世と接触した。

その結果として起こったのが、一二八二年三月三〇日のシチリアの晩禱である。アンジュー家の支配に対するシチリア島住民の反乱に端を発するこの事件は、最終的には八月二八日、シチリア島に上陸したペドロがシャルルの勢力をナポリまで撤退させて、シチリア国王を名乗るかたちで結末を迎えたが、当然のことながらこの間のシャルルはシチリアの問題に専念せざるをえず、アカイア侯国やアルバニアに配備していた軍も召喚せねばならなかった。ただし、シャルルにとって幸運であったのは、一二八二年一二月のミカエルの死であり、その後を継いだ長男アンドロニコス二世パレオロゴスが父親ほどの力を有していないことであった。対セルビア王国や対エピロス専制侯国に苦戦するアンドロニコスにも、アルバニアに手を出す余裕はなかった。

フローラン・ド・エノーの統治期

一二八五年一月七日、シチリア島を追われてナポリ国王に収まっていたシャルル一世・ダンジューが死去した。その跡を継いだのは息子のシャルル二世・ダンジューであったが、彼は一二八四年六月から一二八九年の間、ペドロ三世の雇用したカタルーニャ傭兵団の捕虜となっていた。

その間のアカイア侯国の舵取りは、バイイとなったアテネ公ギヨーム一世が、そして一二八七年に彼が死去するとアテネ公の地位を継いだ息子ギー二世が担った。ただし、当時ギーはわずか七歳であったため、さらにそのバイイとしてテーベ領主ニコラ二世・ド・サントメールが任命された。ニコラは、一度目の結婚はアンティオキア侯ボエモンド六世の娘マリーと、二度目の結婚はアカイア侯ギヨーム二世の未亡人でエピロス専制侯ミカエル二世の娘アンナと行うなど、ラテン・ギリシアにおける最有力者として認められていた。一二八九年にニコラが没すると、バイイの地位は彼に次ぐ実力者のボドニツァ領主ギー・ド・シャルピニに移った。

このようにして、ラテン・ギリシアではアンジュー家による支配が弛緩していたが、一二八九年に釈放されたシャルル二世は、宗主権を保持しつつも、アカイア侯位をギヨーム二世の娘イザベルに返還した。ただし、シャルル二世のとりなしによって、同年九月一六日のナポリにおいて、イザベルはフローラン・ド・エノーとの婚姻を成立させた。

フローランは、エノー伯ジャン二世・ダヴェーヌの弟であり、初代ラテン皇帝ボードゥアン一世の玄孫、初代ネグロポンテ領主のジャック・ダヴェーヌの大甥、さらにはシャルル二世とも親類関係にあった。イザベルとの婚姻によってアカイア侯となったフローランがまず行ったのは、ビザンツ皇帝アンドロニコス二世との和平協定の締結であった。その一方で、ビザンツ帝国とジェノヴァの連合軍に苦しめられていた、妻の叔父に当たるエピロス専制侯ニケフォロスを支援し、その窮状から救った。一二九四年、全モレアの宗主権は父シャルル二世より息子のターラント侯フィリップに下封されたが、フィリップとエピロス専制侯ニケフォロスの娘タマルとの結婚を仲介したのはフローランであった。

このように、巧みな外交政策を展開していたフローランを苦しめたのは、アテネ公との闘争であった。一二八七年、アテネ公国は公ギヨーム一世を失った。未亡人となったヘレナは、アテネ公位を継いだもののいまだ幼少であるギー二世のバイイとなった、野心家のユーグ・ド・ブリエンヌと再婚した。一二八九年一二月、アカイア侯となったフローランは、ヘレナにオマージュをなすように要求するも、彼女は拒否した。このようなやりとりが何度か繰り返された末の一二九一年、ユーグもオマージュは直接にシチリア国王シャルル二世にすべきである、としてフローランへの臣従を拒否した。宗主のシャルル二世は事を荒らげないようにするために両者をなだめようとするも、事態は変わらなかった。最終的にはモレアの宗主となったターラント侯フィリップがアテネ公国側の主張を無効とし、フローランの勝利に終わった。そして、成年に達したアテネ公ギー二世が、一二九六年にフローランにオマージュをなした。

以上のようにしてアテネ公国との関係の問題が決着を見たが、その翌年一二九七年一月二三日、フローランは、妻イザベルと娘マオーを残してこの世を去った。

フィリップ・ド・サヴォワの廃位

残されたイザベルは、アカイア侯のバイイとしてケファロニア兼ザンテ伯リッカルド・オルシーニを任命したが、いち早い男性のアカイア侯の誕生が必要であった。そこにビザンツ皇帝アンドロニコス二世が息子ヨハネスとの結婚を持ちかけてきたが、イザベルはそれを拒否した。ただし、これによる関係悪化を避けるために、宗主であるナポリ国王シャルル二世はアンドロニコスとの和平交渉に入り、一三〇〇年以降にそれは本格化した。その一方で、一二九九年には娘マオーとアテネ公ギー二世の婚姻が成立し、アカイア侯国とアテネ公国との関係が強化された。

イザベルの再婚相手探しはヨーロッパ世界に向けられ、一二九八年にはピエモンテ伯にしてサヴォワ伯であったアメデー五世の甥のフィリップ・ド・サヴォワとの交渉に入った。一三〇〇年、聖年を祝うためにローマを訪れたイザベルはそこでフィリップと出会い、婚姻の意志を固めた。シャルルはこの結婚に反対したが、教皇ボニファティウス八世の説得によりそれを承認し、一三〇一年二月一二日、婚姻の儀が執り行われた。それを受けて、同月二三日、シャルルはアカイア侯領をフィリップに下封することで、その侯位を認めた。

このようにして誕生したアカイア侯フィリップであったが、フローランに比べてその統治能力は劣っていたようである。特に問題であったのが、フィリップによる在地の慣習の無視であった。その結果、アカイア侯国の軍務副長官にあったテーベ領主ニコラ三世・ド・サントメールを中心とする反乱が起こった。最終的にはイザベルのとりなしで収まるも、このようなモレアでの騒乱に乗じて、エピロス専制侯ニケフォロス二世の未亡人アンナがテッサリアに侵攻してきた。これを退けたのは、フィリップの義理の息子となったアテネ公ギーであった。

アカイア侯国の混乱はこれらに留まらなかった。このころ、スコルタ地域のアルコンたちも反乱を起こしたが、その原因はフィリップによる増税であった。この反乱も鎮火されるも、フィリップの貪欲さは、自分の身を滅ぼすこととなった。

一三〇二年より、シャルル二世および義理の息子に当たるターラント侯フィリップの影響力からの脱却を目指したエピロス専制侯アンナは、金銭と引き換えにシャルルの軍勢の動きを止めるようにフィリップに打診した。宗主シャルルへの従軍義務を持つ彼は、例えば目的もなくコリントで会議を開催するなどして、アンナからの要請を実行に移した。これに対してはシャルルが強く介入し、一三〇四年一〇月九日、フィリップはシャルルより全モレアの宗主権を下封されていたターラント侯フィリップへの屈服の証としてのオマージュをなさざるをえなくなった。これによってアカイア侯国における問題は解決を見たが、このころにフィリップ・ド・サヴォワの故地のピエモンテでは対アンジュー家の戦いが展開されており、フィリップも陰日向になって親族を支援していた。ついに一三〇六年六月五日、シャルル二世はアカイア侯フィリップの廃位を宣言した。これにより、アカイア侯国はターラント侯フィリップの直轄下に置かれることとなった。なお、一三一一年五月ごろ、イザベルが渡欧中に死去した。翌年にフィリップ・ド・サヴォワは再婚したが、その後も彼および彼の後継者たちは、アカイア侯の称号を用い続けた。

ナポリ国王の直轄地として

アカイア侯フィリップ・ド・サヴォワの廃位を宣言した宗主のターラント侯フィリップ・ダンジューは、すぐさま一万人の軍勢を率いてモレアに向かい、エピロス専制侯国への攻撃を開始した。しかし、攻撃中に疫病が流行し、イタリアへの撤退を余儀なくされた。

上記のとおり、フィリップ・ド・サヴォワはその後もアカイア侯を自称し続けたが、ピエモンテにおけるアンジュー家とサヴォワ家の衝突が収束した一三〇七年五月二日、フィリップ・ダンジューが名実ともにアカイア侯であることが確認された。彼は、前アカイア侯イザベルの娘マオーと結婚していたアテネ公ギー二世をバイイに指名してモレアの統治に当たらせた。ギーは有能な統治者であったが、一三〇八年一〇月五日に二八歳の若さでこの世を去った。彼の死とともに、長年アテネ公国を支えてきたラ・ロシュ家も断絶した。

ギーの後釜を巡って、二人の人物が次期アテネ公として名乗りを上げた。一人がレッチェ伯ゴーティエ・ド・ブリエンヌ、もう一人がキプロス王国領内のラピトス（現ラプタ）領主エシーヴ・ディブランであり、いずれも母方の家系を通じてギーとは従兄弟・従姉妹の関係にあった。アテネ公国領内の諸侯たちによる協議の結果、前者がアテネ公ゴーティエ五世として選出された。

しかし、全モレアのバイイの職は空位のままであった。そこでターラント侯フィリップは、まずは一三〇九年に未亡人となったマオーの再婚相手として、自身とタマルとの間に生まれた長男シャルルを提示した。そのうえで、バイイとしてナポリ王国の軍務副長官ベルティーノ・ヴィスコンティをモレアに送り込んだ。やがて、バイイの職務はトマーゾ・デ・マルツァーノに引き継がれ、彼はミストラの奪還を試みたが失敗に終わった。

カタルーニャ傭兵団の侵攻

話は少し遡るが、一三〇二年八月三一日、長らく相争っていたアンジュー家とアラゴン王家との間でカルタベロッタの和が締結された。対アンジュー家のためにアラゴン国王によって雇用されていたカタルーニャ傭兵団は、その後はビザンツ皇帝アンドロニコス二世によって、小アジアに誕生して勢力を拡大しつつあった対オスマン朝戦に活用された。しかし、事態が一時的に落ち着くと、傭兵団は職を失うこととなった。

そこで傭兵団に目を付けたのが、フランス国王フィリップ四世の弟のヴァロワ兼アンジュー伯シャルルであった。このシャルル・ド・ヴァロワは、一三〇二年にラテン皇帝ボードゥアン二世の曾孫にあたるカトリーヌ・ド・クルトネーと結婚しており、ラテン・ギリシアに大きな関心を寄せていた人物であった。彼は傭兵団を活用することで、ラテン帝国の復活も視野に入れていたようである。

しかし、傭兵団はシャルルのコントロール下から外れていき、一三〇九年にテッサリアへの侵攻を開始した。当時テッサリアを支配下に置いていたのは、ネオパトラス公ヨハネス・アンゲロス・コムネノスであり、彼がアテネ公を務めたラ・ロシュ家の面々とは協調関係にあったことは上記のとおりである。しかし、その後に彼は親ビザンツ政策をとるようになり、領内のフランク人を駆逐し始めた。一方で、一三〇八年にアテネ公となったゴーティエ・ド・ブリエンヌは、テッサリアへの領土拡大を目指していた。そこにカタルーニャ傭兵団がやってきたのであった。

一三一〇年春、今度はゴーティエを雇用主とした傭兵団は、彼とともに再度テッサリアに侵攻し、ジトゥニオン（現ラミア）、ドモコス、アルミロス、デメトリアス（現ボロス近郊）などをはじめとするテッサリア地域の多くを占領した。傭兵団は占領地の南部の領有を要求したが、ゴーティエはそれを拒絶したばかりでなく、約束の賃金の支払いも行わなかった。そして、一三一一年三月、約六〇〇〇~八〇〇〇と言われる数のカタルーニャ傭兵団と、ゴーティエとの間で戦闘が起こった。三月一五日、近隣諸国の援助を受けて倍の数を誇ったゴーティエ軍であったが、テーベ西方のコパイス湖の戦いで敗戦し、ゴーティエも斬首された。ゴーティエの支援に駆けつけたアルキペラーゴ公グィレルモ一世・サヌードや、エギナ領主ボニファーチョ・デ・ヴェローナなども命からがらに逃げた。この戦いで、ラテン・ギリシアのフランク人騎士の三分の一が失われたと言われている。

カタルーニャ傭兵団は、自らをテーベ領およびアテネ公領の支配者とみなし、自らの統率者をネオパトラス公とした。ここでラテン・ギリシアの世界は大きな転換点を迎えることとなるが、その後については章を改めて見ていこう。

第11章
フランク人支配下のモレア（2）（一三一一―一四六〇年）

ルイ・ド・ブルゴーニュとフェラン・デ・マヨルカ

一三一一年五月一日、教皇クレメンス五世はラテン・ギリシアの世界に多大なる損害を与え、大きな混乱をもたらしたカタルーニャ傭兵団を破門に処した。このころ、ラテン・ギリシアの支配者についても、複雑な動きを見せていた。

一三〇八年、ラテン皇帝位を継承するカトリーヌ一世・ド・クルトネーが死去すると、それはシャルル・ド・ヴァロワとの間に生まれた娘カトリーヌ二世に引き継がれた。一三〇九年にエピロス専制侯ニケフォロス一世の娘タマルとの間の婚姻関係を解消していた、全モレアの宗主であるターラント侯フィリップは、一三一三年六月二九日、カトリーヌ二世との間の婚姻を成立させることでラテン皇帝位を得た。

それと同時に、彼は宗主権は維持しつつも、アカイア侯位をフローラン・ド・エノーの娘マオーに譲渡した。一三〇八年に夫のアテネ公ギー二世を失っていたマオーには、アカイア侯国の舵取りのために新たな夫が必要とされた。そこで白羽の矢が立ったのが、ブルゴーニュ公ユーグ五世の弟であるルイ・ド・ブルゴーニュであった。そして、一三一三年七月三一日、両者の間に婚姻が成立した。ルイには、アカイア侯位のみならず、テサロニキ国王位も与えられた。このことには、ターラント侯フィリップのルイに対する期待の高さが表れている。しかし、ルイのアカイア侯国行きは、一三一五年五月九日の兄ユーグ五世の死が一因となって、一三一六年初頭まで遅れた。その間、大きな事件がモレアで生じていた。

一三一五年、マヨルカ国王ジャウメ二世（アラゴン国王ペドロ三世の弟）の三男フェランがアカイア侯位を要求し、モレア随一の港町グラレンツァ（現キリニ）にやってきた。かつてはカタルーニャ傭兵団と行動をともにしていた彼の侯位要求の根拠は、元アカイア侯ギヨーム二世・ド・ヴィルアルドゥアンの次女（イザベルの妹）マルグリットの娘で、アルゴス近郊のマタグリフォン領主であったイザベル・ド・サブランとの結婚によるものであった。かつて一三一一年の姉イザベルの死に際してマルグリットは、一三〇九年にシャルル二世を継いでナポリ国王の地位にあったロベール賢王にアカイア侯位を要請するも、それは叶わなかった。そこで彼女が目をつけたのが、カルタベロッタの和以降も勢力拡大を狙うシチリア国王フェデリーコ二世（アラゴン国王ペドロ三世の三男）であった。そして、一三一四年二月、彼は従兄弟のフェランとイザベル・ド・サブランとの婚姻を成立させたのである。

これを背景として、一三一四年の夏にマルグリットはアカイア侯を自称してモレアに行くも受け入れられず、むしろマタグリフォン領を没収されたうえでクレルモン城に投獄された。そして、一三一五年二月ごろ、獄中で没した。義母マルグリット投獄の報を受けたフェランは、フェデリーコの支援を受けて五〇〇人からなる騎兵隊を整えて、モレア侵攻の準備に入った。しかし、一三一五年四月五日、フェランとイザベルとの間に息子ジャウメ（後のマヨルカ国王ジャウメ三世）が誕生するも、お産が原因でイザベルは死去した。死の際に、本来自身が継承すべきであった全財産をジャウメに、との遺言を彼女は遺した。この出来事が足止めとなったが、一三一五年六月にフェランはモレアに向けて出港し、八月にはグラレンツァと首都アンドラビダを制圧した。

一三一五年一一月、ようやくルイ・ド・ブルゴーニュはモレアに向かうべくヴェネツィアに至り、翌一三一六年初頭にモレアの地に降り立った。まず彼は、現地における聖界の最上位者であるパトラ大司教ルニエにオマージュを求めるも、ルイによる在地の慣習の順守を巡って対立し、拒否された。ルイはパトラを軍事制圧しようとするも、失敗に終わった。さらに、同年二月二二日には、イリア近郊のピコティンにおいて、ルイはフェランを支持するカタルーニャ傭兵団と対峙したが、敗北を喫した。そこでルイが頼ったのが、ビザンツ皇帝アンドロニコス二世によってミストラを中心としたモレアスのエピトロポス（統治官）に任命されていた、ミカエル・カンタクゼノスであった。その結果、同年七月五日にピコティン近郊のマノラダでの戦いに至った。フェランが戦死し、ルイの勝利に終わった。

マオー・ド・エノーの運命

マノラダの戦いに勝利したルイであったが、その四週間後、一八歳の若さでこの世を去った。

未亡人となったマオー・ド・エノーの下で、アカイア侯国は弱体化した。一三一七年、カタルーニャ傭兵団がネグロポンテ島に侵攻した際も、マオーはヴェネツィアを頼りにする他なかった。ネグロポンテ侵攻は退けられたものの、一三二一年まで傭兵団はアカイア侯国領内への侵入を繰り返した。

宗主のナポリ国王ロベールは、モレアの支配を固めるために、マオーと末弟のグラヴィーナ伯ジャンとの婚姻を計画したが、マオーは拒否した。一三一七年七月、ロベールはマオーをナポリに召喚して婚姻を受け容れるように命じ、ついに一三一八年六月一三日、マオーはそれを受け容れた。さっそくロベールは、バイイとしてフェデリコ・トロギシオをモレアに送り込んだ。しかし、一度は婚姻を受け容れたマオーであったが、その後に再び態度を硬化させた。

その一方で、ルイ・ド・ブルゴーニュの兄でブルゴーニュ公位を継いでいたウード四世も、自身のアカイア侯位継承権を主張した。彼の背後には、その娘ジャンヌとの婚姻を通じて義父となったフランス国王フィリップ五世の姿があった。そして一三二〇年、ウードは継承権をクレルモン伯ルイ一世（後の初代ブルボン公）に売却した。ルイはフランス国王ルイ九世の孫に当たり、母方を介してブルゴーニュ公家とも親族関係にあった。これに対して、ナポリ国王ロベールの弟で実質的なモレアの支配者であり続けていたターラント侯フィリップも、その売却を認めた。そのうえで、一三二一年五月、フィリップとエピロス専制侯女タマルとの間に生まれた次男のフィリップと、ルイ・ド・クレルモンの娘ベアトリスとの間での婚姻関係が成立した。

このころ、マオーはアヴィニョンに召喚され、教皇ヨハンネス二二世より改めて婚姻を受け容れるように説得されていた。マオーはそれでも拒否し続けた。ロベールは、モレアに戻ったマオーをクレルモン城に投獄した。マオーの身柄は一三二八年に南イタリアのアヴェルサに移されたが、そこで彼女は生涯を閉じた。

アンジュー家離れ

このようにアカイア侯位を巡る問題が揺れ動いている間、モレアはミストラからの攻撃に苦しめられていた。一三一六年にミカエル・カンタクゼノスを継いでモレアスのエピトロポスの職にあったのは、アンドロニコス・パレオロゴス・アセンであった。ビザンツ皇帝アンドロニコス二世の甥にして、ブルガリア皇帝イヴァン・アセン三世の息子であるアンドロニコスは、一三二〇年にはマタグリフォンやカリタイナなどを含むアルカディア地域を制圧した。その中で、ネグロポンテ三頭公の一人であり、アカイア侯国の大軍務長官を務めていたバルトロメオ二世・ギシも捕虜とされた。アンドロニコスに制圧された地域のアルコンたちは、ギリシア正教会に回帰していった。

写真11－1　キオスは、19世紀前半に起こり、オスマン朝に対するギリシア独立戦争の引き金となった「キオス島の虐殺」で有名であろう。写真は、ネア・モニ修道院に置かれた被害者たちの姿（著者撮影）

この段階で、当初は一二を数えた諸侯領も、パトラ、ボスティツァ、カランドリツァの三つをフランク人の手に残すのみとなった。このような危機的状況の中の一三二一年六月、モレアの諸侯たちは宗主のアンジュー家ではなく、ヴェネツィアに頼ることを選択した。さらに一三二五年ごろには、残された諸侯領の一つであるカランドリッツァは、キオスを支配していたジェノヴァ人のマルティノ・ザッカリアに売却された。アテネ公国やネグロポンテ三頭公国も、ヴェネツィア、ジェノヴァ、そしてフィレンツェといったイタリアの商業都市への依存度を高めていった。このようにして、モレアでは脱アンジュー家の道をとることを余儀なくされた。最も顕著であったのが、ケファロニア兼ザンテ伯ニッコロ・オルシーニであった。彼は公然とナポリ国王ロベールへのオマージュを拒否し、一三二三年に兄である彼を殺害して跡を継いだジョヴァンニ二世・オルシーニも同様に拒否した。

アッチャイオーリ家の登場

マオーとの婚姻はならなかったものの、ジャン・ド・グラヴィーナが、一三二五年一月、モレアに向けて出港した。道中で、オマージュを拒否したジョヴァンニ二世支配下のケファロニア島とザンテ島を制圧した。そしてジョヴァンニは、ケファロニア兼ザンテ伯の称号を奪われ、バルカン半島に位置するアルタの領主に、いわば降格された。グラレンツァに至ったジャンはアカイア侯国の諸侯たちにオマージュをなすよう命じ、そして諸侯たちはそれを行った。そのうえでカリタイナを奪還すべく進軍するもあえなく失敗し、グラレンツァに撤退した。

一三二六年春、ジャンはナポリに帰還した。一三二九年にはバイイとしてパトラ大司教グィレルモ・フランギパーニを派遣するなどしてアカイア侯国の支配は継続したが、ジャンがモレアに戻ることはなかった。ジャンの帰還後、ジョヴァンニはケファロニア兼ザンテ伯に復帰した。

このジャンのモレア遠征に際して、あるフィレンツェの銀行家の一族がラテン・ギリシアの世界で台頭することとなった。ジャンは遠征費をアッチャイオーリ家から借り入れていたが、その弁済に充てられたのが、イリア、レヘナ、マンドリアの封であった。ここにアッチャイオーリ家のモレアでのキャリアの第一歩が踏み出されることとなった。

ラテン・ギリシアにおいて復権を狙ったのは、アンジュー家だけではなかった。一三三一年八月、カタルーニャ傭兵団に父のアテネ公ゴーティエ五世を殺害された際に奪われた同公国領を奪還することを目指した、ゴーティエ六世・ド・ブリエンヌが、ブリンディジを出航した。しかし、成果を挙げられなかった。

写真11－2　現在のドゥラッツォの町には、ヴェネツィアの建造した城塞と城壁の一部が残るのみである（著者撮影）

同年の一二月、長らくモレアの支配者であり続けたターラント侯フィリップが死去した。彼の地位は、カトリーヌ・ド・ヴァロワとの間に生まれた長男ロベールに受け継がれた。しかし、これに対して、ジャン・ド・グラヴィーナが異を唱えた。ナポリ国王ロベールの仲裁の結果、一三三二年一二月一七日、ジャンには、アカイア侯位を放棄する代わりに、ドゥラッツォ公位とアルバニア国王位が認められることに加え、金銭が引き渡されることとなった。一三三三年一月に教皇ヨハンネス二二世もこれを承認し、アカイア侯ロベール・ド・ターラントが正式に誕生した。なお、カトリーヌからジャンに引き渡された金銭も、アッチャイオーリ家からの借金で賄われた。

カトリーヌ・ド・ヴァロワのもたらした分断

当時一二歳であったロベールに代わって、母カトリーヌが摂政として統治活動を行った。カトリーヌはロベールが成年に達した後も、彼女が死去する一三四六年まで政務を取り仕切った。結局はアカイア侯位を借金までして購入するかたちとなったカトリーヌは、現地の人々にとっては圧政と捉えられる政策を展開することとなった。

カトリーヌは、支配権力を固めるためにバイイとしてベルトラン・ド・レ・ボーをモレアに派遣した。ベルトランは在地の諸侯たちにオマージュをなすよう要求するも、パトラ大司教を中心として、ロベールがモレアにやってくれば彼に直接オマージュをなす、と拒絶した。すると一三三七年、ベルトランはパトラの攻撃に出た。これに対して教皇ベネディクトゥス一二世は、アカイア侯国全土を聖務停止令下に置くという教会罰を科した。

カトリーヌも黙っているわけではなかった。一三三八年一一月一五日に軍勢を率いてブリンディジを出発した彼女は、グラレンツァに降り立った。彼女の顧問として、ニッコロ・アッチャイオーリが随行していた。ニッコロの父はナポリ国王ロベール賢王の私設秘書官を務めていたが、彼自身は同王国の大政務官まで登りつめており、カトリーヌの息子たちの家庭教師も務めていた。上述のとおり、一三三四年に彼はアカイア侯国領内でイリアなどの封を得ており、翌年にはロベールにより騎士叙任された。そして、モレアに至る前の一三三六年から一三三八年の間にも、恐らくは借金の弁済として、さらに多くの領土が封としてニッコロに与えられていた。

さて、カトリーヌとニッコロは、一三四一年六月にモレアを後にしてナポリに戻った。この約二年半の間に、彼らと教皇庁との間の関係は回復し、聖務停止令は解かれた。カトリーヌは、トルコ人、カタルーニャ傭兵団、モレアスの統治官に対抗するための防備強化を各地に施した。ニッコロも、自分の資金で各地の防備を強化するとともに、領土を購入して拡張していった。最終的には、一三三二年から一三四二年の間にニッコロが購入した領土の金額は、ジャン・ド・グラヴィーナに支払った金額の四倍に上ったとも言われている。

ただし、在地の諸侯たちとカトリーヌたちとの関係は改善しなかった。一三四〇年、ビザンツ皇帝アンドロニコス三世は、エピロス専制侯ニケフォロス二世の廃位を宣言した。カトリーヌの下に逃げ込んだニケフォロスは、アンジュー家の支援を受けて抵抗するも、結局は失敗に終わる。このような状況下で、モレアの諸侯たちが交渉相手として選択したのはアンドロニコスであった。彼らは、ビザンツ皇帝に頼ってまでカトリーヌの支配から脱却しようとしたのであった。アンドロニコスの側からしても、当時コリントまで迫りつつあったセルビア国王ステファン・ウロシュ四世ドゥシャンの脅威に対抗するためにも、モレアの諸侯たちと提携することは得策であった。しかし、一三四一年六月一五日、アンドロニコスが死去してビザンツ帝国が内紛状態に陥ったことで、この外交政策は実を結ばなかった。

次に諸侯たちが目を向けたのは、かつては敵対関係にあったフェラン・デ・マヨルカの息子、マヨルカ国王ジャウメ三世であった。諸侯たちがアンジュー家を忌避した理由に、一三四三年にナポリ国王となったジャンヌ（ジョヴァンナ）と、その又従兄弟でナポリ王位を狙ったハンガリー国王ラヨシュ一世との間の闘争も、この段階ではつけ加わっていた。

一三四四年一〇月、諸侯たちはジャウメに打診することを最終決定し、アルカディア領主エラール三世・ル・モールが彼の下に派遣された。しかし、ジャウメは当時、本家であるアラゴン王家との対立のさなかにあり、モレアに目を向ける余裕はなかった。

オスマン朝の脅威

一三四六年一〇月、長年摂政の座に留まり続けてきたカトリーヌ・ド・ヴァロワが死去した。ロベール・ド・ターラントの親政が始まったが、彼は一三四八年にハンガリー国王ラヨシュ一世によって捕縛され、四年間の捕囚生活を送った。モレアの諸侯たちはロベールのバイイとしてボスティツァ領主フィリップ・ド・ジョンヴェルを立てていたが、教皇クレメンス六世はフィリップたちに対して捕囚中のロベールへの忠誠を維持するように命じた。

その一方で、捕縛の前年にロベールの妻となっていたマリー・ド・ブルボン（上に登場したルイ一世・ド・クレルモンの娘）は、サレルノ大司教ベルトランドをバイイとしてモレアに派遣した。彼がまず行ったのは、マヨルカ国王ジャウメ三世への使節として不在中であったエラール三世の所領の占領であった。アンジュー家とモレアの諸侯たちの溝は、深いままであった。

この間、オスマン朝によるアカイア侯国への侵攻が徐々に激しさを増していった。一三四九年の春には、コリント湾でオスマン朝の軍船が見られるようになった。このような状況に対して、一三五六年、教皇インノケンティウス六世は、当時ロドスに本部を置いていた聖ヨハネ修道会に、アカイア侯国領を購入するよう持ちかけた。釈放されていたロベールもこれを承認した。加えて、アカイア侯を自称し続けていたサヴォワ家のジャック・ド・サヴォワも、それを売却することへの希望の意を表明した。しかし翌一三五七年、聖ヨハネ修道会はこの提案を正式に拒否した。

現地では、外からの援助なしでオスマン朝に対応せざるをえなかった。一三五九年、メガラ沖の戦いでは、アカイア侯国の諸侯たちによってバイイとされたゴーティエ・ド・ロルが、一三四九年にモレアス専制侯の称号を得ていたマヌエル・カンタクゼノス（ビザンツ皇帝ヨハネス六世カンタクゼノスの息子）と提携し、ヴェネツィアおよび聖ヨハネ修道会の艦隊の助力を受けて、オスマン朝艦隊に勝利した。しかし、それ以外の成果を挙げることはできなかった。オスマン朝の背後に、カタルーニャ傭兵団長ロへリオ・ド・ルリアの姿があったこともあった。

アッチャイオーリ家の台頭

一三五八年、オスマン朝の脅威に晒されたコリントの住民たちは、自分たちの置かれた絶望的状況をアカイア侯ロベールに訴えた。これを受けて、ロベールは同年四月にニッコロ・アッチャイオーリにコリントとその周辺の支配権を与えた。このとき、ニッコロはナポリ王国およびアカイア侯国で強い影響力を有しており、商業特権を与えるなどしてヴェネツィアとの関係も強化していた。再びモレアに至ったニッコロは、アクロコリントに防備強化を施すなど、住民たちの期待に応えようとした。

同じころ、ロベールは、マリー・ド・ブルボンにもカラマタ、ボスティツァ、ニヴェレ（メッシニア地域、現在地不明）を与え、アンジュー家によるモレアの実効的支配権を取り戻そうとした。マリーは、一三六〇年に使節ニッコロ・デ・ボヤーノをモレアに遣わして、現地状況を調査させた。それによると、当時ニッコロ・アッチャイオーリはアカイア侯国の大軍務長官の席にあり、彼を支えていたのはケファロニア伯レオナルド一世・トッコと、カランドリツァ領主チェントリオーネ一世・ザッカリア、アルカディア領主エラール三世・ル・モールであった。ニッコロ・デ・ボヤーノはチェントリオーネを「暴君」と表現するが、いずれにせよニッコロ・アッチャイオーリの尽力によって、アンジュー家とモレアの諸侯たちとの関係は改善したようである。

同じ一三六〇年、ニッコロの姿はアヴィニョンにあった。ナポリ王国が教皇庁から借り入れた金銭に関する協議のためであるが、ニッコロがその弁済に当たった。教皇インノケンティウス六世は、その見返りとしてニッコロの親族のジョヴァンニ・アッチャイオーリをパトラ大司教に任命した。アンジュー家とモレアの諸侯たちの対立の中で、一三五一年にパトラ大司教となったレギナルドは自立性を高めて独立国家の体をなしていたが、ジョヴァンニの就任により元の鞘に収まるかたちとなった。

ジョヴァンニの兄弟ネリオ（ライネリオ）は、ニッコロの養子となったうえで、軍勢を率いてパトラに向かった。ネリオは権力基盤を強化するために、一三六一年の父ジョヴァンニ一世・サヌードの死を受けてアルキペラーゴ公位を継いでいたフィオレンツァ・サヌードとの結婚を目指していた。この計画は、ヴェネツィア政府の意向によって、一三六四年に彼女が従兄弟のニッコロ・サヌードと結婚することで水泡に帰す。しかし、ネリオは一三六三年から翌年にかけて、マリー・ド・ブルボンからボスティツァとニヴェレを六〇〇〇ドゥカートで購入するなどして、その支配圏を拡大していった。やがて二〇年後に、彼はアテネ公位に就くことになるであろう。

ロベール・ド・ターラントの死と内紛

一三六四年九月、長きにわたってアカイア侯でありラテン皇帝であり続けたターラント公ロベールが死去すると、その継承権争いが起こった。一方はロベールの弟フィリップ二世・ド・ターラントであり、もう一方は義理の息子、すなわち妻マリー・ド・ブルボンの一度目の結婚でもうけられたユーグ・ド・リュジニャンであった。ユーグの父ギー・ド・リュジニャンは、キプロス国王ユーグ四世の長男であり、キプロス王位継承権を持つ人物であったが父より先に没していた。したがって、ユーグも同王位継承権を持っていたが、ギーの弟、すなわちユーグの伯父ピエール一世によって、いわば王位を簒奪されていたのであった。

一歩も引かない両者は、いずれも傭兵隊をモレアに投入し、実効支配を目指した。アルゴス兼ナフプリオ領主ギー・ド・アンギアンを中心とするモレアの諸侯たちは、モレアス専制侯マヌエル・カンタクゼノスと提携して、西方から到来した傭兵隊に抵抗した。このようにして生じた三つ巴の内紛は、一三七〇年三月四日、ユーグ母子がカラマタ城を除くアカイア侯国に関する権利をフィリップ二世に売却することで、一段落ついた。しかし、ナポリ王国の状況がフィリップにモレアへの専心を妨げた。一三六四年から一三七三年の間、彼は一人の特使と七人のバイイを派遣するも、在地の諸侯たちとの溝は深まるばかりであり、内紛の状況は悪化した。

さて、フィリップ・ド・ターラントが死去した翌年の一三六五年一一月、ニッコロ・アッチャイオーリもこの世を去った。コリントの領主権は息子のアンジェロに移ったが、その維持が困難となった一三七二年一一月ごろ、彼はコリントをネリオ・アッチャイオーリに委ねた。やがてネリオは、一三七四年にはカタルーニャ傭兵団よりメガラを奪い、一三八八年にはアテネを含むアッティカ地域を制圧してアテネ公位に就いた。

このようなネリオに対して、教皇グレゴリウス一一世は、一三七三年一〇月に対オスマン朝のためにテーベに集結するよう、ラテン・ギリシアの諸侯たち、ビザンツ皇帝、ヴェネツィア、ジェノヴァ、ハンガリー国王、シチリア国王に要請したことを伝えた。これは、一三七一年九月二六日に、オスマン朝軍がマリツァ川沿いのチェルメノン（現オルメニオ）の戦いでセルビア王国軍に完勝し、バルカン半島に勢力を伸ばしつつあったためであった。しかし、当時のジェノヴァはキプロス王国と、ヴェネツィアはハンガリー王国と争っているさなかにあり、教皇の呼びかけは実現しなかった。

聖ヨハネ修道会への貸与とナバラ傭兵団の登場

一三七三年一一月二五日、フィリップ二世が嗣子なくして死去し、アカイア侯位は宗主であるナポリ国王ジャンヌに移った。しかし、これに対してフィリップの姉マルグリットと、その夫のフランソワ・デ・ボーが侯位を要求した。ジャンヌが却下したことで、またもやアカイア侯位を巡る内紛が生じた。しかし、今回の場合は、モレアの諸侯たちはジャンヌを支持した。

ジャンヌがフランチェスコ・ディ・サンセヴェリーノをバイイとして派遣すると、彼は対モレアス専制侯国戦において優位に立つことに成功した。一三七六年三月二五日、ジャンヌは、オットー・フォン・ブラウンシュヴァイク＝グルーベンハーゲンと自身にとって四度目となる結婚をして、彼にはフランソワ・デ・ボーから没収したターラント侯領を与えた。しかし、アカイア侯位は譲らなかった。

それでもモレアの維持・防衛は彼女にとって大きな負担であった。そこで彼女は、教皇グレゴリウス一一世の要請もあって、アカイア侯国領を聖ヨハネ修道会に年四〇〇〇ドゥカートで五年間、貸与することを決定した。加えて、バイイを同修道会のキプロス＝ジェノヴァ管区長ダニエル・デル・カレットに置き換えた。そして、一三七七年一二月二四日、聖ヨハネ修道会総長ファン・フェルナンデス・デ・エレディアがモレアに到着した。彼の視線は、事実上フランク人の手から離れていたアルバニア方面の制圧に向けられた。しかし、一三七八年、「独裁者」との異名を持ったアルバニア人のジン・ブア・シュパタの支配下に置かれていたアルタを占領しようとするも捕縛され、トルコ人に売り渡されてしまった。多額の金銭を支払って彼が解放されたのは、翌一三七九年の五月ごろであった。

ファンの捕囚中、その代理人となった聖ヨハネ修道会トゥールーズ管区長ゴーティエ・ド・ラ・バスティドは、マイオ・ド・コクレル率いるナバラ傭兵団と、フアン・デ・ウルトゥビア率いるガスコーニュ傭兵団の八か月間の雇用に踏み切った。二年前の一三七七年、ナバラ国王カルロス(シャルル)二世邪悪王の弟ルイ・デヴルーに雇用されたこれらの傭兵団は、ドゥラッツォの占領に成功していた。ルイの妻ジャンヌはジャン・ド・グラヴィーナの曽孫であり、ドゥラッツォは彼女に与えられた。

一三七九年前半、聖ヨハネ修道会に雇用された傭兵団は、ネリオ・アッチャイオーリと提携し、カタルーニャ傭兵団の拠点であるテーベを制圧した。そして、ナバラ傭兵団はそのままラテン・ギリシアに定住することとなった。

聖ヨハネ修道会による購入

五年間のリース期間が終了し、ナポリ国王ジャンヌと聖ヨハネ修道会が再契約の協議に入った矢先の一三八二年七月二七日、ジャンヌが暗殺された。ここで立ち上がったのが、かつてアカイア侯位を巡ってジャンヌと争って敗れたフランソワ・デ・ボーの息子、ジャック・デ・ボーであった。彼には、同年五月二日にジャンヌの妹マリーの娘であるアニュエスと婚姻を成立させていた、という強みもあった。有力な対抗馬のいない中で彼はアカイア侯およびラテン皇帝となったが、一三八三年七月一七日、その生涯を閉じた。これらの地位は、宗主であるナポリ国王シャルル(カルロ)三世に移ったが、彼によるモレア支配の実態はなかった。実質上、ここにアンジュー家によるモレア支配は終了した。

一方で、ジャックは遺言でその地位を従兄弟のルイ一世・ダンジュー(フランス国王ジャン二世の次男）に譲っていた。しかし、そのルイも一三八四年九月二〇日に死去した。未亡人となったルイの妻マリー・ド・ブロワは、息子のルイ二世・ダンジューがアカイア侯位継承権を持つことを主張したうえで、侯国を聖ヨハネ修道会に売却する交渉に入った。修道会側は、アカイア侯国領の維持経費として七万ドゥカートを請求した。ここには、ナバラ傭兵団の要求分も含まれていた。最終的には一三八七年一月二四日、ナバラ傭兵団の要求は外されたうえで、マリーと聖ヨハネ修道会総長ファン・フェルナンデス・デ・エレディアとの間で、二万金フローリンでの売却という合意が成立した。当時の教皇庁はいわゆる大シスマ（教会大分裂）の時代に入っていたが、アヴィニョン教皇クレメンス七世もそれを承認した。

ナバラ傭兵団は一三八六年に団長マイオを失っており、ペドロ・ボルド・デ・サンスペラーノがその地位を継いでいた。彼はそれまで衝突していたヴェネツィアとの関係改善を図り、一三八七年六月二六日に傭兵団がヴェネツィアに損害賠償をなすことで決着を見た。このようにして結びついたヴェネツィアとナバラ傭兵団に、ネリオ・アッチャイオーリを加えた面々は、上記の聖ヨハネ修道会によるアカイア侯国購入に対して、マリー・ド・ブルボンの甥であり、アカイア侯位を主張したブルボン公ルイ二世・ド・クレルモンを支持した。最終的にルイがモレアを訪れることはなかったが、このような混乱にローマ教皇庁も介入し、一三八七年九月六日、ローマ教皇ウルバヌス六世はアカイア侯国の摂政としてパトラ大司教フォスカーリを任命した。結果として、混乱は激しさを増した。

アメデー・ド・サヴォワの介入

このような混乱の中、強力なアカイア侯位権の主張者が現れた。サヴォワ家が同侯位を自称し続けたことは上で触れたが、その家系出身のピネローロ領主アメデー・ド・サヴォワ＝アカイエ（アメデーオ・デ・サヴォイア＝アカイア）である。彼の背後には、フランス国王シャルル六世とアヴィニョン教皇クレメンス七世がいた。一三八六年から五年間におよぶ外交努力で、アメデーはクレメンスに、かつて彼が承認したアカイア侯国の聖ヨハネ修道会への売却を、一三八七年四月一一日に無効化させることに成功した。

このころのモレアの状況は次のようであった。一三八九年、モレアス専制侯テオドロス一世パレオロゴス（ビザンツ皇帝ヨハネス五世パレオロゴスの息子）がフランク人領への攻勢を強め、アルゴス、ナフプリオ、ラリッサを占領した。これらは、前年の一三八八年にヴェネツィアが領主のマリー・ド・アンギアンから購入したばかりであった。ヴェネツィアは、ナバラ傭兵団の助力を得てナフプリオは奪い返すも、アルゴスなどの奪還には失敗した。そして、ヴェネツィアとナバラ傭兵団対テオドロスとネリオ・アッチャイオーリという対立構図が生まれた。ネリオがテオドロス側についたのは、一三八五年に娘バルトロメアとテオドロスの婚姻が成立し、ネリオがテオドロスの義父になっていたからであった。しかし、一三八九年九月一〇日、ネリオはナバラ傭兵団に捕縛された。

アメデーはいずれの勢力とも対立することを望まなかったが、一三九〇年九月二六日および一三九一年五月三〇日、ヴェネツィアとの間に、ヴェネツィア船がアメデーの軍勢をモレアに運搬する見返りとして、アメデーがヴェネツィアのためにアルゴスを奪還する、という協約を締結した。一三九一年六月五日には、ナバラ傭兵団もアメデーをアカイア侯として認めたうえで、自分たちが領有している土地も彼からの封として位置づけることに同意した。一方でアメデーが傭兵団に二万ドゥカートを支払っていることから、これは事実上の買収であったと言える。そして、傭兵団に捕らえられていたネリオも、アメデーを侯として認めてその封臣となった。ネリオには、傭兵団に奪われていたボスティツァが返還された。ようやく一三九四年になってのことではあるが、情勢の不利を見たテオドロスは、アルゴスをヴェネツィアに返還した。

ネリオ一世・アッチャイオーリの死

以上のようにして、外交的努力によってモレア世界の分断を一時的に修復したアメデーであったが、彼自身はモレアを訪れることなく一四〇二年に死去した。その跡を継いだルイ（ルドヴィーコ）も、同様であった。その結果、すぐさまモレアの世界は再び分断された。

このころ、オスマン朝の脅威が再び迫りつつあった。一三八九年にコソボの戦いで勝利したオスマン朝は、セルビア、マケドニア、およびブルガリアを支配下に収めた。この勝利の後に暗殺されたスルタンのムラト一世の跡を継いだバヤズィト一世は、ギリシア世界にも目を向けだした。これに対して、ヴェネツィアはキリスト教徒勢力をまとめようとしたが、対応はまちまちであった。一三九三年、アテネ公ネリオ一世・アッチャイオーリは、バヤズィトに貢納することを選択した。一方で、テオドロスは、一三八七年にムラト一世を宗主として認めていたが、一三九四年にはその関係を解消した。

そして、その一三九四年、エヴレノス・ベイ率いるオスマン艦隊が、コリント湾からペロポネソス半島に侵入してきた。一三九五年二月二八日には、テオドロス支配下のマタグリフォンが占領された。一方で、ナバラ傭兵団との戦闘状態にあったテオドロスは、同年六月四日、傭兵団長のペドロ、およびその義兄弟の関係にあったカランドリツァおよびアルカディア領主のアンドロニコス・アセン・ザッカリアを捕縛した。彼らの身柄は、ヴェネツィアが五万ヒュペルピュロンを支払うことで解放された。

バヤズィトの家臣になることで難を逃れていたネリオであったが、一三九四年六月四日、コリントでその生涯を閉じた。公位は息子のアントニオ一世に引き継がれた。ネリオは生前にその所領を親族や家臣に配分していたが、遺言において所領全体はヴェネツィアの保護下に置かれることを希望として伝えた。しかし、コリントをはじめとする彼の所領のいくつかは、テオドロスに占領された。

アカイア侯ペドロ・ボルド・デ・サンスペラーノの誕生

一三九六年初頭、もはや名目上の宗主に成り下がっていたナポリ国王ラディスラス（ラディスラーオ）一世は、アカイア侯位を三〇〇〇ドゥカートでナバラ傭兵団長ペドロに売却することを提案し、ペドロもそれを受け容れた。こうしてアカイア侯ペドロが誕生した。同年七月一〇日には、ヴェネツィアとペドロとの間で、対オスマン朝における相互の協力が約束された。この背景には、同年九月二五日に戦われるニコポリスの戦いの前哨戦として、六月にティムルタシュ・ベイとヤークーブ・パシャの率いるオスマン朝軍がモレアを蹂躙し、アルゴスを占領したことがあった。

このような状況下で、モレアス専制侯テオドロスは、コリントをヴェネツィアに返還する代わりに、軍事援助をなすよう求めてきた。しかし、一三九七年四月二九日、ヴェネツィア政府は、テオドロスの要請を正式に却下した。同年末、テオドロスはコリントの防衛を聖ヨハネ修道会に委ねざるをえない状況に陥った。さらには、一三九九年から翌年にかけては、モレアス専制侯領の聖ヨハネ修道会への売却の交渉に入った。聖ヨハネ修道会総長フィリベール・ド・ナイヤックも前向きであり、金銭の支払いが開始された。

一方で、一三九九年一一月二三日、コリント湾のヘクサミリオンの戦いで、ペドロがオスマン朝軍を撃破するという快挙を成し遂げていた。これには、ローマ教皇ボニファティウス九世も、「アカイアにおける教皇座の旗手」としてペドロを称賛した。しかし、一四〇一年初頭、ヴェネツィアと対立したペドロは、かつて約束した相互協力を反故にし、オスマン朝の送り込んだ傭兵団とともに、ヴェネツィア支配下のモドンやコロンを攻撃した。

これらの情勢が一変するのは、一四〇二年七月二〇日、アンカラの戦いでティムールがバヤズィト一世を捕縛することによってのことであった。これを受けて、テオドロスは聖ヨハネ修道会からモレアス専制侯領を買い戻していった。また、自身の死期を悟ったアカイア侯ペドロは、ヴェネツィアと和解し、息子の保護をヴェネツィアに求めた。そして、一四〇二年一一月、ペドロは死去し、未亡人となったマリア二世・ザッカリアが侯位を継ぐこととなった。

その前年の一四〇一年、カランドリツァ兼アルカディア領主で、アカイア侯国の大軍務長官を務めていたアンドロニコス・アセン・ザッカリアが死去していた。彼の妹がペドロの妻マリア二世であった。アンドロニコスの息子、すなわちマリアの甥は四人いたが、長男のチェントリオーネ二世が父親の遺産を継いだ。そして、アカイア侯となったマリアは、チェントリオーネを副摂政に置いて政務を行った。しかし、チェントリオーネは宗主のナポリ国王ラディスラスに、自身が侯位を三〇〇〇ドゥカートで購入する、という提案を密かにもちかけた。一四〇四年四月二〇日、ラディスラスはチェントリオーネの申し出を受諾し、アカイア侯チェントリオーネが誕生した。

ビザンツ帝国の勢力拡大

一四〇六年、モレアス専制侯領を手元に戻したテオドロスは、アカイア侯領への侵入を試みるも、翌年に死去した。専制侯位は、ビザンツ皇帝マヌエル二世パレオロゴスの息子テオドロス二世パレオロゴスに与えられた。

むしろアカイア侯国の脅威となったのは、ケファロニア兼ザンテ伯カルロとその弟レオナルドのトッコ兄弟であった。一四〇七年にはレオナルドが、アカイア侯国にとって最重要の港町グラレンツァを占拠した。チェントリオーネはヴェネツィアに助力を要請したが、トッコ兄弟も自分たちがヴェネツィアの保護下に置かれることを要請していた。ヴェネツィアは両者の仲裁に入ったが、グラレンツァがチェントリオーネに返還されるのは、一四一四年を待たねばならなかった。

一方、パトラ大司教領は一四〇四年からはチェントリオーネの末弟ステファーノが大司教として運用していたが、いまだにスルタンを失っていたオスマン朝勢力からの攻撃に苦しんでいた。一四〇八年、ステファーノは年一〇〇〇ドゥカートで五年間、領土をヴェネツィアに貸与することを決め、ヴェネツィアもそれを受諾した。このようにしてヴェネツィアの下でフランク人勢力はまとまりを取り戻していったが、ヴェネツィアをはじめ彼らは、バヤズィト一世の息子でバルカン半島方面を支配下に置いていたスレイマン・チェレビーへの貢納も開始した。

しばらくは比較的平穏な状況が続いたが、一四一七年よりビザンツ帝国の攻勢がはじまった。皇帝マヌエル二世の長男ヨハネス（後のビザンツ皇帝ヨハネス八世）がメッシニアへの入り口に位置するアンドルサを占領するとまもなく、カラマタを含むメッシニア全域が制圧された。チェントリオーネはイリア地方に撤退し、グラレンツァに逃げ込んだ。ヨハネスの弟であるモレアス専制侯テオドロス二世も、ヴェネツィア支配下のモドンを蹂躙した。一四一八年、これに対してチェントリオーネはオリヴェリオ・フランコを隊長とする傭兵隊を用いて対抗しようとするも、反旗を翻した傭兵隊がグラレンツァを占領した。チェントリオーネは逃避して難を逃れるも、彼の妻や、弟の一人であるベネデットが捕虜とされた。

オリヴェリオとの交渉に入ったチェントリオーネは、自身の娘とオリヴェリオを結婚させたうえで、グラレンツァを嫁資とするに至った。しかし、一四二二年、ケファロニア兼ザンテ伯カルロ・トッコがオリヴェリオからグラレンツァを購入することに成功し、オリヴェリオはモレアから去っていった。カルロは、グラレンツァを足掛かりとして、イリア地域を制圧した。

上記のように、パトラ大司教領はヴェネツィアにリースされ、契約は更新されていたが、一四一九年、教皇マルティヌス五世はそれを教会財産の窃盗とみなし、ヴェネツィアに大司教領からの撤退を命じた。

一四二二年にテオドロス二世からの攻勢が再び激しくなると、チェントリオーネと弟のパトラ大司教ステファーノは、聖ヨハネ修道会に助力を仰いだ。しかし、ほぼ同時期にテオドロスも対オスマン朝のための協調を同修道会に打診していた。結果、同年五月一〇日、修道会はいずれの申し出も却下した。

最終的にはヴェネツィアの外交努力により休戦協定が結ばれるものの、チェントリオーネ兄弟の下に残されたのは、パトラ、カランドリツァとアルカディアのみとなった。

最終局面

一四二二年から翌年にかけて、ヴェネツィアのイニシアティヴの下で、ビザンツ皇帝マヌエル二世、モレアス専制侯テオドロス二世、チェントリオーネ、カルロとの間で、対オスマン朝戦のための団結が模索された。しかし、これが結実する前に、オスマン皇帝ムラト二世がモレアに侵攻してきた。一方でキリスト教勢力間の関係は再び悪化し、一四二四年六月、テオドロスがチェントリオーネを捕縛するに至った。

一四二七年にはマヌエルの跡を継いだヨハネス八世パレオロゴスとカルロとの間でも戦争が勃発し、カルロはグラレンツァを含むイリア地域を失った。そして、一四二九年、ヨハネスはパトラも占領した。これによりアカイア侯国が領有するのは、釈放されたチェントリオーネが死守するカランドリツァとアルカディアのみとなった。

そこに、一四二八年より兄テオドロス二世とモレアス専制侯国の共同統治者となったソマス・パレオロゴスが、アルカディアの町を除くすべてのチェントリオーネの所領を嫁資とした、チェントリオーネの娘カテリーナとの結婚を要求してきた。チェントリオーネは受諾し、一四三〇年一月、ミストラにおいて婚姻の儀が執り行われた。そして、チェントリオーネが一四三二年に死去すると、ソマスは義母、すなわちチェントリオーネの未亡人からアルカディアを接収したうえで、彼女を投獄した。

難を逃れてヴェネツィア領に逃げ込んだチェントリオーネの庶子ジョヴァンニ・アセン・ザッカリアは、一四四六年のムラト二世のモレア侵攻に合わせて、ソマスに対する反乱を起こした。反乱軍はジョヴァンニをアカイア侯と称していた。しかし、反乱は鎮圧され、ジョヴァンニはクレルモン城に投獄された。その後、一四五三年に勃発した反乱に乗じて、ジョヴァンニは脱獄に成功した。ヴェネツィアとナポリ王国はジョヴァンニをアカイア侯とみなして支援したが、オスマン朝の攻撃が激化する中で彼はモドンに逃亡し、そしてローマに落ち延びて一四六九年にその生涯を閉じた。

モレアは、一四五八年および一四六〇年のオスマン朝の侵攻により、いくつかのヴェネツィアの拠点を除いて、完全にその支配下に置かれた。皮肉にも、一四六〇年以降がモレアを救うための十字軍熱が最も高まった時期となった。

補章3

カタルーニャ傭兵団とアッチャイオーリ家（一三一一－一四六二年）

カタルーニャ傭兵団によるアテネ公国占領

カタルーニャ傭兵団は、シチリア国王フェデリーコ二世を支えるために、ブリンディジ出身の元テンプル騎士修道会士ロジェ・デ・フロル（ロヘリオ・デスロール）によって創設されたとされる。一三〇二年八月三一日、アラゴン王家とフランス王家・アンジュー家の対立に一段落つけたカルタベロッタの和によって職を失った傭兵団であったが、ビザンツ皇帝アンドロニコス二世パレオロゴスにより、対オスマン朝のために雇用された。一三〇三年九月にコンスタンティノープルに至ったロジェは、皇族と婚姻することで権力を握ろうと企図したが、一三〇五年四月三〇日、アンドロニコスの息子で共同統治者のミカエル九世によって暗殺された。

頭を失った傭兵団であったが、一三〇七年六月ごろにガリポリを占領すると、トラキアやマケドニアを蹂躙しつつ西進し、一三〇九年にはテッサリアに至った。翌一三一〇年、アテネ公ゴーティエ五世・ド・ブリエンヌは彼らを雇用した。傭兵団は六か月間ゴーティエに仕えた後にテッサリア南部の領有を要求したが、ゴーティエは拒否した。一三一一年三月一五日、オスマン朝の力を借りつつ、テーベ近郊のコパイス湖の戦いで傭兵団はゴーティエを殺害し、アテネ公国の首都テーベも制圧した。住民の多くは、ネグロポンテ島へと逃亡した。そして、ゴーティエの未亡人となったジャンヌ・ド・シャティヨンの死守するアテネも陥落した。アテネ公国に残されたのは、アルゴスとナフプリオのみとなった。

翌一三一二年、傭兵団はアテネ公領をシチリア国王フェデリーコ二世に献上した。フェデリーコは、当時五歳であった次男マンフレーディをアテネ公に任命したうえで、その総代理人として、アンプリアス出身のベレンゲル・エスタニョルを派遣した。ベレンゲルはアラゴン王国の法と慣習に基づいた統治を実践して公国の基礎固めを行ったが、一三一六年に死去した。後任には、フェデリーコの庶子ドン・アルフォンソ・ファドリケが就いた。一三一七年一一月九日、マンフレーディは落馬が原因となり死去した。新たなアテネ公にはフェデリーコの三男グィレルモが任命されたが、実質的な支配権はアルフォンソが握り続けた。

対カタルーニャ傭兵団の十字軍

一三一二年、概して近隣の勢力と敵対関係にあったカタルーニャ傭兵団を、教皇クレメンス五世は破門に処した。そして、一三一四年一月一四日には、傭兵団に対する十字軍を提唱した。これを脅威に感じたシチリア国王フェデリーコ二世は、一三一五年、ヴェネツィアのドージェ、ジョヴァンニ・ソランツォとの和平交渉に入った。しかし、前章で見たとおり、アカイア侯位を巡るルイ・ド・ブルゴーニュとマヨルカのフェランとの間での戦争が勃発し、交渉は水泡に帰した。

一三一八年五月八日、教皇ヨハンネス二二世はヴェネツィアに対して、近隣諸国への侵攻・威嚇を繰り返すカタルーニャ傭兵団を駆逐するよう命じた。このときもフェデリーコはヴェネツィアに和平を持ちかけ、一三一九年六月九日、ようやく六か月間の和平を締結することに成功した。条件は、傭兵団がそれまでにヴェネツィアに与えた損害を賠償すること、ヴェネツィアに領域内の商業特権を与えること、傭兵団はオスマン朝と提携しないこと、ヴェネツィアの影響下にあるネグロポンテ三頭公国やアルキペラーゴ公国への攻撃禁止などであった。その後も両者はたびたびの衝突を繰り返しながらも、例えば、一三二一年五月一一日や一三三一年四月五日に、この和平条約は更新された。しかし、一三一九年八月二日の段階で、教皇ヨハンネス二二世は、十字軍をちらつかせながら、傭兵団とヴェネツィアの和平締結を強く非難していた。

ネオパトラス公国建国

このような状況下にあった一三一八年から翌年にかけて、実質上のアテネ公としてドン・アルフォンソ・ファドリケはアテネに滞在した。かねてからネグロポンテ島の支配者の一人ボニファーチョ・デ・ヴェローナと友好関係にあった彼は、一三一七年、ボニファーチョの娘マルラと結婚していた。しかし、同年末もしくは翌年初頭にボニファーチョが死去すると、妻の財産を狙ったドン・アルフォンソは、カタルーニャ傭兵団を使ってそれを押さえさせた。この行為の合法性を訴えるために、一三一八年三月一日、ドン・アルフォンソはピエトロ・カルチェリ、ベアトリス・デ・ノワイエ、バルトロメオ二世・ギシの三頭公と会談した。ドン・アルフォンソの行為は非合法であるとの結論に達したが、ネグロポンテ島内の所領が奪還されたのは、ようやく一三六五年になってのことであった。

ドン・アルフォンソの野心は、ネグロポンテ島に留まらなかった。一三一八年、テッサリアを支配下に収めていたテッサリア尊厳侯ヨハネス二世ドゥーカス・コムネノスが嗣子なく死去すると、翌年にドン・アルフォンソはその首都ネオパトラス（現イパティ）を占領した。これ以降、傭兵団の占拠した領域におけるアテネ公は、ネオパトラス公も兼務することとなる。

ドン・アルフォンソの総代理人としての職務は一三三〇年まで続くこととなり、遅くとも同年一一月二〇日には、彼の肩書はマルタ兼ゴゾ伯となる。なお、妻マルラとの間には五人の子どもをもうけた。

ゴーティエ六世・ド・ブリエンヌの復権の試み

カタルーニャ傭兵団に父親を殺害されたアテネ公ゴーティエ六世・ド・ブリエンヌと、その母のジャンヌ・ド・シャティヨンはヨーロッパに渡り、広く援助を募っていた。利害を共有する教皇庁、ナポリ王国、ヴェネツィアからのサポートを取りつけた。加えて、ジャンヌの父ゴーシェ五世・ド・シャティヨンがフランス王国の軍務長官を長く勤めていたこともあり、彼らはフランス王国からも支援を得た。そして、一三三〇年六月一四日、教皇ヨハンネス二二世は対カタルーニャ傭兵団の十字軍を提唱した。

同年八月、ゴーティエは、十字軍士としてブリンディジを出航した。サンタ・マウラ（レフカダの城塞）、ボニツァ、アルタを制圧したゴーティエは、ケファロニア伯ジョヴァンニ二世・オルシーニにオマージュを強要した。当初は勢いのあったゴーティエであったが、軍資金が枯渇してしまい、一三三一年四月にはアテネ兼ネオパトラス公の総代理人に任命されていたカタルーニャ傭兵団員ニコラ・ランチャと休戦協定を結ばざるをえなくなった。

ラテン・ギリシアに留まって勢力を蓄えていたゴーティエは、一三三二年二月二八日にパトラ大司教グィレルモ・フランギパーニが傭兵団を破門に処したことを受けて、再び攻撃に出た。しかし失敗に終わり、同年の夏にブリンディジに戻った。一三三四年八月一二日、教皇ヨハンネス二二世が、傭兵団を再度破門に処した。これに合わせてゴーティエは再進軍を計画するも、今回はヴェネツィアからの支援を得られずに断念した。

その後も外交的努力を惜しまなかったが、ゴーティエが再び東方に向かうことはなかった。我々が彼の姿を確認できるのは、一三四二年から翌年にかけてのフィレンツェの暴君としてであり、一三四六年のクレシーの戦いにおける戦士としてである。一三五六年九月一九日、ポワティエの戦いにおいて、彼はフランス王国の軍務長官として戦死した。

ドン・アルフォンソの息子たち

ゴーティエ六世の攻撃を退けたカタルーニャ傭兵団であったが、一三三〇年にドン・アルフォンソが総代理人職を退いて以降は勢力拡大が止み、ヴェネツィアとの協調を模索しはじめた。それまで利用していたオスマン朝勢力が、傭兵団にとっても脅威になったからでもあった。

一三三八年にドン・アルフォンソが死去すると、傭兵団とヴェネツィアとの関係はより良好になることが期待された。しかし、傭兵団はしばしばヴェネツィアへの攻撃を展開した。ヴェネツィア側からの非難は、父ドン・アルフォンソの跡を継ぎ、遠方からカタルーニャ傭兵団に支持を与えるペドロ一世・ファドリケに注がれた。

教皇庁も傭兵団を自陣に組み入れようと試みた。一三四一年二月、教皇ベネディクトゥス一二世は、コンスタンティノープル総大司教（称号のみ）兼ネグロポンテ司教のエンリコ・ダスティに対して、傭兵団をローマ教会に回帰させるように命ずる。ベネディクトゥスが、対オスマン朝の十字軍を計画していたからである。彼は一三四二年四月二五日に死去するが、その遺志は教皇クレメンス六世に受け継がれた。そして、一三四三年八月三一日、対オスマン朝の十字軍を提唱すると同時に、クレメンスはゴーティエ六世に傭兵団と和解するように命じた。この十字軍は、いわゆるスミルナ十字軍として結実するが、そこに傭兵団の姿はなかった。ペドロ一世の意向が働いたためであった。結局、傭兵団とその領域に科された破門や聖務停止などの教会罰は解かれることなく、一三六六年まで更新され続けた。

なお、一三五四年、ペドロ一世はアテネ兼ネオパトラス公位にあったシチリア国王フェデリーコ三世との関係を悪化させて、総代理人職を含むすべての封を没収された。翌年末にペドロが死去すると、弟のハイメ・ファドリケは兄の失ったものを回復し、傭兵団への影響力を保ち続けようと試みた。

アテネ兼ネオパトラス公位および総代理人職の推移

ここで、アテネ兼ネオパトラス公位の移り変わりについて確認しておこう。

上記のとおり、一三一七年に兄マンフレーディの跡を継いで公位に就いたグィレルモ二世であったが、一三三八年八月二二日、彼も死去した。跡を継いだのは弟のランダッツォ公ジョヴァンニ二世であった。彼自身は一三四四年のスミルナ十字軍に参加するなど、教皇庁とは良好な関係にあった。しかし、一三四八年四月三日、二九歳の若さで黒死病によって命を奪われた。跡を継いだ息子のフェデリーコ一世も、一三五五年七月一一日、父と同じ病気に屈した。

公位は甥に当たるフェデリーコ二世に移った。そのすぐ後の一三五五年一〇月一六日、彼はシチリア国王フェデリーコ三世として即位することとなる。「単純王」とのあだ名を付された彼の下で、シチリア王権は低下した。そこに目をつけたのが、フェデリーコの義兄でもあり、後に義父ともなるアラゴン国王ペドロ四世であった。一三五〇年よりヴェネツィアとジェノヴァとの間で戦争が勃発していたが、当時ジェノヴァと争っていたペドロは、一三五一年、カタルーニャ傭兵団にヴェネツィアを支援するように命じた。さらに、ペドロはビザンツ皇帝ヨハネス六世カンタクゼノスも動かし、ヴェネツィア側に回らせた。当初は優勢に立ったヨハネス六世であったが、一三五二年五月六日にジェノヴァと休戦協定を締結して戦線から離脱した。ヴェネツィアとジェノヴァの争いは、その後一進一退の末、一三五五年六月一日に休戦に至った。

上記のとおり、アテネ兼ネオパトラス公の総代理人の職はファドリケ兄弟の手にあったが、ペドロ四世も総代理人たちを任命し、彼らが実務を担った。シチリア国王フェデリーコ三世とペドロ一世・ファドリケとの関係が悪化した一三五四年から一三五六年の間の総代理人として働いたラモン・ベルナルディを皮切りに、基本的にはアラゴン国王ペドロ四世の意向に沿ったかたちで総代理人が選ばれた。形式的にフェデリーコもそれを承認した。

最終的には、一三七五年から一三八一年の間の総代理人がドン・アルフォンソ・ファドリケの孫のルイス・ファドリケであったことから、ファドリケ家の復権が正式に認められたようである。しかし、一三七七年、フェデリーコが死去すると、公位は妻のマリアに移った。そして、一三八一年よりアラゴン国王ペドロ四世がマリアの共同統治者となり、アカイア兼ネオパトラス公国はアラゴン国王の直轄下に置かれ、ルイス・ファドリケは職を解かれた。

ロヘル・デ・ルリアの謀反

以上のように一三五〇年ごろよりアラゴン国王の力を後ろ盾として、アテネ兼ネオパトラス公としてのシチリア国王はカタルーニャ傭兵団への影響力を保持しようとした。しかし、それが常にうまくいったわけではなかった。

一三六二年、傭兵団の軍務副長官にあったロヘル・デ・ルリアによるヴェネツィア人の財産没収事件を皮切りに、傭兵団とネグロポンテ島に派遣されていたヴェネツィアの領事ピエトロ・グラデニコとの間で対立が生じた。ロヘルはトルコ人傭兵隊をテーベに招き入れて、対ピエトロに備えた。しかし、このロヘルの措置には、他のカタルーニャ傭兵団員たちも反対の意を表した。

シチリア国王フェデリーコ三世もこの事態に介入し、ロヘルを討伐するための軍勢を送り込むことを決した。

討伐軍の派遣は見送ったものの、一三六五年二月二四日、フェデリーコは、総代理人のハイメ・ファドリケとロヘルに向けて、自身が新たな総代理人としてシチリア王国の大執政官であるアドラーノ伯マッテーオ一世・モンカダを任命したので、彼を受け入れるようにと命じた。しかし、ロヘルはマッテーオの派遣した軍勢に対して攻撃した。このような無法行為に対して、フェデリーコも打つ手はなかった。

一方で、ロヘルがテーベに招き入れたトルコ人傭兵隊は近隣諸国にとっても脅威であった。これが、アカイア侯国、モレアス専制侯国、ヴェネツィア、聖ヨハネ修道会の勢力を一時的に結集させ、連合軍はメガラの戦いで勝利した。トルコ人傭兵隊はテーベに撤退したが、情勢の不利を見たロヘルは、一三六五年七月二五日、ヴェネツィアとの和平交渉に入るために、トルコ人傭兵隊をテーベから追放した。

この二つの出来事の結果、一三六六年、フェデリーコはロヘルに総代理人の肩書を公式に与えた。力を失ったフェデリーコが、ラテン・ギリシアの現状を優先させた結果であった。

カタルーニャ傭兵団の内部分裂

一三七〇年から翌年にかけて、ゴーティエ六世・ド・ブリエンヌの甥たちが、傭兵団領への侵攻を展開した。しかし、ヴェネツィアの協力を取りつけることができずに、一三七一年八月に傭兵団との休戦協定の締結を余儀なくされた。ブリエンヌ家の試みはまたもや失敗に終わった。

一方で傭兵団は、このころにシチリア国王フェデリーコ三世との関係を再び悪化させていた。一三六九年末のロヘル・デ・ルリアの死を受けて、翌一三七〇年五月三一日、フェデリーコはマテオ・デ・ペラルタを総代理人に任命し、派遣した。しかし、一三七三年、傭兵団の一部はマテオに対する反乱を起こした。というのも、傭兵団が順守するアラゴンの慣習では総代理人の任期は三年であったが、それを過ぎてもマテオが総代理人であり続けたからであった。フェデリーコも極力アラゴン国王ペドロ四世の影響力を排除しようとしていた。そこで反乱者たちが頼りにしたのが、フェデリーコの姉であり、アラゴン国王ペドロ四世の妻であるエレオノーラ・ディ・シチリアであった。彼らは、より強力なアラゴン王家の庇護を受けることを期待して、エレオノーラに自分たちの君主になるように打診したのである。この試みは実を結ばなかったものの、傭兵団の中では親フェデリーコ派と反フェデリーコ派の対立が続いた。

翌一三七四年にマテオが死去した。これを契機に、コリント領主に収まっていたネリオ・アッチャイオーリが、アテネとテーベを結ぶ重要地点となるメガラを制圧した。一三七五年四月、フェデリーコは、ルイス・ファドリケを総代理人として東方に派遣した。これに対して、ルイスの伯父のボニファーチョ・ファドリケと息子のジョヴァンニが異を唱えた。ボニファーチョ親子は反フェデリーコ派の傭兵団員たちと結びついた。ほどなくしてボニファーチョは死去したが、ジョヴァンニは未亡人となった母ドゥルチアとともに、一三八一年五月八日、アラゴン国王ペドロ四世に訴え出た。

一方で、一三七七年七月二七日、すでにフェデリーコはこの世を去っていた。上述のように、アカイア兼ネオパトラス公位は、娘のシチリア国王マリアに受け継がれた。そして、一三八一年、マリアの共同統治者となったアラゴン国王ペドロ四世は、事実上、公位をマリアから接収した。なお、ペドロの死後のことではあるが、一三九一年一一月、マリアはペドロの孫のマルティン（マルティーノ）と結婚した。

テーベの占領

さて、上記のネリオ・アッチャイオーリによるメガラ占領の背後には、ナバラ傭兵団とそれに合流したガスコーニュ傭兵団の助力があった。一三七七年の段階では傭兵団はアラゴン国王ペドロ四世に仕えようと試みていたがうまくいかず、雇用主として当時アカイア侯位を借り入れていた聖ヨハネ修道会に求めた。聖ヨハネ修道会はアルバニアのジン・ブア・シュパタと戦い、修道会総長フアン・フェルナンデス・デ・エレディアが一三七八年夏に捕縛されていた。そこで修道会は、傭兵団の雇用に踏み切った。八か月の雇用期間終了後、傭兵団を束ねていた一人であるフアン・デ・ウルトゥビアは、旧知の仲のネリオ・アッチャイオーリの下へ行き、一三七九年春、ともにテーベに侵攻した。そして六月にはテーベが陥落した。ネリオたちは、その勢いでアテネに侵攻した。

テーベは陥落したが、総代理人のルイス・ファドリケはナバラ傭兵団との和平を望まなかった。
ルイスに対しては、聖ヨハネ修道会からの圧力も加わった。それに対して、ペドロ四世はアラゴン王国領内の聖ヨハネ修道会の財産没収をちらつかせて、修道会を牽制した。加えて、ペドロはヴェネツィアを味方につけようと試みた。しかし、一三八〇年のキオッジャの戦いに至る戦争をジェノヴァと展開していたヴェネツィアには、その余裕はなかった。

アテネ城代ロメオ・デ・ベッラルブレを中心とするカタルーニャ傭兵団は、一三八〇年五月二〇日、ペドロに向けて援軍要請を打診した。ペドロは、ロカベルティ副伯フェリペ・ダルマウを総代理人として派遣することを約束した。ロメオは、もしフェリペの派遣が迅速になされないのであれば、自身をアテネのみにおける総代理人に任命するように訴えた。アテネ兼ネオパトラス公国の分裂を恐れたペドロはその申し出を却下したうえで、再度フェリペの派遣を約束した。

一方でペドロは、一三八〇年九月一一日、テーベ陥落の原因はテーベ大司教シモーネ・アトゥマーノの裏切りにあるとし、教皇ウルバヌス六世に対して、同大司教座には自身の息のかかったメガラ司教フアン・ボイルを任命するように詰め寄った。このように外交的努力も惜しまなかったペドロであったが、一三八〇年末から翌年初頭の間に、ナバラ傭兵団はリヴァディアも陥落させた。この段階で、ペドロの下に残ったのは、アテネとネオパトラスの町、およびサローナ伯領のみとなった。テーベとリヴァディアはネリオの所領となった。なお、これらの町は一三九四年にネリオから息子のアントニオ一世に領有権が移るが、そのすぐ後にオスマン朝によって奪われた。

総代理人フェリペがバルセローナを出航したのは、ようやく一三八一年八月一三日になってのことであった。彼にできたのは、ネリオ・アッチャイオーリおよびナバラ傭兵団と休戦の交渉を行うことのみであり、一三八二年の春にそれが実現した。

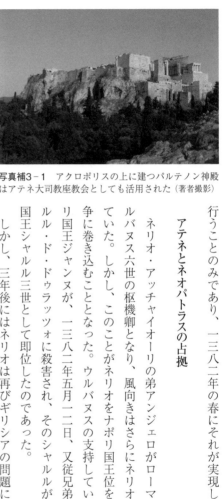

アテネとネオパトラスの占拠

ネリオ・アッチャイオーリの弟アンジェロがローマ教皇ウルバヌス六世の枢機卿となり、風向きはさらにネリオに傾いていた。しかし、このことがネリオをナポリ国王位を巡る闘争に巻き込むこととなった。ウルバヌスの支持していたナポリ国王ジャンヌが、一三八二年五月一二日、又従兄弟のシャルル・ド・ドゥラッツォに殺害され、そのシャルルがナポリ国王シャルル三世として即位したのであった。

写真補3－1　アクロポリスの上に建つパルテノン神殿はアテネ大司教座教会としても活用された（著者撮影）

しかし、三年後にはネリオは再びギリシアの問題に専念できるようになったようである。というのも、一三八五年には、ヴェネツィアとともに、アテネの外港であるピレウスを押さえることに成功しているからである。一方、このピレウス喪失を巡って総代理人フェリペ・ダルマウと対立したアラゴン国王ペドロ四世は、一三八六年六月二六日に彼を解職し、その後任にベルナト・デ・コルネッラを任命した。しかし、ベルナトがギリシアに行くことはなかった。

総代理人不在の状況を受けて、一三八七年一月、ネリオはアテネを包囲し、その半分、すなわちアクロポリスの麓の地区を制圧した。アテネ城代ペドロ・デ・パウが、アクロポリスをなんとか死守したのである。そしてまさにこのころ、すなわち一三八七年一月六日、ペドロ四世が死去した。フアン一世が後を継いだが、彼はただちにベルナトを解職し、同年四月一七日、フェリペを総代理人に再任した。しかし、フェリペもすぐに東方に向かうことはできなかったようである。一三八八年五月、ネリオの軍勢がアクロポリスも制圧した。ここで、アラゴン王家によるアッティカの支配は終わった。それから二年後の一三九〇年、ネリオはネオパトラスも制圧した。

アテネ兼ネオパトラス公ネリオ一世・アッチャイオーリ

北方では、一三八七年四月、オスマン朝がテサロニキを制圧していた。オスマン朝のスルタン、ムラト一世は、ヴェネツィア支配下のネグロポンテ、モドン、コロンにも圧力をかけた。これに対して、同年九月二八日、ヴェネツィアはムラトに向けて、奪った財産や捕虜の返還を求めて使節を送った。だがムラトは拒否した。その理由は、そもそも彼はモレアス専制侯テオドロス一世パレオロゴスの要請を受けてギリシア人の反乱を抑えただけであり、その攻撃がフランク人にも及んだのは、ヴェネツィア、ネリオ・アッチャイオーリやナバラ傭兵団が反乱軍を支援したからである、というものであった。

このことは、ネリオの立場を難しくした。というのも、テオドロスの妻バルトロメアはネリオの娘であり、すなわちネリオはテオドロスの義父であったからである。もともとオスマン朝をテサロニキに迎え入れたのはテオドロスの兄マヌエル（後のビザンツ皇帝マヌエル二世）であり、マヌエルはムラトへの朝貢も行った。テオドロスも兄の政策に則り、モレアでの勢力拡大のためにオスマン朝の属国になることを望んだ。このテオドロスの政策は、彼に対するヴェネツィアの敵意を生んだ。対オスマン朝という点では、ネリオもヴェネツィアに同調した。

一三八九年一月二六日、マリア・ド・アンギアンがアルゴスとナフプリオの領有権をヴェネツィアに売却すると、ヴェネツィアの勢力拡大を嫌ったテオドロスは、両市に侵攻した。パトラ大司教パウロ・フォスカーリや、ナバラ傭兵団長ペドロ・ボルド・デ・サンスペラーノがヴェネツィアの支援に駆けつけた。しかし、ネリオは来なかった。これをネリオの裏切りと見たナバラ傭兵団は、同年九月一〇日、ネリオを捕縛した。ネリオの弟ドナートは、ヴェネツィアに解放のための交渉役となることを要求した。ローマ教皇庁の枢機卿アンジェロも、教皇ボニファティウス九世に相談した。熟考の末にヴェネツィアは、一三九〇年五月二二日、ネリオの救出を決定した。約一年間の捕囚生活を送ったネリオは、解放された。

救出されたネリオは、メガラをヴェネツィアに譲渡し、テオドロスと対峙する際にはヴェネツィア側につくよう約束させられた。テオドロスの下に置かれていたアルゴスも、ネリオの仲介の結果、一三九四年六月一一日にヴェネツィアに返還された。しかし、オスマン朝の影響下に置かれていたナフプリオの奪還はならなかった。

頼るすべをほとんど失ったネリオは、一三九一年一二月二日、かねてよりアカイア侯位継承権を主張していたピネローロ領主アメデー・ド・サヴォワ＝アカイエを宗主として受け入れ、彼からコリント領主およびアテネ兼ネオパトラス公の地位を正式に承認してもらった。アメデーは対ナバラ傭兵団戦にネリオも支援するように命じた。傭兵団に遺恨のあるネリオにとっても、断る理由はなかった。しかし、アメデーがギリシアにやってくることはなかった。

しかも、一三九三年末から翌年初頭にかけて、オスマン皇帝バヤズィト一世がモレアに侵攻してきた。その過程で、ネオパトラス、リヴァディア、サローナが陥落し、ネオパトラス公国が滅亡した。この事態に対し、ローマ教皇ボニファティウス九世が十字軍を提唱するも、ネリオには、残されたコリントとアテネ公領を維持するためにバヤズィトに貢納するより他はなかった。さらに一三九四年一月一一日、アテネ公としての地位を固めるために、アメデーを見限ってナポリ国王ラディスラス一世を宗主とすることを提示した。ラディスラスは申し出を受け入れ、ネリオをアテネ公として承認した。そして、ネリオの要望どおり、彼の跡継ぎとしてフィレンツェ在住の弟ドナートとその息子たちを認めた。

ヴェネツィア領アテネ公国

一三九四年九月二五日、ネリオが死去した。その遺言にて、コリント領とアテネ公領を、ケファロニア伯カルロ・トッコの妻となっていた次女フランチェスカに遺した。ヴェネツィアには、フランチェスカを支援するように求めた。一方で、モレアス専制侯テオドロス一世の妻となっていた長女バルトロメアには金銭のみを、庶子アントニオにはテーベとリヴァディアのみを遺した。そこに、ナポリ国王ラディスラスとの約束にあった弟ドナートの姿はなかった。

これを不服としたテオドロスは、コリント城の置かれたアクロコリントを占拠した。アントニオもテオドロスの側についた。カルロは、コリントの町を死守するために、オスマン朝からの支援を取りつけた。テオドロスからの攻撃をなんとか凌いだカルロは、一三九五年五月一五日、コリントとメガラの売却についてヴェネツィアとの協議に入った。しかし、ヴェネツィアがカルロの申し出を却下したため、結局、カルロはコリントの町をテオドロスに明け渡すこととなった。

この間、アテネはオスマン朝からの攻撃に苦しんでいた。町の防衛に当たっていたアテネ城代マッテーオ・デ・モントーナは、ネグロポンテに駐在するヴェネツィアのバイロのアンドレア・ベンボに救援を要請した。これを受諾したアンドレアは、一三九四年末より軍勢をアテネに送った。さらに、一三九五年三月一八日より、両者の間でヴェネツィアにアテネを売却するための交渉が始まった。維持経費の問題が障害となったが、同年七月一八日、ヴェネツィア政府も購入に踏み切り、アテネ公領のポデスタとして、アルバーノ・コンタリーニが二年間の任期付きで任命された。

それでも、オスマン朝の脅威は収まることなく、一三九七年六月三日にはアルゴスが陥落した。一三九八年の春から夏にかけては、ネグロポンテ島も危機的状況に陥った。さらにそこにギリシア世界で流行した黒死病が、追い打ちをかけた。コリントを手に入れたテオドロスも同様であった。一三九七年、彼はコリントを聖ヨハネ修道会に売却した（ただし、一四〇四年に買い戻す）。それのみならず、一三九九年には自身と家族の身柄をヴェネツィアの町で保護下に置くように、ヴェネツィアに要請した。ヴェネツィア側も、これを受諾した。一四〇〇年八月三日、三人目のポデスタとして、ヴェネツィアはニッコロ・ヴィットーリをアテネに向かわせたが、彼がアクロポリスに居住する最後のポデスタとなった。

アントニオ・アッチャイオーリの公位簒奪

一四〇一年から翌年にかけて、当時ネグロポンテ島に在駐していたヴェネツィアのバイロ、フランチェスコ・ベンボと戦い、彼を捕縛することに成功したネリオ・アッチャイオーリの庶子アントニオは、一四〇二年八月にはアテネを急襲した。同年一〇月、この報を受けたヴェネツィア政府は急ぎ新たなバイロのトマーゾ・モチェニーゴを派遣して対応させたが、一四〇三年初頭にアクロポリスはアントニオの手中に収まった。

アントニオの快進撃の背後には、オスマン朝支配下のアドリアノープルの統治者スレイマン・チェレビーからの支援があった。しかし、一四〇二年七月二〇日のアンカラの戦いで父バヤズィト一世が捕縛されると、スレイマンはアントニオの支援に消極的になり、一四〇三年にはヴェネツィア、ジェノヴァ、ビザンツ帝国、アルキペラーゴ公国、聖ヨハネ修道会と和平協定を締結した。その中には、テサロニキのビザンツ帝国への返還や、アテネのヴェネツィアへの返還も含まれていた。

しかし、アントニオは支配者としてアテネに居座り続けた。伯父であるローマ教皇庁の枢機卿アンジェロ、ローマ教皇インノケンティウス七世、ナポリ国王ラディスラスは、アントニオの権利を認めた。ただし、彼らはアントニオにヴェネツィアとの和平を模索するようにとも命じた。一四〇五年三月三一日、一度はアントニオとヴェネツィアとの間で、アントニオのアテネ領有権が認められる代わりに、損害賠償を含めてアントニオはヴェネツィアに貢納する、という合意が持たれた。しかし、アントニオはこれを実行せず、結局は実質的なアテネ公として約三〇年間君臨し続けた。

強引にアテネを奪ったアントニオであったが、比較的安定した統治を行った。彼の統治下ではフィレンツェ商人の活動が活発化し、これがアテネ公国に経済力と軍事力を蓄えさせた。例えば、一四二三年五月、勢力を盛り返したオスマン朝は、トゥラクハン・ベイを指揮官としてモレアに侵攻したが、アッティカの攻撃には躊躇したのであった。

一四三五年夏、簒奪者アントニオは、アテネ公アントニオ一世として嗣子を遺さずに、脳卒中で死去した。

アテネ公国の終焉

かつてのネリオ一世・アッチャイオーリとナポリ国王ラディスラスとの協定において、ネリオの後継者に指名されていた弟ドナートは、一四〇〇年にフィレンツェで死去していた。彼には四人の息子がいたが、次男のフランチェスコはギリシアに赴き、従兄弟となるアントニオ一世に仕えていた。また、ドナートの三男アントニオは一四二七年にはケファロニア司教に任命され、正確な日づけは定かではないが、四男ジョヴァンニはテーベ大司教に任命された。

一四一九年にフランチェスコは死去したが、彼には二人の息子、ネリオとアントニオがいた。そして彼らが、アテネ公ネリオ二世、アントニオ二世となっていく。アントニオ一世の未亡人マリアは公国の実権を握ろうと試みて、オスマン皇帝ムラト二世に歩み寄ろうとするが、最終的にはネリオ二世とマリアが婚姻することで公国の分裂が避けられた。しかし、一四三九年、兄ネリオに対して弟がクーデターを起こし、アントニオ二世として即位した。即位後わずか二年でアントニオ二世が死去したため、兄ネリオ二世が公位に返り咲くが、公国は南はモレアス専制侯コンスタンティノス・パレオロゴスからの、北はオスマン朝のトゥラクハン・ベイからの圧力に苦しんでいた。ネリオ二世は、いずれにも貢納というかたちで対応するより他なかった。

属国という選択の中、アテネ公国はしばしの平穏を享受した。一四四八年一〇月、ビザンツ皇帝ヨハネス八世が死去し、モレアス専制侯コンスタンティノスがビザンツ皇帝コンスタンティノス一一世として即位した。一四五一年二月、オスマン朝はムラト二世を失い、息子のメフメト二世が跡を継いだ。そして、同年夏、ネリオ二世も死去した。跡を継いだのがネリオの二番目の妻キアラ・ゾルジと、その息子フランチェスコ一世であった。キアラは、もはや称号のみであったがボドニッツァ辺境伯ニッコロ二世・ゾルジの娘であった。

彼女は、アテネを訪れたヴェネツィア商人バルトロメオ・コンタリーニと恋に落ち、彼をアテネ公国の共同統治者とした。バルトロメオの父プリアーモは、ヴェネツィア支配下のナフプリオの城代を務めた人物であり、バルトロメオの参入は好ましい状況を生むかのようであった。しかし問題は、キアラとの結婚生活を送るために、バルトロメオがヴェネツィアにいる本妻を殺害したことにあった。

ここに目をつけて介入してきたのが、メフメト二世であった。彼の手元にはアントニオ二世・アッチャイオーリの息子フランチェスコがいたが、一四五五年、バルトロメオをアドリアノープルに召喚し、このフランチェスコこそが正式なアテネ公フランチェスコ二世であることを確認させた。さらに、メフメトはバルトロメオにキアラを殺害するように命じた。彼が拒否すると、オマル・パシャ率いるオスマン朝の軍勢がアクロポリスの麓を占拠した。フランチェスコ二世には、アクロポリスのみが与えられ、テーベなどはメフメトに没収された。しかし、翌一四五六年六月四日、フランチェスコはアクロポリスも追われ、メフメトの家臣としてテーベが与えられた。ここに、アテネ公国は消滅した。

一四六〇年のモレアス専制侯国の滅亡を導いたオスマン朝のモレア侵攻では、フランチェスコは、当時ケファロニア兼レフカダ伯の地位にあったレオナルド三世・トッコに対する戦いへの従軍を命ぜられた。全モレアを制圧したメフメトは、現地の支配者として、一四五三年のコンスタンティノープル制圧の功労者でもあるザガノス・パシャを任命した。メフメトは、ザガノスに命じてフランチェスコを殺害させた。

こうしてフランク人の手元に残ったのは、ヴェネツィアの支配下に置かれたいくつかの島や港町のみとなった。

Ⅳ　騎士修道会国家

第12章
ドイツ騎士修道会国家（一二二五―一五六一年）

ヴェンド十字軍からリヴォニア十字軍へ

第二回十字軍の準備段階において主導的役割を果たしていたクレルヴォー修道院長聖ベルナールは、次の二つの地域についてはそこから聖地に向かおうとする人々を押しとどめようとした。一つは、いわゆるレコンキスタが展開されていたイベリア半島においてであり、もう一つはスラヴ系の異教徒であるヴェンド人からの攻撃に苦慮していた北東ドイツ地域においてである。そのために彼は、在地で戦うことに聖地十字軍と同等の価値を認めた。その結果、北東ドイツ地域では一一四七年よりヴェンド十字軍が始まることとなった。

他地域における十字軍運動とヴェンド十字軍との大きな違いは、植民およびそれに伴う現地住民のキリスト教への改宗がより色濃く表れたことであった。キリスト教に改宗した後も、スラヴ系の現地住民たちは「自由」を購入するために、主としてドイツ人からなる征服者たちに多額の金銭を支払わなければならなかった。

一一七〇年代のもう一つの大きな波を経て、ヴェンド十字軍の目的は達成された。そして、一三世紀に入ると目的地はさらに東へと移り、リヴォニア十字軍が展開されていくこととなる。リヴォニア十字軍の本格的な推進は、一二〇〇年春、リヴォニア司教に叙階されたばかりのアルベルト・フォン・ブクスホーヴデン率いる十字軍が、ダウガヴァ川河口から内陸へと侵攻したことに始まる。翌年にはリガの町が建設されて司教座が置かれ、リヴォニア人やラトビア人の改宗が推進された。リガはまた、さらに北方のエストニア方面への侵攻の拠点ともなった。征服・植民・改宗の事業を円滑にするために、アルベルトによってリヴォニア帯剣騎士修道会が設立され、一二〇四年よりヴェンデン（現ツェーシス）を本部としてその活動が本格化した。また、同様の目的で設立されていた聖ベルンハルト（ベルナール）騎士修道会の会員たちも、一二〇五年に到来してアルベルトの活動を支えた。

写真12－1　ハンブルクやブレーメンは、その後も東方植民の拠点となった。写真はブレーメンの市庁舎（著者撮影）

一二〇七年までに、アルベルトは征服した領域を、神聖ローマ皇帝フリードリヒ二世からの封とし、その封建家臣となった。しかし、教皇インノケンティウス三世が一二一五年に開催した第四ラテラーノ公会議において、リガ司教区はハンブルク＝ブレーメン大司教の管轄下に位置づけられ、教皇庁の直接支配下に置かれた。

リガ司教となったアルベルトの強引な政策に、現地人たちは恐怖と憎悪に満ちあふれた。改宗は強制的であり、アルベルトは反乱者の首が送られてきたときには歓喜したと伝えられている。エストニア侵攻は殺戮・略奪・荒廃をもたらし、改宗を拒む者は火あぶりや生き埋めにされた。大規模な軍事侵攻も断続的に実施された。一二一七年九月二六日のフェリン（現ヴィリャンディ）の戦いの結果サカラ地域が制圧され、一二二四年にはフェリンにリヴォニア帯剣騎士修道会の第二の本部が設置された。そして一二二七年には、さらに東方のドルパト（現タルトゥ）を中心とするウガニア地域も制圧された。

このようにしてアルベルトはエストニアを占領していったが、レーバル（現タリン）に入植していたデーン人たちが、自身の領有権を主張した。教皇ホノリウス三世による仲裁の結果、レーバル東方のヴィアーラント（現ヴィルマア）地域と、南方のハリエン（現ハルジュマア）地域がデーン人の所有として認められた。これらの地域は一三四六年にドイツ騎士修道会に売却されるが、それまではデーン人が維持し続けた。

アルベルトによる強引な征服活動は、必然的に多くの反乱を招くこととなった。リヴォニア人やエストニア人たちは、キエフ大公国などのルーシの諸君主にたび重なる援軍要請を行った。ルーシからの援助は軍事活動に留まらず、リヴォニアやエストニア方面にギリシア（ロシア）正教ももたらした。教皇インノケンティウス三世も、ルーシの介入を信仰上の脅威として認識していた。しかし、一二二三年に始まるモンゴル軍によるルーシ侵攻により、ルーシの介入の度合いは弱まっていった。このような状況の中で、アルベルトは一二二九年に死去するまで征服地の地固めを行った。

プロイセンへのドイツ騎士修道会の導入

一方、ドイツの北東に位置するプロイセンでは、一二二五年にプロイセン（クルム、現ヘゥムノ）司教に叙階されたクリスティアンの下で、植民活動が展開されていた。ポーランドのシトー会系ウェクノ修道院出身の彼は、軍事的にはマゾフシェ公コンラト一世の、布教活動においてはプウォツク司教ゴスラフの支援を得た。クリスティアンは、強制改宗はすべきではないという考えの持ち主であり、基本的には教皇庁も同様の考えであった。しかし、教皇インノケンティウス三世は征服地では被征服民の改宗が伴われるべきであるとの考えを持ち、それが上記のリガ司教アルベルトの活動を正当化していた。そして、クリスティアンの活動も、アルベルトのそれに近くなっていく。

その結果、必然的にプロイセン人たちの反乱が激化した。それを抑えるために、クリスティアンは十字軍を活用し、また、アルベルトを模倣してドブジン騎士修道会を設立した。しかし、うまく事を運ぶことができず、衝突と荒廃の激化を招くのみであった。このような状況下で、コンラト一世は、東部ハンガリーを追われていたドイツ騎士修道会をクルマーラントに招き入れた。

一二〇九年に第四代のドイツ騎士修道会総長となったヘルマン・フォン・ザルツァは、かねてから独立国家を形成することを志していた。チャンスが訪れたのは、一二一一年、トランシルヴァニアからクマン人を駆逐して同地を制圧することを目指したハンガリー国王アンドラーシュ二世からの招きであった。アンドラーシュの思惑としては、ドイツ騎士修道会には辺境防衛を委ね

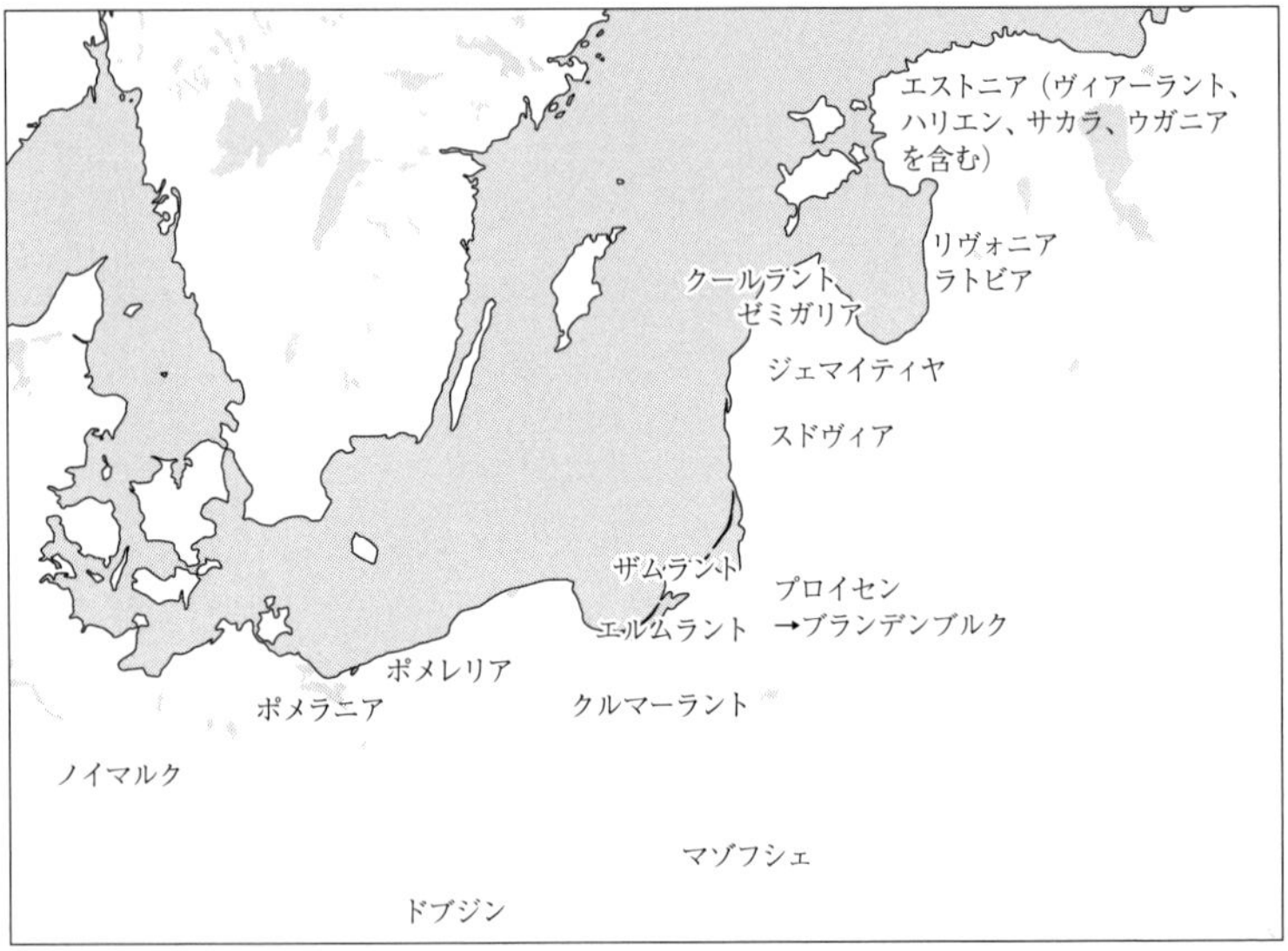

地図12－1　バルト海沿岸の地域名

るのみであったが、ヘルマンはリガ司教アルベルトを模倣して同様のことを行った。さらには、教皇インノケンティウス三世に直談判し、トランシルヴァニアを修道会の直轄地とした。最終的には、一二二五年、ドイツ騎士修道会はアンドラーシュによってハンガリー王国領内から追放された。

コンラト一世も、アンドラーシュと同様に、ドイツ騎士修道会には辺境の防備を求めた。しかし、ヘルマンは招かれた地に北部ドイツの貴族や農民の植民を促し、在地のポーランド系貴族やプロイセン司教が介入しづらい環境を作っていった。また、一二二三年以来、家臣のシュヴェリーン伯ヘンリクによって捕らえられていたデンマーク国王ヴァルデマー二世の解放に尽力することで、デンマークによるプロイセンへの介入を防いだ。一二二六年には、リューベクの帝国自由都市への昇進に助力することで、同市にも恩を売った。そして、同年、神聖ローマ皇帝フリードリヒ二世より、ヘルマンをクルマーラントおよび全プロイセンの帝国諸侯として認める金印勅書を受け取った。

リヴォニアにおいては司教が騎士修道会の上位者として位置づけられたが、ヘルマンはプロイセンでは司教は騎士修道会に従属すべきであるとの主張を行った。一二三〇年ごろには、コンラト一世もクリスティアンもその主張を受け入れざるをえなくなった。さらに、一二三三年から六年間、クリスティアンはドイツ騎士修道会によって身柄を拘束された。一二三四年、神聖ローマ皇帝フリードリヒ二世と激しい対立の中にあった教皇グレゴリウス九世は、ドイツ騎士修道会領を教皇庁の直轄下に置くと同時に、ドイツ修道会に永続的十字軍特権を付与した。先にも述べたように、永続的十字軍特権とは組織に与えられるものであり、当該の組織が存続する限り、その活動は十字軍と同等のものとみなされた。これによって、ドイツ騎士修道会の活動すべてが正当化されることになる。

その後も、クリスティアンは自己の主張を訴え続けるが、一二四三年には司教の職を解かれ、失意の中で一二四五年に死去した。

リヴォニア帯剣騎士修道会の編入

リガ司教アルベルトがこの世を去った翌年の一二三〇年より、ドイツ騎士修道会はプロイセンの征服活動を開始した。一二三一年にはトルンに、翌年にはクルムに堅牢な城塞を建築して、ク

写真12－2　トルンの城塞の内部。現在では、拷問道具や拘束道具が展示されている（著者撮影）

ルマーラントの制圧を完了した。今度は北西のポメラニア（ポンメルン）地域に侵攻して現地人を駆逐して、一二三三年にマリエンヴェルダー（現クフィジン）の町を建設した。その後は北方に展開し、現地のヴァルミア人やナタンギアン人を退けつつ、一二三七年にはヴィスワ潟を臨むところにエルビンク（現エルブロンク）の町を、一二三九年にはバルガ（現ザモク・バリガ）に城塞を建設した。

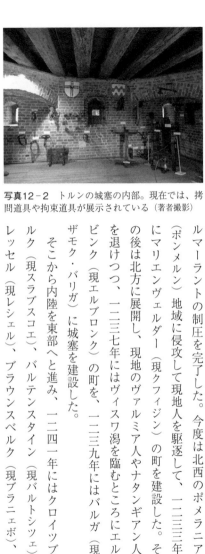

そこから内陸を東部へと進み、一二四一年にはクロイツブルク（現スラブスコエ）、バルテンスタイン（現バルトシツェ）、レッセル（現レシェル）、ブラウンスベルク（現ブラニェボ）、ハイルスベルク（現リジバルク・バルミンスキ）などにも拠点となる城塞を築城した。この過程で、一二四〇年には大規模な反乱が起こるが、それも鎮圧された。そして、当時ヴィスワ潟の航行権を有していたポメレリア（東部ポメラニア）公シフィエントペウク二世と戦い、一二五三年に航行権はドイツ騎士修道会に割譲された。

一方でリヴォニア方面では、一二三五年にドブジン騎士修道会を吸収して勢力を拡大していたリヴォニア帯剣騎士修道会であったが、一二三六年九月二二日、ザウレ（現ヤウニウーナイとされる）の戦いでジェマイティヤ人（現在のリトアニア北西部に居住した人々）に敗北した。その被害は甚大であり、翌一二三七年には同騎士修道会はドイツ騎士修道会に編入される道を選び、その名称もリヴォニアのドイツ騎士修道会（以下ではリヴォニア騎士修道会とする）となった。ただし、リヴォニアとプロイセンは、それぞれ独立したかたちで統治された。態勢を立て直したリヴォニアにおいては一二五二年ごろに南下政策が推進され、メーメル（現クライペダ）を制圧した。そして、一二五四年にはボヘミア国王オタカル二世を中心とする十字軍の助力を得てザムラント（サンビア半島）に進出し、オタカルを讃えてケーニヒスベルク（「国王の町」、現カリーニングラード）の町が建設された。

しかし、すべての活動が個別に行われたわけでもなかった。一二三七年以降、ルーシ方面においてはドイツ騎士修道会とリヴォニア騎士修道会の合同作業が展開された。一二四〇年にはコポリエ、イルボルスク、プスコフを占領した。しかし、ノヴゴロド公アレクサンドル・ネフスキーの反撃に遭い、翌年にはコポリエを奪還された。一二四二年四月五日、ペイプシ湖の戦いで敗れ、プスコフも奪還された。

このような状況に対して、一二四一年四月九日のワールシュタット（現レグニツァ）の戦いでモンゴル人の恐怖を経験していた教皇庁は、モンゴル勢力に対抗するためにロシア正教会との合同を夢見ていた。一二四五年にはプロイセン司教を大司教に昇格させ、布教活動のさらなる推進を目指した。そして、一二五一年、リトアニア大公ミンダウガスがカトリックに改宗した。一二五三年には、プロイセン大司教よりリトアニア国王として戴冠された。しかし、次に見るドゥルベン（現ドゥルベ）の戦いを経た後の一二六一年にミンダウガスが棄教し、教皇庁の夢は潰えた。

一二六〇年の大反乱と入植活動

以上のように勢力を拡大していった騎士修道会であるが、一二六〇年に二度目となる大規模な反乱が起こった。同年九月二〇日、ドゥルベンの戦いではリトアニア人勢力がリヴォニア騎士修道会を撃破した。南方においても、ブラウンスベルクとハイルスベルクは焼け落とされ、クロイツブルクとバルテンスタインは占領された。一二六四年から一二七二年の間に、ブルンスヴィック公アルベルト一世の十字軍など、断続的にやってくる十字軍のおかげで反乱勢力は徐々に押さえられ、ようやく一二八三年になって反乱は鎮火された。

第一次反乱鎮圧後の一二四九年に締結されたクリストブルク（現ジェジゴン）協定では、キリスト教への改宗者には身柄と財産の自由が保障されており、聖職者や騎士修道会士になる道も開かれていた。しかし、第二次反乱後には、クリストブルク協定は破棄され、かつてのリガ司教アルベルトと同様の政策が徹底されることとなった。大規模な入植による「ドイツ化」も徹底されたが、それは現地人の殺戮と追放を伴うものであった。

領域的には一二九〇年ごろにはプロイセン地域の制圧は完了していたが、約一五万人を要した入植にはおよそ六〇年を費やした。当初はシュレジエン、ヴェストファーレン、マイセンなどからのドイツ人入植者が中心であったが、十分な入植者の数が満たせなくなると、マゾフシェ地域のポーランド人の入植も進められた。最終的には、現地人であるプロイセン人と入植者の割合はほぼ同じになった。リヴォニアでは、ドイツ人の入植者を得ることはさらに困難であった。メーメルなどの拠点には、カトリックに改宗したリトアニア人の入植が促された。

マリエンブルクへの本部移転

一三〇八年より、ダンツィヒ（現グダンスク）を中心とするポメレリア地域を巡って、大ポーランド公国とブランデンブルク辺境伯が争った。最終的には、これに介入したドイツ騎士修道会がポメレリアを手に入れた。一三〇九年にマリエンブルク（現マルボルク）城塞を築き、エルサレム王国滅亡後はヴェネツィアに置かれていた本部を、そこに移転した。これは単なる本部の移転に留まらず、ドイツ騎士修道会領の国家化を意味し、プロイセンにおけるドイツ人至上主義のさらなる推進、同時に現地人たちのドイツ騎士修道会へのさらなる敵意の高揚も意味した。

写真12－3　ダンツィヒの旧港（著者撮影）

本部には、終身の総長の下に、総司令部、軍司令部、病院司令部、食糧司令部、財務司令部の五つの諮問機関が設置された。プロイセン全土は管区に分けられ、それぞれに管区長官が置かれた。交易上の拠点はハンザ同盟に加わって経済活動を活性化させたが、マリエンブルクとケーニヒスベルクには交易を監督する総管理人が置かれた。プロイセン領の運営からは、騎士修道会士以外の者は完全に排除された。

プロイセン領には、クルム（もしくはプロイセン）（大）司教、

写真12－4　マリエンブルクのドイツ騎士修道会本部（著者撮影）

ポメサニア司教、ザムラント司教、エルムラント（もしくはヴァルミア）司教の管轄する四つの司教管区が設置されたが、エルムラントを除いて、ドイツ騎士修道会の監督下にあった。一方で、上記のとおり、リヴォニアでは司教の優位性が保たれていた。一二五五年に大司教座に昇格したリガ大司教の下に、ドルパト、レアル・エゼル（マツァリ湾に注ぐカサリ川の河口に位置した）、クールラント（現クルディーガ）に属司教座が置かれた。なお、北部にはレーバル司教座も置かれたが、一三四六年まではスウェーデンのルンド大司教の下にあった。しかし、一三四六年にデーン人支配地域で反乱が勃発し、上記のとおり、ヴィアーラントとハリエンはドイツ騎士修道会に売却され、リヴォニア騎士修道会領に編入された。そして、レーバル司教座もリガ大司教管区に組み入れられた。

以上のようにして、一三五〇年ごろには、ドイツ騎士修道会領プロイセンと、リヴォニア騎士修道会領リヴォニアとを隔てるのは、ジェマイティヤ地域のみとなった。この地域の制圧は必要ではあったが、対リトアニア人の十字軍推進のために有効な口実として、あえて制圧を遅らせていた節がある。しかし、一三八六年二月、クラクフにおいてリトアニア大公ヨガイラ（ヤゲウォ）と、ポーランド国王ヤドヴィガが結婚し、三月四日にカトリックに改宗したヤゲウォがポーランド国王ヴワディスワフ二世として即位すると、その口実は失われた。逆に、ヴワディスワフはポメレリアとクルマーラントの奪還を目指した。

タンネンベルクの戦い

ポーランド国王ヴワディスワフ二世の思いに呼応するかたちで、一三九七年、クルマーラントにあるレーデン（現ラジン・ヘウミンスキ）の貴族たちが親ポーランド国王の団体である蜥蜴同盟を結成し、ヴワディスワフと提携した。これによりドイツ騎士修道会にとっては、内部に爆弾を抱えた状態となった。

一方で、一三九八年、従兄弟のヴワディスワフからリトアニア地域の統治を委ねられていたヴィータウタスから、ドイツ騎士修道会はジェマイティヤを奪った。また、一四〇二年にはブランデンブルク辺境伯ヨープスト・フォン・メーレンより、ポーランド王国領を臨むオーデル川東部のノイマルクの地を割譲されたドイツ騎士修道会は、ヴワディスワフに圧力をかけた。そして、一四〇九年のジェマイティヤでの反乱を契機として、ドイツ騎士修道会とポーランド王国との間で戦争が始まった。蜥蜴同盟もポーランド側に立って戦った。

一四一〇年七月一五日、タンネンベルク（現グルンヴァルト）の戦いでドイツ騎士修道会側が大敗北を喫し、総長ウルリヒ・フォン・ユンギンゲン以下二〇〇名の騎士修道会士が戦死した。さらにヴワディスワフとヴィータウタスはマリエンブルクに侵攻したが、マリエンブルクは八週間の包囲をしのぎ切り、ヴワディスワフたちは撤退した。そして、一四一一年二月一日、第一次トルンの和が締結され、ジェマイティヤとその南に位置するスドヴィア（現スバルキヤ）がリトアニアに返還され、ドブジン（現ドブジン・ナト・ヴィズウォン）地域がポーランドに割譲された。多くを失ったドイツ騎士修道会であったが、終戦後、敵側と提携していたトルン市長やダンツィヒ市長、および蜥蜴同盟の主導者たちを斬首した。

一三年戦争

タンネンベルクの戦いの結果として生じた人的損失および経済的損失を補うために、ドイツ騎士修道会は相当な苦労を強いられた。住民たちにとっては非常に厳しい増税がなされた。しかし、世俗の貴族や市民たちと提携したかたちでの立て直しを模索することはなかった。その結果、一四四〇年三月、西部プロイセンの五三人の貴族と一八の都市との間でブント（同盟）が結成された。騎士修道会はブントに歩み寄ることなく、神聖ローマ皇帝フリードリヒ三世や教皇ニコラウス五世を突き動かして、ブントを解散させようと試みた。また、騎士修道会側は閉鎖性を強めていき、一四四九年には、ドイツ人以外は貴族身分になりえないことを、翌年にはドイツ人以外を騎士修道士から排除する方針を定めた。これによって、一四〇〇年の段階では七〇〇人であった騎士修道会士の数は、一四五三年には三〇〇人にまで減少した。

一四五三年一二月、フリードリヒ三世がブント解散令を発すると、ブントは対ドイツ騎士修道会戦へと舵を切っていった。騎士修道会の拠点を押さえつつ、ポーランド国王兼リトアニア大公カジミェシュ四世には外交使節としてハンス・フォン・バイゼンを送り、プロイセンの分割についての交渉に入った。一四五四年二月二二日、カジミェシュは、ハンスをポーランド領プロイセ

写真12－5　ドイツ騎士修道会プロイセンの消滅後の1596年、ポーランドの王都はクラクフから北のワルシャワに移された。左はクラクフのヴァヴェル城、右はワルシャワの旧王宮（著者撮影）

ンの統治者に任命したうえで、ドイツ騎士修道会に宣戦布告した。ここに、いわゆる一三年戦争が始まる。

双方とも傭兵隊を活用しての戦いとなったが、より資金に恵まれたポーランド＝ブント側は、騎士修道会から守備を委ねられた傭兵隊を買収するかたちで征服活動を展開した。一四五七年六月四日には、マリエンブルクも金銭と引き換えに明け渡された。加えて、騎士修道会による過度の増税が、ダンツィヒ、トルン、ケーニヒスベルクでの反乱を導いた。

そして、一四六六年一〇月一九日、第二次トルンの和が締結され、一三年戦争が終結した。クルマーラント、およびトルン、クルム、ダンツィヒ、マリエンブルク、エルビンクなどを含むポメレリア、加えて、エルムラント司教区がポーランドに割譲された。ドイツ騎士修道会の手元に残った所領も、ポーランド国王から授かった封として、すなわち、ポーランド国王の封建家臣領として位置づけられた。騎士修道会士の半数をポーランド人とすることも約束された。そして、リ

写真12－6　ウィーンにあるドイツ騎士修道会本部（著者撮影）

ヴォニア騎士修道会領とドイツ騎士修道会領は、完全に分断されることとなった。

ドイツ騎士修道会領プロイセンの消滅

しかし、ドイツ騎士修道会の手元に残った領域では、相変わらずの強権的な統治が展開された。一三年戦争中に戦禍から逃れるために都市に流入してきた農民たちを、再び農村に縛りつけようとした結果、反乱が生じた。不安定な支配が続く中、一五一一年に総長に就任したホーエンツォレルン家出身のアルプレヒト・フォン・ブランデンブルク＝アンスバハは、一五二五年にルター派に改宗すると同時に、ポーランド国王ジグムント一世の封建家臣としてのプロイセン公となった。ドイツ騎士修道会そのものが消滅したわけではなかったが、ここに騎士修道会に与えられていた永続的十字軍特権は消滅した。

ドイツ騎士修道会から切り離されていたリヴォニア騎士修道会領では、一四九四年に総長に就任したヴァルター・フォン・プレッテンベルクの下で、モスクワ大公国の脅威からリヴォニアを防衛していた。しかし、その維持も困難になっていった。最後の総長となるゴットハルト・ケットラーはやはりルター派に改宗したうえで、一五六一年、クールラントとその東部に位置するゼミガリア（現ゼムガレ）をポーランド国王から授かった封土とし、ミタウ（現イェルガヴァ）を首都とするクールラント＝ゼムガレン公国とする道を選んだ。その他の領土は、トランスダウガヴァ侯領としてポーランドに編入された。ただし、その後にレアル・エゼル司教領はデンマーク王国に、レーバル司教領はスウェーデン王国に、ドルパト司教領はモスクワ大公国に奪われた。

騎士修道会のその後

上記のとおり、ドイツ騎士修道会領プロイセンや、リヴォニア騎士修道会領リヴォニアの消滅は、騎士修道会組織そのものの消滅を意味したわけではなかった。もはや、十字軍国家ではないが、その後の経緯について簡単に見ていきたい。

一五二五年以降、ドイツ騎士修道会の本部はフランケン地方のメルゲントハイム（現バート・メルゲントハイム）に移された。一五七七年までに修道会士の数は一七一人にまで減少していた。そして、一五八五年より総長となったオーストリア大公マクシミリアン三世の下で、神聖ローマ帝国領内の一諸侯領と化した。その後も、十字軍士としてではなく、一諸侯としてハンガリー戦線などに戦士を送り出すが、一七世紀に入るとその軍事的機能も大きく低下していき、騎士修道士になることも、貴族たちのステイタス・シンボルにすぎなくなっていった。

一六四八年以降においては、ルター派やカルヴァン派の入会も第三会員として認められたが、貴族階級による閉鎖性の高さゆえ、例えば一六九九年の騎士修道会士の数は九四人、司祭の数は五八人にまで減少していた。そして、一八〇九年に本部はウィーンに移され、今日に至る。

第13章
ロドス期の聖ヨハネ修道会国家（一三一〇―一五二三年）

ロドス島の獲得

一二九一年にそれまで聖ヨハネ修道会の本部が置かれていたアッコンが陥落し、本部はキプロス王国の港町リマソルに移転された。一三〇〇年、同じくキプロスへの撤退を余儀なくされたテンプル騎士修道会とともに、キプロス国王アンリ二世に従軍してエジプト、シリア、パレスチナの沿岸部を攻撃するも、成果を挙げることができなかった。たび重なる遠征により、一三〇五年に総長フルク・ド・ヴィラレが就任した際には、聖ヨハネ修道会は財政難と人員不足に苦しんでいた。そこでより安定した新たな足場としてフルクが目をつけたのが、ビザンツ帝国の支配下にあったロドス島であった。

ただし、ロドス島の支配権は、一二七八年ごろにビザンツ皇帝ミカエル八世パレオロゴスより、ジェノヴァ人の私掠船長であり、一二七五年からはビザンツ海軍の艦隊長になっていたジョヴァンニ・デッロ・カーヴォに委ねられていた。ヴェネツィアおよびオスマン朝の脅威に対抗するための措置であった。しかし、一三〇三年には島の東部をオスマン朝に奪われるなどの劣勢が続いた結果、ジョヴァンニは、同胞のアンドレアとルドヴィーコのモレスコ兄弟に島を委ねた。そして、一三〇六年、モレスコ兄弟の伯父ヴィニョーロ・デイ・ヴィニョーリとキリスト教系ロドス住民の要望というかたちで、聖ヨハネ修道会に対トルコ人のための援助要請が出された。一三〇六年五月二七日、リマソルにおいてフルクとヴィニョーロとの間で協議が持たれた。ロドス島、コス島、レロス島の領有権は聖ヨハネ修道会にあること、ただしロドス島内にあるヴィニョーロの私領地はヴィニョーロのものであること、上記の島々の全収益の三分の一をヴィニョーロが得ること、で合意に至った。

写真13－1　ロドスの総長の宮殿（内陣）（著者撮影）

同年六月二三日、リマソルを出航した聖ヨハネ修道会とジェノヴァの海軍がロドスへの攻撃を開始した。それに対して、ビザンツ皇帝アンドロニコス二世は、ロドス島を封として聖ヨハネ修道会に授与する旨を打診したが、拒否された。そこで、一三〇七年四月にアンドロニコスは、対聖ヨハネ修道会のための援軍を送った。それによって征服事業は難航した。一三〇八年半ばに都市ロドスは降伏したものの、島内のそれ以外の制圧の見込みは薄かった。そこでフルクはヨーロッパに渡り、教皇クレメンス五世を説得した。その結果、一三〇九年には小規模ながらもロドス島制圧のための十字軍が発動され、翌年に全島が制圧された。アッコンの本部が失われてから約二〇年、リマソルでの間借り生活から脱却して、聖ヨハネ修道会はようやく新天地を得ることができた。そして、ロドスに落ち着いた聖ヨハネ修道会に対して、クレメンスはかつてドイツ騎士修道会に与えられたのと同様の永続的十字軍特権を付与した。

基盤形成の模索

聖ヨハネ修道会によるロドス島の占領は、ヨーロッパ世界から多くの商人を惹きつけた。しかし、同島に定住する者は少なく、人員不足を解消する見込みはなかった。そこで、一三一三年、修道会のロドス本部は、島内のギリシア人やトルコ人などから土地を奪ったフランク人には、軍事奉仕の見返りとして永続的に土地の所有権を認める、という決定を下した。聖ヨハネ修道会に忠誠を誓うことで島内に留まったアルコンもいたが、多くの先住民が島から駆逐された。

経済的問題も解消されることなく、新たな問題を引き起こしていた。立場上、教皇庁がたびたび発するムスリムとの交易禁止令を順守せざるをえない修道会は、ロドスにおいてもそれを商人たちに厳守させた。しかし、一三一一年に起こった違反者の逮捕という事件が、特にジェノヴァとヴェネツィアの怒りを買うこととなり、ジェノヴァはオスマン朝と提携してロドス攻撃に踏み切った。一三一二年に解体されたテンプル騎士修道会の財産の半分を受け取ることで一時的な利益を得た聖ヨハネ修道会は、コス島を占拠するなどして事を優位に運び、一三一三年にジェノヴァとの和平締結に至った。ヴェネツィアとの闘争は一三一六年まで続くが、やはり最終的には和平に至った。

このようにして外交的問題が対処されている間、フルクは総長の権限を拡大するなどして、自身の権力基盤を固めることに専心していた。これに反発した修道会士の一派は、フルクの暗殺を計画した。都市ロドスから島内のリンドスに逃れたフルクであったが、そこで捕縛された。反フルク派は、新たな総長としてモーリス・ド・パニャックを選出した。その結果、ロドス本部はフルク派とモーリス派に分裂した。この問題を重く見た教皇ヨハンネス二二世は、一三一九年にフルクとモーリスをアヴィニョンに召喚し、モーリスの総長選出を無効化し、フルクも総長職を辞任させられた。そして、新たな総長にはエリオン・ド・ヴィルヌーヴが選出された。内部分裂の危機は回避されたが、以降、同修道会は教皇庁への依存度をより高めていくこととなった。

このようにして生じた総長不在の時期を狙ってのことであろう、一三一八年よりオスマン朝のロドス攻撃が始まった。聖ヨハネ修道会士アルベルト・フォン・シュヴァルツブルクの活躍、およびキオス領主マルティーノ・ザッカリアの助力によりオスマン朝軍は退けられ、一三一九年、逆に修道会はコス島北方に位置するレロス島を獲得した。

交易活動の開始と教皇庁の介入

聖ヨハネ修道会は、四つの問題を抱え続けていた。一つは、教皇庁への依存度の高まりから、自立的な活動・判断が困難になったことである。二つ目は、総長およびロドス本部のリーダーシップの失墜であり、肝心な本部の人員確保が困難になったことである。これに関連して三つ目は、本部の慢性的な資金不足であり、フィレンツェのバルディ家、アッチャイオーリ家、ペルッツィ家などからの多額の借金に依存していた。さらにこれに伴って、四つ目は海軍力の乏しさである。例えば、一三四五年の段階で、本部の騎士の数は四〇〇人であり、六隻のガレー船しか保有していなかった。必然的に、ジェノヴァやヴェネツィアへの依存度が高まった。

これらの問題を解決するために、一三四一年よりロドス本部は交易活動に従事するようになっていった。主たる産品として、ヨーロッパの羊毛をレバントへ、キプロスやロドスの砂糖や綿をヨーロッパへと輸出した。その結果、一三四六年に死去したエリオン・ド・ヴィルヌーヴの後を継いで総長に就任したデュードネ・ド・ゴゾンの時代になってようやく、ロドスの町の城塞化に着手することができるようになった。一三五〇年代には、フィレンツェ商人たちからの借金を返済した。また、かつては排斥しようとしていた島の先住民との関係も改善され、彼らには信仰や財産の維持が認められた。

しかし、第一の問題である教皇庁との関係は足かせのままであった。交易活動に手を染め始めた翌年の一三四二年、教皇クレメンス六世は、対マムルーク朝や対オスマン朝のための第一次エーゲ同盟の結成を目指して、聖ヨハネ修道会にも参加を呼びかけた。重要な交易相手となっていたマムルーク朝への攻撃に躊躇したロドス本部に対して、クレメンスは聖ヨハネ修道会を解散して新しい騎士修道会を設立すると脅し、同盟への参加を強要した。その結果として翌一三四四年に展開されたスミルナ十字軍によって、小アジアの沿岸都市スミルナを占領することに成功した。また、一三四七年にはダーダネルス海峡入口にあるインブロス（現ギョクチェアダ）島沖において、オスマン海軍を破ることに成功した。

しかし、交易活動を停止しての軍事活動は、ロドス本部の財政を再び悪化させ、本部は徐々に軍事活動への消極的姿勢を露わにしていった。これに対して、教皇インノケンティウス六世は激しく非難した。上述のとおり、聖ヨハネ修道会がより豊かなモレアでの足固めを目指すようになったのはこのころからであったが、その背後にも教皇からの命令があった。

一三五三年、インノケンティウス六世は聖ヨハネ修道会に、オスマン朝からの圧力を受けるビザンツ皇帝ヨハネス六世カンタクゼノスを支援するよう命じた。もともとヨハネス六世はオスマン朝の力を借りることで、ヨハネス五世パレオロゴスを駆逐して帝位に就いたのであるが、翌年にはオスマン朝によりガリポリが占領された。帝位に復活したヨハネス五世パレオロゴスは、一三五七年にローマ教会への服従の意志を示し、教会合同と引き換えにヨーロッパからの援軍を求めた。一三五九年に教会合同の道筋は絶たれるも、聖ヨハネ修道会を含む十字軍が、ガリポリの対岸に位置するランサクス（現ラープセキ）で勝利した。

しかし、同年よりキプロス国王ピエール一世による十字軍運動が始まると、教皇庁もそれを重視し、聖ヨハネ修道会の活動の重点も移った。一三六五年のアレクサンドリア占領で頂点を迎えたピエールの十字軍であったが、一三六九年に彼が暗殺されるとキプロスにおける十字軍熱も冷却された。彼の跡を継いだ息子のピエール二世はジェノヴァと激しく闘争することとなる。教皇庁の命令を受けてロドス本部も介入することとなるが、重要な役割を演じることができなかった。

ロドス本部の力不足の主要な原因は、本部にやってくる多くの修道会士の目的が単なるキャリア・アップであり、皆短期間でヨーロッパに戻ってしまうことであった。教皇庁もそれを助長するような人事介入を行っていた。また、やはり教皇庁の人事介入の結果、総長たちも東方での経験が少ない老齢の者ばかりとなった。

大シスマの影響と「言語」による分裂

一三六六年、サヴォワ伯アメデー六世が十字軍士として東方に向かい、ガリポリの占領に成功するも、再びオスマン朝に奪還された。オスマン朝の優勢は止まらず、一三七一年のマリッツァ川の戦いでセルビア王国軍を破った。このようなギリシア世界の危機的状況を受けて、一三七三年より教皇グレゴリウス一一世は、聖ヨハネ修道会をそこに巻き込もうとした。

それに先立って、一三七〇年にグレゴリウスは、本来はロドス本部に送金されるべき聖ヨハネ修道会各管区の収益金を、各管区内に留めておくように命じた。その理由の一つにロドス本部がマムルーク朝と和平を締結したことがあったが、これによって各管区の独立傾向が進み、ロドス本部も七つの「言語（langues）」（プロヴァンス、オーベルニュ、フランス、イタリア、スペイン、ドイツ［後にスカンディナヴィア、ボヘミア、ポーランドを含むようになる］、イングランド［アイルランドを含む］の七つ。その後、レコンキスタが完了した一四九二年の末には、スペインがさらにカスティーリャ［ポルトガルを含む］とアラゴン［カタルーニャとナバラを含む］に分割されて、八つとなった）によって分割された。

教皇の意向を受けて一三七四年に総長となったロベール・ド・ジュイイは、一三七六年にギリシアへの遠征を決するが、目まぐるしく変わる状況の中でそれを実施することができなかった。最終的には翌一三七七年六月、五年間の期限つきで、アカイア侯国領を貸借することとなった。そのための資金は、ヨーロッパ世界に留められていた聖ヨハネ修道会の基金から支出された。同年七月二七日にロベールが死去すると、ロドス本部からの反対にもかかわらず、グレゴリウス一一世は後任の総長としてアラゴン出身のファン・フェルナンデス・デ・エレディアを指名した。上述のとおり、ファンはアルバニア人のジン・ブア・シュパタによって捕縛され、約一年間の捕囚生活を送ることになる。さらに釈放後の一三八一年にファンは暗殺未遂事件に巻き込まれるが、その実行犯がフランス出身のベルトラン・ド・ガニャックであったために、ファンはフランス出身の修道会士を遠ざけて、イタリア出身者を重用するようになった。

その一方で、ファンを支えていたのはアヴィニョン教皇庁であったが、その暗殺未遂事件を受けて、ローマ教皇ウルバヌス六世はファンを罷免したうえで、総長としてカプア管区長リッカルド・カラッチョーロを任命した。ロドス本部は、二人の総長が林立する状態を黙認するかたちで、大シスマの影響による本部の完全分裂を回避した。しかし、大シスマは、ヨーロッパ世界の各管区からの本部への送金停止に拍車をかけることとなった。

マムルーク朝との良好な関係

一三九六年、ニコポリス十字軍の敗戦の少し前に、総長ファン・フェルナンデス・デ・エレディアが死去した。もう一人の総長リッカルド・カラッチョーロも、ほとんどロドスに来ることなく、一三九五年にローマにて死去していた。ロドス本部は、オーベルニュ管区長フィリベール・ド・ナイヤックを総長として選出した。彼は、ニコポリス十字軍で捕虜となってその後に解放された者たちを積極的にロドスに受け入れ、人員不足を解消しようとした。そのうちの一人に、ブシコー元帥こと、ジャン・ル・マングル二世がいた。

また、フィリベールは一三九七年四月のオスマン朝によるモレア侵攻を受けてロドスにやってきたビザンツ皇帝マヌエル二世パレオロゴスを迎え入れて、対オスマン朝の協議を行い、モレアス専制侯テオドロス二世パレオロゴスへの支援を決定した。しかし、テオドロスとナバラ傭兵団の対立によって、フィリベールは容易でない外交政策を強いられた。このような状況から彼を救ったのは、一四〇二年七月二〇日のアンカラの戦いであった。一三四四年以来管理していたスミルナは、一四〇二年一二月にティムールによって蹂躙されて失われるものの、ギリシア世界はオスマン朝の脅威から一時的に解放された。

フィリベールの政策は、外交的努力を中心とした。一四〇三年には、かつて一三七〇年にマムルーク朝との間で締結した和平協定を更新した。同年六月にロドスにやってきたブシコー元帥はアレクサンドリアへの攻撃を主張したが、なんとかなだめてその視線を小アジア方面に反らさせた。同年一〇月二七日にはマムルーク朝の使節がロドスを訪問し、その結果、エルサレム、ラムラ、ダミエッタに巡礼宿や病院を設置して、それを管理する権限が聖ヨハネ修道会に与えられた。また、一四〇六年には、長らく続いていたジェノヴァとキプロス国王との闘争の収束にも大きく尽力した。

このようにして東方の情勢を落ち着かせたフィリベールは、徐々にロドス本部の運営への関心を薄くさせていったようである。一四〇九年、大シスマを収束させるために開催されたピサ会議に出席した彼は、結果として登場した第三の教皇アレクサンデル五世を支持したために、アヴィニョン教皇ベネディクトゥス一三世からは総長を罷免された。一四二〇年にロドスに戻った彼は、翌一四二一年に死去した。彼の不在中のロドスは、マムルーク朝との良好な関係もあり、商業拠点としての重要性を高めていた。しかし、そのことがロドスを私掠船の一大拠点ともし、ヴェネツィアとジェノヴァの間で闘争が生じた際には、それに巻き込まれることを不可避にしていった。

総長ジャン・ド・ラスティクの改革

フィリベール・ド・ナイヤックの後継者として総長に選出されたのは、カタルーニャ出身でコス島の指揮官も務めていたアントニ・デ・フルビアであった。その選出と同じ年の一四二一年、オスマン朝ではムラト二世がスルタンに登位した。父メフメト一世の時代には同盟関係にあったビザンツ帝国との関係は悪化し、東地中海の情勢も再び悪化した。一四二六年に小アジアがムラトに掌握されると、聖ヨハネ修道会が押さえていたボドルム、コス、そしてロドスもその脅威に直面することとなった。

一方で同年、マムルーク朝スルタンのアシュラフ・バルスバーイがキプロス王国に侵攻し、国王ジャニュ（ヤヌス）を捕縛した。キプロス王国は多額の保釈金を支払わねばならず、加えてマムルーク朝への朝貢を余儀なくされた。キプロス王国を支援した聖ヨハネ修道会もまた、その保釈金の多くを負担せねばならなかった。そして一四二八年には、一三七〇年および一四〇三年に締結された和平を更新した。ここで、その骨子を見てみよう。

①一三六五年のアレクサンドリア略奪の後の一三七〇年に締結された和平の順守。②エルサレム巡礼者保護のために、聖ヨハネ修道会はエルサレムの病院およびラムラに領事を配備することを維持・継続できること。③聖ヨハネ修道会士たちは税を支払うことなく、騎乗であろうが徒歩であろうがスルタンの支配地を自由に移動できること。④聖墳墓教会やシナイ山の聖カタリナ修道院への巡礼者は、アレクサンドリア占領以前に定められていた額以上の税を支払う必要がないこと。⑤聖ヨハネ修道会士たちは巡礼

写真13－2　ロドスの城壁と総長の宮殿（著者撮影）

者の便宜のために巡礼宿を改築したり、聖墳墓教会などの聖所を補修したりすることができること。⑥聖ヨハネ修道会はダミエッタに領事を置くことができること。⑦保釈金を支払えば、キリスト教徒奴隷を解放できること。⑧聖ヨハネ修道会はスルタンの支配領域で食糧を無税で調達できること。⑨ダミエッタ、アレクサンドリア、ヤッファ、ベイルート、ダマスクス、トリポリに配置されている聖ヨハネ修道会士は、通例の税を払わねばならないが、それ以上の支払いは必要ないこと。

マムルーク朝との関係を回復したアントニは、一四三七年に死去した。後任に選出されたのは、

中部フランス出身のジャン・ド・ラスティクであった。そして、ジャンの下でさまざまな改革・政策が展開されることとなった。まずは、ロドスやコスの町の防備強化である。現在我々が見ることのできる完成形に至るまでには約半世紀を要するが、それを着手したのがジャンであった。一四四〇年、マムルーク朝がロドスおよびコスに侵攻してきたが、聖ヨハネ修道会はそれをはね返した。一四四八年にも再びマムルーク朝からの攻撃を受けて四〇日間にわたって包囲されたロドスであったが、これにも持ちこたえた。ジャンによる防備強化の結果であった。翌年、ジャンはマムルーク朝との和平協定を更新した。

もう一つの改革は、総長の選出から教皇庁の干渉を完全に排除したことである。ロドス本部が「言語」で分裂したことは上で触れたが、一四四七年、ジャンは各「言語」の総会によって総長を選出することを定めた。これに則るかたちで、ジャンは「総長(フランス語ではグラン・メートル、英語ではグランド・マスター)」という称号を初めて用いたのである。

これらの改革をなした後の一四五〇年、ジャンはオスマン朝のムラトとの和平協定締結にもこぎ着けた。しかし、翌年にムラトは死去し、息子のメフメト二世にオスマン朝のスルタンは代わりした。翌一四五二年一二月二五日に、ジャンは和平協定の更新を要求する使節をメフメトに送るが、その返事のないまま、一四五三年五月二九日にメフメトはコンスタンティノープルを占領してビザンツ帝国を滅亡させた。翌年にメフメトは和平協定締結の条件として、年二〇〇〇ドゥカートの貢納を要求してきた。ジャンはこれを拒否したが、それが彼の総長としての最後の仕事となった。

写真13－3　ロドスの修道会病院は、現在考古学博物館として活用されている（著者撮影）

第一次ロドス包囲戦

　新総長ジャック・ド・ミイイは、就任の翌一四五五年、オスマン朝からの攻撃の洗礼を受けることとなる。聖ヨハネ修道会が所有するシミ島、ニシロス島、コス島、そしてロドス島が攻撃されたのである。これらは死守したものの、一四五六年にはジェノヴァ支配下のキオス島が失われた。一四六二年にメフメトは、朝貢を条件とする和平協定締結を再度打診してきた。貢納の代わりに贈り物を送ることでジャックは凌いだ。その後も、二年ごとに貢納を要求された。

　一方で一四五八年、キプロス国王ジャン二世の死去に伴って、異母兄妹であるジャック・ド・リュジニャンとシャルロット・ド・リュジニャンとの間で後継者争いが生じた。マムルーク朝スルタンのアシュラフ・イーナールの下に逃げ込んだジャック・ド・リュジニャンは、その支援で一四六〇年にシャルロットから王位を簒奪することに成功する。この闘争の中でシャルロットを支援した聖ヨハネ修道会は、マムルーク朝との関係を悪化させることとなった。また、敵はムスリム勢力だけではなかった。一四六〇年に聖ヨハネ修道会がヴェネツィア船を拿捕したことを契機に、ヴェネツィアはロドスを攻撃した。同様の事態は一四六四年にも起こった。いずれも拿捕した船を解放することで解決するも、一四六一年にこの世を去った総長ジャック・ド・ミイイと、その後継総長ペレ・ラモン・サコスタにとっては苦難の連続であった。

一四六七年にペレを継いで総長となったジョヴァンニ・バッティスタ・オルシーニには、一筋の光明が差したかのようであった。一四七〇年にネグロポンテ三頭公国がオスマン朝に占領されたことを受けて、教皇パウルス二世およびその後継教皇シクストゥス四世の呼びかけで、教皇庁、ヴェネツィア、ナポリ王国、聖ヨハネ修道会の間で同盟が結成されたからである。加えて、東方でオスマン朝と対立していた白羊朝のウズン・ハサンも、同盟軍と提携した。同盟軍が目指したのは、スミルナの占領であった。しかし、一四七三年八月一一日、バシュケント（現エルジンジャン近く）の戦いで、メフメトがウズン・ハサンを破った。同盟軍のスミルナ攻略も失敗に終わった。

写真13－4　コスに残る修道会の城跡（著者撮影）

一四七六年に総長ジョヴァンニが死去し、フランス王家とも関わりの深いピエール・ドービュッソンが総長に就任した。ピエール就任当時のオスマン朝は、アルバニア、ハンガリー、ワラキア方面の制圧により力を注いでいる状態であった。また、マムルーク朝との和平協定も更新され、一四七八年にはハフス朝の支配者アブー・アムル・ウスマーンとの間にも和平協定が締結された。
このような状況の中で、イコニウムとカラマンの統治者であったメフメト二世の息子ジェムも、聖ヨハネ修道会との和平を模索した。

しかし、この交渉は実を結ばず、一四八〇年五月二三日、メフメトはロドス島内のムスリムの保護を大義名分として、メシヒ・パシャの率いる大軍隊にロドスを攻撃させた。七月二七日から翌日にかけてがロドス包囲戦のクライマックスとなったが、聖ヨハネ修道会はメシヒ・パシャの軍勢をなんとか退けることに成功した。しかし一方で、一四八〇年八月一八日、アフメト・パシャ率いる軍勢は、イタリア南部のオトラントを占領した。

ジェムの亡命

一四八一年五月三日、メフメト二世が死去し、同月二一日にイスタンブルに入城したバヤズィト二世がスルタンとして即位した。しかし、弟のジェムも、同月二八日にブルサで自らがスルタンであることを宣言した。ジェムは分割統治を兄に要望したが、バヤズィトは拒否して弟への攻撃を開始した。シリアを経由してカイロに至ったジェムは、マムルーク朝の保護下に置かれた。

このような状況において、一四八一年一一月二六日、バヤズィトは聖ヨハネ修道会に対して六か月間の和平を提案した。一方のジェムは、メッカ巡礼を行った後に小アジアに侵攻するも反撃に遭い、一四八二年七月二九日にロドスに降り立った。同年八月二二日、聖ヨハネ修道会とジェムとの間で永遠の和平が約束された。そして、同年一〇月、ジェムはサヴォワ家支配下のシャンベリに至った。

ジェムの身柄の確保は、聖ヨハネ修道会にとっては形勢逆転をもたらした。一四八二年一二月二日には、バヤズィトとの間で自由交易と捕虜交換を含む和平を締結したうえで、ジェムの保護を名目として年三五〇〇ドゥカートを受領することとなった。マムルーク朝に対しても、一四八四年に和平協定を更新したが、その直後に協定違反を名目としてマムルーク朝が定量の穀物をロドスに納めることとなった。一四八六年にはバヤズィトによるキオス攻撃に介入し、撤退させた。一四八九年にはジェムを教皇インノケンティウス八世の下にエスコートした総長ピエール・ドービュッソンに、枢機卿の帽子が授与された。

しかし、いわゆるイタリア戦争による混乱の中で、ジェムはフランス国王シャルル八世に事実上拉致され、その下で一四九五年二月二五日に死去した。

マムルーク朝の滅亡

ジェムという武器を失ったロドス本部は、バヤズィト二世の反撃を恐れて急ぎ海軍の増強を行った。しかし、一四九八年、バヤズィトは聖ヨハネ修道会に和平を申し出た。その視線が、対ヴェネツィアにあったからであった。一四九九年のバヤズィトによるレパント占領を受けて、一五〇一年に教皇アレクサンデル六世は十字軍を提唱し、ヴェネツィア、フランス王国、スペイン王国、ポルトガル王国、教皇庁、そしてロドス本部からなる神聖同盟を結成した。同盟軍の総指揮官には総長ピエール・ドービュッソンが任命された。しかし、一五〇三年にヴェネツィアが同盟から離脱して単独でオスマン朝と講和してしまう。梯子を外されたかたちになって取り残されたロドス本部は、同年七月三日に総長ピエールを失った。次期総長の決定を見る前の同年八月、ロドスが攻撃を受けた。これを凌いで同年一〇月に新総長エメリー・ダンボワーズを選出したロドス本部であったが、不運が重なった。

一五〇四年にバヤズィトの息子の一人であるケマル・ベイの乗った船が私掠船に拿捕され、奴隷として売却するためにロドスに連れてこられる、という事件が起こった。さらに不幸なことに、逃亡しようとしたケマルは海に落ちて溺死してしまった。エメリーは、バヤズィトをなだめて和平にこぎ着けることに専心した。この試みは実を結び、一五〇七年までの和平が締結された。

このころ、紅海の制海権を巡って、マムルーク朝とポルトガル王国が衝突していた。当時ポルトガルと対立関係にあったヴェネツィアは、マムルーク朝の支援にまわった。また、マムルーク朝とオスマン朝との間にも不穏な空気が流れていた。このような複雑な状況の中で、オスマン朝との関係悪化の回避を第一としたロドス本部は、概して良好な関係にあったマムルーク朝への攻撃を開始した。例えば、一五一〇年八月二二日には、アレクサンドレッタ近海を航行していたマムルーク朝の船を拿捕した。

一五一二年五月二六日、結果的にはロドス本部とは関係の悪くなかったバヤズィト二世が死去し、息子のセリム一世が即位した。セリムは一五一四年八月二三日、チャルディラーンの戦いでサファヴィー朝を破って東部戦線を落ち着かせると、翌年にはロドス本部に対して、当時ロドスに滞在していたジェムの息子の一人ムラトの引き渡しと引き換えに和平を提案した。セリムとしては、たとえこの交渉はうまくいかずとも、きたるべきマムルーク朝への攻撃に備えて、聖ヨハネ修道会を牽制する効果を持っていた。

一五一六年六月五日にイスタンブルを出発したセリムは、八月二八日、アレッポ近郊のマルジユ・ダービクの戦いでマムルーク朝スルタンのアシュラフ・カーンスーフ・ガウリーを敗死せしめ、シリア、パレスチナ、アラビア半島を制圧していった。そして、翌一五一七年一月二二日、カイロ近郊のリダニヤの戦いでガウリーの後継スルタンのアシュラフ・トゥーマーンバーイの軍勢に大勝し、ここに事実上マムルーク朝は滅亡した。マムルーク朝は和平協定を締結していたロドス本部に救援を求めていたが、動きはなかった。

ロドス陥落

一五二〇年九月二二日、セリム一世が死去した。後継者となったスレイマン一世がまず目指したのは、バルカン半島であった。一五二一年八月にベオグラードを占領した彼は、そこから当時聖ヨハネ修道会の総長であったフィリップ・ヴィリエ・ド・リラダンに宛てて、自身の成果を伝える書簡を送った。事実上の脅迫状であった。同年一二月一日には、スレイマンはヴェネツィアと和平協定を結んでロドスの孤立を図ると、翌年春より、ロドス攻撃のための本格的な準備に入った。

写真13－5　ベオグラードの城塞（スタンボル門）。城塞跡地は、現在カレメグダン公園となっている（著者撮影）

一五二二年六月二四日、四〇〇隻からなるオスマン海軍がロドスに到着した。そして、七月二八日までには上陸が完了し、スレイマン自身も加わってロドスを包囲した。ヨーロッパ世界からの援軍を期待して、聖ヨハネ修道会はたび重なる攻撃を凌いだ。しかし、援軍は来なかった。一一月、スレイマンは総長フィリップに降伏を勧めた。一度は拒否するも、フィリップは一二月九日に会議を開催し、そこでの投票に結論を委ねた。二日後、ロドス本部から二人の使節がスレイマンの下に送られた。スレイマンは、降伏すれば財産と生命を保障する旨を使節に伝え、三日間の返答猶予を与えた。返答期限に合わせて、フィリップは和平協定の締結を提案した。時間稼ぎであると激怒したスレイマンは、一二月一七日、最後となる総攻撃を行った。翌日にフィリップは降伏の意志を示し、一二月二〇日には一二日以内に聖ヨハネ修道会はロドス島を退去することが定められた。翌一五二三年一月には、コス島やボドルムなど、他のエーゲ海域の聖ヨハネ修道会の拠点も降伏に追い込まれた。

ロドス島を追われた総長たちは、クレタを経由して、一五二二年三月一日にはメッシーナに至った。八月、チヴィタヴェッキアで教皇ハドリアヌス六世に謁見したフィリップは、次なる本部を模索する協議に入った。そして、一五二三年末にはハドリアヌスを継いだ元聖ヨハネ修道会出身の教皇クレメンス七世の尽力の下、神聖ローマ皇帝カール五世と彼が所有するマルタ島、ゴゾ島、コミノ島、そして北アフリカのトリポリの貸与に関する交渉に入った。最終的には一五三〇年三月二四日に聖ヨハネ修道会とカール五世との間で調印がなされ、同年一〇月二六日にマルタに本部が移転された。

第14章
マルタ期の聖ヨハネ修道会国家（一五二三―一七九八年）

宗教改革と聖ヨハネ修道会

ロドス島の陥落に先んじて、ヨーロッパ世界では、一五一九年以降に宗教改革が始まることとなる。その波の中でドイツ騎士修道会領プロイセンやリヴォニア騎士修道会領リヴォニアが消滅したことについては上に記したとおりであるが、聖ヨハネ修道会も少なからぬ影響を受けることとなった。すべてではないにせよ、福音派に転向した国家では聖ヨハネ修道会の管区の解体が始まった。例えば、スウェーデン王国では一五二七年に、ノルウェー王国では一五三二年に、デンマーク王国では一五三六年に、イングランド王国では一五四〇年に、スコットランド王国でも一五六三（もしくは一五六四）年に各領域内の修道会管区が失われ、本部に提供されるべき人員と財産も失われた。

聖ヨハネ修道会のマルタ島での第一歩は、カトリック圏に頼らざるをえない状況の中で踏み出された。ロドス島から駆逐された聖ヨハネ修道会士やギリシア系の臣民たちは、まずはビルグに

写真14－1　聖ヨハネ修道会によってイムディーナに建造された聖パウロ大聖堂（著者撮影）

写真14－2　聖アンジェロ城砦（著者撮影）

本部を定めた。当時のマルタ島には、アラビア語で要塞を意味するイムディーナと、その西方のアラビア語で郊外を意味するラバトしか都市と呼べるものが存在しなかった。そこで、聖ヨハネ修道会士たちは、ビルグ湾に聖アンジェロ城砦と聖ミカエル城砦を造営した。そして、彼らの胃袋を支えるための穀物等の食糧は、シチリアから無税で融通されることとなった。

これらのことを可能としたのは、修道会に島を貸与した神聖ローマ皇帝カール五世（スペイン国王カルロス一世）からの支援であった。しかし、このことが一つの問題を生み出した。元来、総長や修道会士の多くはフランス出身であったが、当時はカールとフランス国王フランソワ一世が激しく相争っているさなかであった。カールへの依存度の高さは、一五三六年にアラゴン出身のファン・デ・ホメデス・イ・コスコンが総長に就任したことに表れている。一七年におよぶファンの総長期に、聖ヨハネ修道会のいわばスペイン化が進むこととなった。

なお、一五四五年から一五六三年までの長期におよんでトレント公会議が開催され、その中でいわゆる対抗宗教改革（カトリック教会内部の刷新運動）が展開されることとなった。聖ヨハネ修道会も改革を迫られてより宗教的な生活を求められるようになったものの、キリスト教世界の防衛という本質的な職務ゆえに、例外扱いとなった。

マルタ包囲戦

ロドスを追われた後の聖ヨハネ修道会の軍事活動は、その屈辱を晴らすかのように積極的に展開された。マルタへの引っ越しの前に、オスマン朝による一五二九年の第一次ウィーン包囲の防衛戦にも参加した。一五三一年にはオスマン朝に奪われたヴェネツィア領のモドンやコロンへの攻撃にも加わり、翌年のコロン奪還に大きく貢献した。一五三八年九月二八日のプレヴェザの戦いでは、スペイン、ヴェネツィア、ジェノヴァ、教皇庁、聖ヨハネ修道会からなる神聖同盟がオスマン海軍に敗北するものの、聖ヨハネ修道会はその後もコリントを攻撃するなど活動を継続した。このようにギリシア世界における活動が目立つが、一五三五年の神聖ローマ皇帝カール五世によるチュニス占領や、一五四一年の同じくアルジェ攻撃にも大きく関わっていた。

しかしその一方で、一五五一年には聖ヨハネ修道会に管理を委託されていた北アフリカのトリポリが、オスマン朝によって奪われた。一五六〇年五月のジェルバ島の戦いで、スペイン、ナポリ、教皇庁、聖ヨハネ修道会の連合軍がオスマン海軍に敗北を喫して同島を失って以降、頼みの綱であったスペイン国王フェリペ二世（一五五六年に父カルロス一世より継承）は対オスマン朝戦に消極的になっていった。後ろ盾を失うまではいかずとも、聖ヨハネ修道会は大きな柱を失った。

そして一五六五年、オスマン朝スルタンのスレイマン一世が、ラーラ・ムスタファ・パシャとピヤーレ・パシャを艦隊長とする大艦隊をマルタに向けた。事前にオスマン軍襲来の報を受けていた聖ヨハネ修道会総長ジャン・パリゾ・ド・ヴァレットは、急ぎ聖アンジェロ城砦、聖ミカエル城砦、聖エルモ城砦などの防備強化を行い、侵攻に備えた。五月にマルタ沖に到達した大艦隊は、総艦隊長トゥルグト・レイスの到着を待つ手はずとなっていたが、ライバル関係にあったラーラ・ムスタファ・パシャとピヤーレ・パシャのうち、後者が先走って聖エルモ城砦に攻撃を仕掛けた。このことがマルタ攻略を難しいものにした。その後にトゥルグトが到着するも、六月一八日に深手を負って死去した。それでも、数の上で圧倒的に有利なオスマン軍の攻撃は続いたが、

写真14－3　ヴァレッタの聖エルモ城砦（著者撮影）

写真14－4　ヴァレッタの南方に位置するセングレアに建造された「1565年の血の勝利記念（MONUMENTUM INSIGNIS VICTORIAE A.D. MDLXV）」教会（著者撮影）

九月七日になってようやくドン・ガルシア・デ・トレド率いるスペイン艦隊が援軍として駆けつけた。そして、九月一一日、オスマン軍はマルタから撤退した。

マルタ包囲戦は、それを凌いだ聖ヨハネ修道会の名声と威光を一気に高め、かつてないほどの人材と財産がマルタにもたらされた。その中で特記すべきは、聖ステファーノ騎士修道会からの支援であった。一五六二年にトスカーナ大公コジモ一世・デ・メディチによって創設された聖ステファーノ騎士修道会は、海軍士官の育成と優れた軍船の建造を特徴とする組織であった。聖ヨハネ修道会に提供されたのは主として優れたノウハウを持つスタッフであったが、それが聖ヨハネ修道会の海軍力を高めたのは言うまでもない。

写真14－5　オスマン朝軍を退けた後に、総長の名前を関した都市ヴァレッタの建造が本格的に始まり、総長の宮殿も建造された（著者撮影）

レパントの海戦

レパントの海戦についてはすでに記したが、ここでも簡単に触れておこう。

オスマン海軍がマルタ包囲戦で被った損害は小さくなかったが、それから五年後の一五七〇年には、ララ・ムスタファ・パシャとピヤーレ・パシャの艦隊が今度はキプロス島を襲撃した。ヴェネツィア領キプロスは、ファマグスタを残すのみまでに追い込まれた。同じころ、陸上においてもオスマン朝による、ペロポネソス半島やバルカン半島のヴェネツィア領への侵攻が始まった。これに対して、教皇ピウス五世の呼びかけにより十字軍特権を伴った神聖同盟が結成された。

教皇庁、スペイン、ヴェネツィア、ジェノヴァ、聖ヨハネ修道会などからなる同盟軍の総指揮官には、神聖ローマ皇帝カール五世の庶子ドン・ファン・デ・アウストリアが任命された。トスカーナ大公コジモ一世も、五隻の船と一〇〇〇人の騎士からなる聖ステファーノ騎士修道会を送り込んだ。サヴォワ公エマヌエル・フィリベール（エマヌエーレ・フィリベルト）も、自らを総長とする聖モーリス（マウリツィオ）騎士修道会を率いて参戦した。

一五七一年九月、すでにキプロスは陥落していたが、同盟軍が出航した。そして、一〇月七日、レパントの海戦において、同盟軍が勝利した。ヨーロッパ世界はこの勝利に歓喜した。わずか三隻の船での参戦ではあったが、聖ヨハネ修道会の名声も高めた。しかし、一五七三年、ヴェネツィアが同盟軍から離脱して単独でオスマン朝と和平を結ぶと、同盟自体も解体した。ヴェネツィアは正式にキプロスをオスマン朝に譲渡した。

レパントの海戦には勝利したものの、ヨーロッパ世界が物理的に得たものはほとんどなかった。その後も聖ヨハネ修道会は、例えば一六一一年のコリント攻撃など、一七一八年まで東地中海世界での活動を継続するものの、その後は西地中海世界に活躍の場を移していった。

私掠船の活用

聖ヨハネ修道会による私掠船の活用は、ロドスに本部が置かれていたときからすでに見られるものの、一五八〇年以降にその割合が増加していく。当然のことながら、聖ヨハネ修道会と契約を交わす私掠船はキリスト教徒が所有するものに限定され、攻撃対象も非キリスト教徒に限定された。ただし、ムスリムとの交易禁止という禁令を破ったキリスト教徒の船は攻撃対象となりえた。実際に、これが理由となってヴェネツィア船がしばしば攻撃された。しかし、それは外交問題や、ひいては戦争を導いた。

そもそも上記の禁令は一二世紀以来、教皇庁が断続的に発してきたものだが、それを厳守しようとしすぎた聖ヨハネ修道会に対して、一五八五年に教皇シクストゥス五世はキリスト教国家の港を出航したいかなる船に対しても攻撃することを禁ずる勅令を発するに至った。

さて、私掠船と聖ヨハネ修道会との間の契約は、略奪品や捕虜の保釈金の一割を修道会が受け取る、すなわち、九割が私掠船保有者のものとなる、という私掠船側にとって魅力的なものであり、多くの私掠船をマルタに惹きつけた。加えて、マルタ駐在の各国の外交官たちもそれぞれに私掠船を活用した結果、マルタはまさに私掠船の巣窟となった。

このようにして海軍力を増強した聖ヨハネ修道会は、散発的ではあるが北アフリカ沿岸部を攻撃した。例えば一七世紀前半においては、一六〇六年にはマオメッタ（現ハンマメット）、一六一九年にはスーサ（現スース）、一六一一年にはケルケナ諸島、一六三九年とその翌年にはトリポリおよびラ・ゴレッタ（現ラ・グレット）と、チュニジア周辺を襲撃して略奪を行った。少なくない収穫を得た聖ヨハネ修道会は、一六五一年にはカリブ海の島々を購入するなど、アメリカ方面にも勢力を拡大しようと目指した。この試みは一六六五年には潰えるものの、一七世紀半ばまでは聖ヨハネ修道会は主体的に対外進出を果たしていた。

国際的な国家間協定と私掠活動の抑制

聖ヨハネ修道会と契約した私掠船主の出身地はさまざまであったが、現地のマルタ人の所有する船の約四〇パーセントが同修道会の旗の下で私掠船として活動した。聖ヨハネ修道会のマルタへの本部移転が現地に戦乱をもたらしたことは言うまでもない。また、原則としてマルタ人は修道会への入会が禁じられており、したがって政治的に活動する機会を与えられなかった。しかし、聖ヨハネ修道会が一部のマルタ人に富をもたらしたのも事実であり、その結果としてマルタ人の貴族層も形成された。公的にではないにせよ、彼らの発言は修道会による島の運営にある程度の影響力を持ちえた。総合的に見ると、修道会とマルタ人との関係はおおむね良好であったと言えよう。

一六四四年、マルタ人の私掠船が島の近海でオスマン朝のガレオン船を拿捕し、ヴェネツィア支配下のクレタへと連行して係留するという出来事が起こった。これはオスマン朝に報復という口実を与えてしまい、翌一六四五年にクレタ攻撃が始まった。このいわゆる第五次オスマン・ヴェネツィア戦争において、聖ヨハネ修道会もヴェネツィア側に立って参戦した。しかし、一六六九年、ヴェネツィアはクレタからの撤退を決定し、このたびの戦いは終わった。

その後も、第六次オスマン・ヴェネツィア戦争（第一次モレア戦争、一六八四～一六九九年）、第七次オスマン・ヴェネツィア戦争（第二次モレア戦争、一七一四～一七一八年）でも聖ヨハネ修道会はヴェネツィアをサポートし、オスマン朝の海軍と戦った。しかし、一七二三年のダミエッタ近海における衝突を最後に、聖ヨハネ修道会がオスマン朝の正規海軍と戦うことはなくなる。最大の阻害要因は、フランスがオスマン朝の船にパスポートを付与することで、その航行を保全したことであった。

そもそも、教皇庁は聖ヨハネ修道会による私掠船の活用を快く思っていなかった。一七三二年、教皇クレメンス一二世は、修道会に私掠船の利用を控えるよう命ずるとともに、マルタを拠点とするすべての私掠船を適切に監視するように命じた。これによって修道会は私掠船の使用を停止したわけではなかったが、また異なる側面からその規模を縮小せざるをえなくなった。

一七五四年、ヴェネツィアが駐在大使をマルタに常駐させることを決定すると同時に、両者間の交易活動が活性化した。ヴェネツィアは、さらに北アフリカとの交易も活性化させるために、一七六三年にはアルジェやチュニスと、一七六四年にはトリポリと、そして一七六五年にはモロッコと和平を締結した。一六世紀以来、聖ヨハネ修道会は、これらの町や地域を拠点とするいわゆるバルバリア海賊と、私掠船を駆使して戦っていたが、ヴェネツィアの経済活動重視政策は、聖ヨハネ修道会による私掠船の活用を大きく制約することとなった。

一八世紀半ば以降、聖ヨハネ修道会の正規海軍の活動もいくつか確認することができる。例えば、一七五二年と一七七〇年のフランス軍によるチュニス攻撃、一七七二年、一七七五年、一七八三年、そして一七八四年のスペイン軍によるアルジェ攻撃に参加した。しかし、聖ヨハネ修道会単独での軍事活動はほぼ見られず、その活動の中心は海上保全のためのパトロールとなってい

写真14－6　17世紀には、オスマン朝軍や海賊からの侵攻に備えてゴゾ島に大城塞が造営された（著者撮影）

った。

フランス革命の影響

上記のとおり、聖ヨハネ修道会はマルタ人の入会を禁止していた。さらに、一八世紀に入るころより、修道会への入会資格を貴族に限定するなどして閉鎖性を高めていった。これによって、幅広い社会層からのリクルートは遮断されることとなった。

その一方で、入会資格としてカトリックであることを厳格には維持しなかった。その結果、イングランド王国やアメリカ合衆国、さらにはロシア帝国の出身者までもが、貴族層であれば入会可能となった。軍事活動の規模縮小や頻度低下による戦死者数の減少とあいまって、一六三五年には一七一五人であった修道会士の数は、一七四〇年には二二四〇人にまで増加した。異教徒と戦うという名誉よりも、聖ヨハネ修道会士になるという栄誉が同修道会の存続を支えていた。

しかし、一七八九年に起こったフランス革命が状況を一変させた。一七九〇年五月の国民議会による教会財産国有化の実施は、財源の一部を一〇分の一税に依存していた聖ヨハネ修道会を苦しめた。そして決定的であったのは、一七九二年に国民公会がフランス共和国内の聖ヨハネ修道会の全財産を没収したことである。フランス内の管区の収益が全収益の半分を占めていたために、これは聖ヨハネ修道会にとって非常に大きな痛手であった。これに留まらず、フランス革命の余波は他国にも及び、スイスやイタリアなどでも修道会の財産没収の決定がなされた。

一七九三年、マルタに降り立ったフランス共和国の外交官は、聖ヨハネ修道会を「信仰と貴族たちの自尊心に選ばれた恥ずべき遺物」と、アンシャン・レジーム（旧体制）の体現として罵倒した。そして同年、フランス国王ルイ一六世が処刑されたことにより、聖ヨハネ修道会は最大の後ろ盾を失った。共和国外交官のマルタ訪問は、国王を失ってもフランスの影響下に留まるようにとの威嚇行為でもあった。地中海の要衝であるマルタには、イギリスやロシアも目をつけていたからである。ヨーロッパの大国の間で板挟みになった聖ヨハネ修道会が選択したのは、中立であった。

このような危機的な状況の中で、時の総長エマヌエル・デ・ロアン＝ポルデュクは総長の権限の拡大を目指し、マルタ司教を修道会の監督下に置こうと試みた。これは修道会の解体を脅し文句とした教皇ピウス六世によって阻止されるものの、エマヌエルは一度は消滅していたイングランド＝バイエルンの「言語」を復活させ、一七九七年にはロシアにサンクトペテルブルクを拠点とする大管区を設置して修道会の基盤の拡大に努めた。

同年七月一四日のエマヌエルの死を受けて、次期総長にはフェルディナント・フォン・ホンペシュ・ツ・ボルハイムが選出された。長い聖ヨハネ修道会の歴史の中で、初めてのドイツ人総長であった。長らく神聖ローマ帝国駐在の外交官を務めた彼の総長選出は、エマヌエルの目指した脱フランス政策の延長線上のことであった。

ナポレオンによるマルタ占領と十字軍の終焉

一七九八年、ナポレオン・ボナパルトの率いる二万九〇〇〇人の軍勢が、エジプト遠征の道中、マルタ沖に現れた。すでに危険を察知していた聖ヨハネ修道会総長フェルディナントは、イギリスのホラーショ・ネルソン提督に援軍要請を行っていたが、間に合わなかった。

六月九日にナポレオンはマルタへの入港を打診したが、同時に四隻までしか入港許可が与えられない旨でフェルディナントは応えた。これに激怒したナポレオンは攻撃を開始した。約三〇〇人の騎士修道士のうちの二〇〇人がフランス出身者であり、彼らはフランス共和国の手先としてのナポレオンとの徹底抗戦を訴えた。しかし、現地人であるマルタ人の貴族たちは降伏を望んだ。上記のとおり、彼らは政治的な決定権を有さなかったが、総長の結論に大きな圧力をかけるだけの力は有していた。最終的には、同月一七日、フェルディナントは降伏を選択した。

洗礼者ヨハネの腕を中心とする、聖ヨハネ修道会所有の聖遺物のみが持ち出しを許可された。聖遺物はフランスの三色旗を掲げたオリエント号に積載されたが、オリエント号は時すでに遅くしてやってきたネルソン提督によって撃沈されてしまった。

聖ヨハネ修道会のマルタ島の喪失は、結果的にではあるが、永続的十字軍特権を付与された聖ヨハネ修道会の解体をもたらし、したがって、約七〇〇年に及んだ十字軍運動の終焉をもたらした。

その後の聖ヨハネ修道会

ただし、聖ヨハネ修道会自体は、その後も形を変えて現在に至る。以下、エピローグ的に概観しておこう。

各地に生き残っていた修道士や女子修道士たちは、一七九八年九月、かつて総長エマヌエル・デ・ロアン＝ポルデュクが設立したロシア大管区に本部を移し、ロシア皇帝パーヴェル一世を総長として選出した。この段階で聖ヨハネ修道会は軍事的な職務を放棄し、病人の看護などの慈善的な活動に特化した集団となった。

一八〇一年にパーヴェルが死去すると、ロシア皇帝位は息子のアレクサンドル一世に移り、総長の職務も彼が継承する手はずとなっていた。しかし、アレクサンドルは自身の総長就任を拒否し、教皇ピウス七世に新たな総長の選出が委ねられた。一八〇三年、ピウスはイタリア人貴族のジョヴァンニ・バッティスタ・トマッシを総長に任命し、本部も彼の活動拠点であるシチリア島（カターニアおよびメッシーナ）に移された。一八〇五年のジョヴァンニの死後、総長職は約八〇年の空位期間を迎えるが、その間に本部もフェッラーラ、そして一八三四年にローマに移された。現在においても、聖ヨハネ修道会の本部はローマに置かれ続けている。

あとがき

本書ではさまざまな地域の十字軍国家の歴史を見てきたが、このような試みは日本においては初めてのことであろう（管見の限りにおいては、欧米においても本書のような構成を持った書籍はないと思われる）。したがって、本書が目指したのは、十字軍国家史について考えるうえで、まずは基本的であると考えられる情報を、努めて簡略に提供することである。その結果として、記述の大部分を占めるのは各十字軍国家の政治的、とりわけ外交的・軍事的な側面、すなわち社会の上層部に関連するものとなった。逆に見れば、社会・文化・農業・産業・経済などといった、社会の中・下層部をも含む側面に関するものは、ごく簡単にしか、あるいはまったく触れることができなかった、ということとなる。

言うまでもなく、十字軍国家の全体像を得ようとするのであれば、これらに関する情報をも総合して考えなくてはならない。近年においては、考古学的研究が、従来型の文献史学を大きく超える成果を挙げていることを特記しておきたい。

もし、本書を契機としてさらなる探求心の芽生えた方がおられたら、その近年の考古学的成果も幾つか含む、主要参考文献として掲載した書物を手に取っていただきたい。さらにそこから、十字軍国家史研究を志す方が現れてくれれば、著者にとっては望外の喜びである。

二〇二三年五月

櫻井康人

Id., *The Prussian Crusade* (Washington D.C.: University Press of America, 1980).
Id., *The Samogitian Crusade* (Decatur: Lithuanian Research and Studies Center, 1989).

アンドリュー・ジョティシュキー（森田安一訳）『十字軍の歴史』（刀水書房、2013年）。
櫻井康人『図説　十字軍』（河出書房新社、2019年）。
同『十字軍国家の研究——エルサレム王国の構造』（名古屋大学出版会、2020年）。

【図版出典】

写真1－2　Maarten Seppによる。https://commons.wikimedia.org/wiki/File:Monastery_of_St_Simeon_Stylites_the_Younger_3.jpg／**写真1－3**　Gerd Eichmannによる。https://commons.wikimedia.org/wiki/File:Church_of_the_Holy_Sepulchre_by_Gerd_Eichmann_(cropped).jpg／**写真2－1**　Liorcaによる。https://commons.wikimedia.org/wiki/File:6.10.17_-%D7%94%D7%9E%D7%A6%D7%95%D7%93%D7%94_%D7%9E%D7%A6%D7%A4%D7%95%D7%9F.jpg／**写真2－2**　Bernard Gagnonによる。https://commons.wikimedia.org/wiki/File:Montreal_Castle_02.jpg／**写真4－1**　Bukvoedによる。https://commons.wikimedia.org/wiki/File:Ateret-S-164.jpg／**写真4－4**　AVRAM GRAICERによる。https://commons.wikimedia.org/wiki/File:%D7%A7%D7%A8%D7%A0%D7%99_%D7%97%D7%99%D7%98%D7%99%D7%9F.jpg／**写真5－2**　אסף.צによる（一部をトリミング）。https://commons.wikimedia.org/wiki/File:Athlit_fortress_6.JPG／**写真6－1**　Gianfranco Gazzetti/GARによる。https://commons.wikimedia.org/wiki/File:KRAK_DES_CHEVALIERS_-_GAR_-_6-00.jpg／**図7－1**　Berman, A. (ed.), Malloy, A., Preston, I. and Seltman, A., *Coins of the Crusader States 1098–1291* (New York: Berman Publications, 1994), p. 284, 286より引用。／**写真補2－1**　Zeynel Cebeciによる。https://commons.wikimedia.org/wiki/File:2Walls_View,_Kozan_Castle_02.JPG／**写真補2－2**　Klaus-Peter Simonによる。https://commons.wikimedia.org/wiki/File:TheaterElaiussa2011.jpg

Housley, N., *The Later Crusades, 1274–1580: From Lyons to Alcazar* (Oxford: Oxford University Press, 1992).

Id., *Crusading & the Ottoman Threat, 1453–1505* (Oxford: Oxford University Press, 2012).

Kedar, B., Mayer, H. and Smail, R. (eds.), *Outremer: Studies in the History of the Crusading Kingdom of Jerusalem* (Jerusalem: Yad Izhak Ben-Zvi Institute, 1982).

Köhler, M. (Holt, P. (tra.) and Hirschler, K. (intro.)), *Alliances and Treaties between Frankish and Muslim Rulers in the Middle East: Cross-Cultural Diplomacy in the Period of the Crusades* (Leiden/Boston: Brill, 2013).

Laiou, A. and Mottahedeh, R. (eds.), *The Crusades from the Perspective of Byzantium and the Muslim World* (Washington, DC: Dumbarton Oaks Research Library and Collection, 2001).

Lock, P., *The Franks in the Aegean, 1204–1500* (London/New York: Longman, 1995).

Loenertz, R., *Les Ghisi: Dynastes vênitiens dans l'Archipel, 1207–1390* (Firenze: Leo S. Olschki Editore, 1975).

Murray, A. (ed.), *Crusade and Conversion on the Baltic Frontier 1150–1500* (Aldershot: Ashgate, 2001).

Id. (ed.), *The Crusades: An Encyclopedia*, 4 vols. (Santa Barbara: ABC-Clio, 2006).

Nicholson, H., *Templars, Hospitallers and Teutonic Knights: Images of the Military Orders, 1128–1291* (Leicester/London/New York: Leicester University Press, 1995).

Id., *The Knights Hospitaller* (Woodbridge: The Boydell Press, 2001).

Prawer, J., *The Latin Kingdom of Jerusalem* (London: Weidenfeld and Nicolson, 1972), rep., *The Crusaders' Kingdom: European Colonialism in the Middle Ages* (London: Weidenfeld and Nicolson, 2001).

Id., *Crusader Institutions* (Oxford: Oxford University Press, 1980).

Riley-Smith, J., *What Were the Crusades?* (London: Palgrave Macmillan, 1977).

Id., *The Crusades: A Short History* (London: Athlone, 1987).

Id., *The Atlas of the Crusades* (New York: Facts on File, 1990).

Id. (ed.), *The Oxford Illustrated History of the Crusades* (Oxford: Oxford University Press, 1995).

Setton, K., *Catalan Domination of Athens*, 1311–1388 (Cambridge (Massachusetts): Mediaeval Academy of America, 1948)

Id. (general ed.), *A History of the Crusades*, 6 vols. (Madison: University of Wisconsin Press, 1969–1989).

Id., *The Papacy and the Levant, 1204–1571*, 4 vols. (Philadelphia: American Philosophical Society, 1976–1984).

Urban, W., *The Baltic Crusade* (DeKalb: Northern Illinois University Press, 1975).

主要参考文献

紙幅の都合上、一次史料は割愛した。二次資料となる外国語文献についても、重要かつさらなる探求に有益であると思われる英語文献に限定した。

Abulafia, D. and Berend, N.（eds.）, *Medieval Frontiers: Concepts and Practices*（Aldershot: Ashgate, 2002）.

Andrea, A., *Encyclopedia of the Crusades*（Westport: Greenwood Press, 2003）.

Arbel, B., Hamilton, B. and Jacoby, D.（eds.）, *Latins and Greeks in the Eastern Mediterranean after 1204*（London/New York: Routledge, 1989）.

Asbridge, T., *The Creation of the Principality of Antioch, 1098–1130*（Woodbridge: Boydell & Brewer Ltd, 2000）.

Atiya, A., *The Crusade in the Later Middle Ages*（London: Methuen Co. Ltd., 1938）.

Benvenisti, M., *The Crusaders in the Holy Land*（Jerusalem: Israel Universities Press, 1970）.

Boase, T.（ed.）, *The Cilician Kingdom of Armenia*（Edinburgh/London: Scottish Academic Press, 1978）.

Bull, M. and Housley, N.（eds.）, *The Experience of Crusading: Vol. 1 Western Approaches*（Cambridge: Cambridge University Press, 2003）.

Chahin, M., *The Kingdom of Armenia*（New York: Dorset Press, 1987）.

Christie, N., *Muslims and Crusaders: Christianity's Wars in the Middle East, 1095–1382, from the Islamic Sources*（London: Routledge, 2014）.

Edbury, P., *The Kingdom of Cyprus and the Crusades, 1191–1374*（Cambridge: Cambridge University Press, 1991）.

Ellenblum, R., *Frankish Rural Settlement in the Latin Kingdom of Jerusalem*（Cambridge: Cambridge University Press, 1998）.

Ghazarian, J., *The Armenian Kingdom in Cilicia during the Crusades: The Integration of Cilician Armenians with the Latins, 1080–1393*（London/New York: Routledge Curzon, 2000）.

Hamilton, B., *The Latin Church in the Crusader States: The Secular Church*（London: Variorum Publications, 1980）.

Hill, G., *A History of Cyprus*, 4 Vols.（Cambridge: Cambridge University Press, 1948–1952）.

	ユーグ・ド・ルヴェル	1258–77
	ニコラ・ロルニュ	1277–85
リマソル	ジャン・ド・ヴィリエ	1285–94
	ウード・デ・パン	1294–96
	ギヨーム・ド・ヴィラレ	1296–1305
	フルク・ド・ヴィラレ	1305–19
	エリオン・ド・ヴィルヌーヴ	1319–46
	デュードネ・ド・ゴゾン	1346–53
	ピエール・ド・コルネヤン	1353–55
	ロジェ・デ・パン	1355–65
	ライムンド・ベレンゲル	1365–74
	ロベール・ド・ジュイイ	1374–77
	フアン・フェルナンデス・デ・エレディア（アヴィニョン教皇グレゴリウス11世より任命）	1377–96
	リッカルド・カラッチョーロ（ローマ教皇ウルバヌス6世より任命）	1383–95
ロドス	フィリベール・ド・ナイヤック	1396–1421
	アントニ・デ・フルビア	1421–37
	ジャン・ド・ラスティク	1437–54
	ジャック・ド・ミイイ	1454–61
	ペレ・ラモン・サコスタ	1461–67
	ジョヴァンニ・バッティスタ・オルシーニ	1467–76
	ピエール・ドービュッソン	1476–1503
	エメリー・ダンボワーズ	1503–12
	ギー・ド・ブランシュフォール	1512–13
	ファブリツィオ・デル・カルレット	1513–21
	フィリップ・ヴィリエ・ド・リラダン	1521–34
	ピエロ・デ・ポンテ	1534–35
	ディディエ・ド・サント＝ジャル	1535–36
	フアン・デ・ホメデス・イ・コスコン	1536–53
	クロード・ド・ラ・サングル	1553–57
	ジャン・パリゾ・ド・ヴァレット	1557–68

	ピエトロ・デル・モンテ	1568–72
	ジャン・レヴェック・ド・ラ・カシエール	1572–81
	ユーグ・ルーバン・ド・ヴェルダル	1581–95
	マルティン・ガルセス・マルシッラ	1595–1601
	アロフ・ド・ヴィニャクール	1601–22
	ルイス・メンデス・デ・バスコンセロス	1622–23
	アントワーヌ・ド・ポール	1623–36
	ジョヴァンニ・パオロ・ラスカリス	1636–57
	マルティン・デ・レディン	1657–60
	アネット・ド・クレルモン＝ジェッサン	1660
マルタ	ラファエル・コトネル・イ・ドレーサ	1660–63
	ニコラウ・コトネル・イ・ドレーサ	1663–80
	グレゴリオ・カラファ	1680–90
	アドリアン・ド・ヴィニャクール	1690–97
	ラモン・ラバサ・デ・ペレロス	1697–1720
	マルカントニオ・ゾンダダーリ	1720–22
	アントニオ・マヌエル・デ・ビリェナ	1722–36
	ラモン・デスプチ・イ・マルティネス・デ・マルシッラ	1736–41
	マヌエル・ピント・ダ・フォンセカ	1741–73
	フランシスコ・ヒメネス・デ・テハダ	1773–75
	エマヌエル・デ・ロアン＝ポルデュク	1775–97
	フェルディナント・フォン・ホンペシュ・ツ・ボルハイム	1797–99
以降は略		

ドイツ騎士修道会総長一覧

本部	総長	在職期間
アッコン	ハインリヒ・ヴァルポット・フォン・バッセンハイム	1198-1200
	オットー・フォン・ケルペン	1200-08
	ハインリヒ・フォン・トゥンナ	1208-09
	ヘルマン・フォン・ザルツァ	1209-39
	コンラート・フォン・テューリンゲン	1239-40
	ゲルハルト・フォン・マルベルク	1240-44
	ハインリヒ・フォン・ホーエンローエ	1244-49
	ギュンター・フォン・ヴュレルスレーベン	1249-52
	ポッポ・フォン・オステルナ	1252-56
	アンノー・フォン・ザンゲルスハウゼン	1256-73
	ハルトマン・フォン・ヘルトルンゲン	1273-82
	ブルヒャルト・フォン・シュヴァンデン	1283-90
ヴェネツィア	コンラート・フォン・フォイヒトヴァンゲン	1290-97
	ゴットフリート・フォン・ホーエンローエ	1297-1303
	ジークフリート・フォン・フォイヒトヴァンゲン	1303-11
	カール・フォン・トリーア	1311-24
	ヴェルナー・フォン・オルセルン	1324-30
	ルター・フォン・ブラウンシュヴァイク	1331-35
	ディートリヒ・フォン・アルテンブルク	1335-41
マリエンブルク	ルドルフ・ケーニヒ・フォン・ヴァッツァウ	1342-45
	ハインリヒ・ドゥーゼマー	1345-51
	ヴィンリヒ・フォン・クニップローデ	1351-82
	コンラート・ツェルナー・フォン・ローテンシュタイン	1382-90
	コンラート・フォン・ヴァーレンローデ	1391-93
	コンラート・フォン・ユンギンゲン	1393-1407
	ウルリヒ・フォン・ユンギンゲン	1407-10
	ハインリヒ・フォン・プラウエン	1410-13
	ミヒャエル・キュヒマイスター・フォン・シュテルンベルク	1414-22
	パウル・フォン・ルスドルフ	1422-41
	コンラート・フォン・エアリヒスハウゼン	1441-49
ケーニヒスベルク	ルートヴィヒ・フォン・エアリヒスハウゼン	1450-67
	ハインリヒ・ロイス・フォン・プラウエン	1467-70
	ハインリヒ・レフレ・フォン・リヒテンベルク	1470-77
	マルティン・トゥルフゼス・フォン・ヴェッツハウゼン	1477-89
	ヨハン・フォン・ティーフェン	1489-97
	フリードリヒ・フォン・ザクセン	1497-1510
	アルブレヒト・フォン・ブランデンブルク＝アンスバハ	1510-25
以降は略		

聖ヨハネ修道会総長一覧（ただし「総長」の称号が用いられるのは1447年以降）

本部	総長	在職期間
エルサレム	福者ジェラール（正式認可は1113年）	1099-1118
	レーモン・デュ・ピュイ	1118-60
	オージェ・ド・バルバン	1160-63
	ジルベール・ダッサイイ	1163-69
	ユベール・ド・シリ	1169
	ガストーヌ・ド・ムロル	1170-72
	ユベール・ド・シリ（再任）	1172-77
	ロジェ・ド・ムラン	1177-87
	エルマンガル・ダスプ	1187-90
アッコン	ガニエ・ド・ナブルス	1190-92
	ジョフロワ・ド・ドンジョン	1193-1202
	アフォンソ・デ・ポルトガル	1202-06
	ジョフロワ・ル・ラ	1206-07
	ガラン・ド・モンテギュ	1207-28
	ベルトラン・ド・テシ	1228-31
	ゲラン・レブラン	1231-36
	ベルトラン・ド・コンプ	1236-40
	ピエール・ド・ヴィエイユ＝ブリド	1240-42
	ギヨーム・ド・シャトーヌフ	1242-58

グィレルモ2世（シチリア国王フェデリーコ2世の子）	1317-38（1319年よりネオパトラス公兼任）	マリア・アルヴァレス・デ・ヘリカ	
ランダッツォ公ジョヴァンニ2世（シチリア国王フェデリーコ2世の子）	1338-48（ネオパトラス公兼任）	チェザリーナ・ランチャ（カルタニッセッタ伯ピエトロの娘）	
フェデリーコ1世（ランダッツォ公ジョヴァンニ2世の子）	1348-55（同上）		
シチリア国王フェデリーコ3世	1355-77（同上）	コンスタンサ（アラゴン国王ペドロ4世の娘）	
		アントワネット（アンドリア公フランソワ・デ・ボーの娘）	
シチリア国王マリア	1377-90（ネオパトラス公兼任、アテネ公位は1388年に失う）	マルティン（アラゴン国王マルティン1世の子）	
アラゴン国王ペドロ4世	1381-87（マリアとの共同統治）	マリア（ナバラ国王フアナ2世の娘	
		レオノール（ポルトガル国王アフォンソ4世の娘）	
		エレオノーラ（シチリア国王ピエトロ2世の娘）	
		シビラ（フルティアー領主ベレンゲルの娘）	
アラゴン国王フアン1世	1387-90（同上）	マルト（アルマニャック伯ジャン1世の娘）	
		ヨランド（バル公ロベール1世の娘）	
ネリオ1世・アッチャイオーリ	1388-94（1390年よりネオパトラス公兼任、正式認可は91年、93年に同公国消滅）	愛妾	
フランチェスカ・アッチャイオーリ	1394-95		
ヴェネツィア共和国	1395-1402		
アントニオ1世・アッチャイオーリ	1402-35（正式認可は1405年）	マリア・メリッセーネ	
ネリオ2世・アッチャイオーリ	1435-39	マリア・メリッセーネ	
アントニオ2世・アッチャイオーリ	1439-41	マリア（ボドニツァ辺境伯ニッコロ2世・ゾルジの娘）	
ネリオ2世・アッチャイオーリ（復位）	1441-51	マリア・メリッセーネ	
		キアラ（ボドニツァ辺境伯ニッコロ2世・ゾルジの娘）	
キアラ・ゾルジ	1451-54	バルトロメオ・コンタリーニ（ヴェネツィア商人）	1451-54
フランチェスコ1世・アッチャイオーリ	1451-54		
フランチェスコ2世・アッチャイオーリ	1455-56		
オスマン帝国領へ			

* アルゴスとナフプリオのみ

ターラント侯フィリップ2世	1364–73	マリー（カラブリア公シャルルの娘）	
		エリザベト（スラヴォニア公エティエンヌの娘）	
ナポリ国王ジャンヌ1世	1373–82	カラブリア公アンドレ	
		ターラント侯ルイ1世	
		ジャウメ・デ・マヨルカ（マヨルカ国王ジャウメ3世の子）	
		ブラウンシュヴァイク＝グルーベンハーゲン公オットー	
ジャック・デ・ボー	1382–83	アニュエス（ドゥラッツォ公シャルルの娘）	
ナポリ国王シャルル3世	1383–86	マルグリット（ドゥラッツォ公シャルルの娘）	
ナポリ国王ラディスラス1世	1386–96	コスタンツァ（モニカ兼マルタ伯マンフレーディ3世・キアラモンテの娘）	
		マリー（キプロス国王ジャック1世の娘）	
		レッチェ伯マリア・デンギエン	
ナバラ傭兵団長ペドロ・ボルド・デ・サンスペラーノ	1396–1402	マリア2世・ザッカリア（アカイア侯国の大軍務長官アンドロニコス・アセン・ザッカリアの妹）	1402–04
チェントゥリオーネ2世・ザッカリア	1404–32	？（ケファロニア兼ザンデ伯カルロ1世・トッコの姪）	
モレアス専制侯国に吸収			

アテネ公およびネオパトラス公一覧（ただし「アテネ公」の称号が用いられるのは1260年以降）

公	在位	配偶者	在位
オトン・ド・ラ・ロシュ	1205–25	イザベル（レ・シュル・ソーヌ領主ギーの娘）	
ギー1世・ド・ラ・ロシュ	1225–63	？（ブリュイエール領主家の一員）	
ジャン1世・ド・ラ・ロシュ	1263–80		
ギヨーム1世・ド・ラ・ロシュ	1280–87	ヘレナ・アンゲリナ・コムネナ（ネオパトラス公ヨハネス1世ドゥーカスの娘）	
ギー2世・ド・ラ・ロシュ	1287–1308	アカイア侯マオー・ド・エノー	
ブリエンヌ伯兼レッチェ伯ゴーティエ5世・ド・ブリエンヌ	1308–11	ジャンヌ・ド・シャティヨン（フランス王国軍務長官ゴーシェ5世・ド・シャティヨンの娘）	1311–54*
ブリエンヌ伯兼レッチェ伯ゴーティエ6世・ド・ブリエンヌ	1311–56*	ジャンヌ・ド・ブリエンヌ（ウー伯ラウル1世・ド・ブリエンヌの娘）	
イザベル・ド・ブリエンヌ	1356–60*	アンジャン伯ゴーティエ3世	
ブリエンヌ伯兼アンジャン伯ソイエ2世・ダンジャン	1356–67*	ジャンヌ（コンデ領主ロベールの娘）	
ブリエンヌ伯兼アンジャン伯ゴーティエ7世・ダンジャン	1367–81*		
ブリエンヌ伯兼アンジャン伯ルイ・ダンジャン	1381–94*	ジョヴァンナ（マルシコ伯アントニオ・デ・サンセヴェリーノの娘）	
マンフレーディ（シチリア国王フェデリーコ2世の子）	1312–17		

ターラント侯兼アカイア侯フィリップ2世	1364-74	マリー（カラブリア公シャルルの娘）	
アカイア侯ジャック・デ・ボー	1374-83		
以降は略			

テサロニキ国王一覧

国王	在位	配偶者
ボニファーチョ1世・デル・モンフェッラート	1204-07	エレーナ・デル・ボスコ
		マルギト（ハンガリー国王ベーラ3世の娘）
デメトリオ（1224年以降は称号のみ）	1207-30	
称号は神聖ローマ皇帝兼シチリア国王フリードリヒ2世に遺贈される		

アカイア侯一覧

侯	在位	配偶者	在位
ギヨーム・ド・シャンリット	1205-08		
ジョフロワ1世・ド・ヴィルアルドゥアン	1208-28	イザベル・ド・シャッペ	
ジョフロワ2世・ド・ヴィルアルドゥアン	1228-46	アニュエス（ラテン皇帝ピエール・ド・クルトネーの娘）	
ギヨーム2世・ド・ヴィルアルドゥアン	1246-77	アニュエス（バルザネ領主ナルジョ3世・ド・トゥシーの娘）	
		カリンターナ・デッラ・カルチェッリ（ヴェネツィア人）	
		アンナ・コムネナ・ドゥカイナ（エピロス専制侯ミカエル2世コムネノス・ドゥーカスの娘）	
アンジュー伯シャルル1世	1277-85	ベアトリス（プロヴァンス兼フォルカルキエ伯レーモン・ベランジェ4世の娘）	
		マルグリット（ヌヴェール伯ウードの娘）	
アンジュー伯シャルル2世	1285-89	マーリア（ハンガリー国王イシュトヴァーン5世の娘）	
イザベル・ド・ヴィルアルドゥアン	1289-1307	フィリップ・ダンジュー（アンジュー伯シャルル1世の子）	
		フローラン・ド・エノー	1289-97
		フィリップ1世・ド・サヴォワ	1301-06
ターラント侯フィリップ1世	1307-13	タマル・アンゲリナ・コムネナ（エピロス専制侯ニケフォロス1世・コムネノス・ドゥーカスの娘）	
		カトリーヌ2世（ヴァロワ伯シャルルの娘）	1332-46
マオー・ド・エノー	1313-18	アテネ公ギー2世・ド・ラ・ロシュ	
		テサロニキ国王ルイ・ド・ブルゴーニュ（ブルゴーニュ公兼テサロニキ国王ロベール2世の子）	1313-16
		グラヴィーナ伯ジャン（アンジュー伯シャルル2世の子）（ただし、最終的に婚姻成立せず）	1318-32
ナポリ国王ロベール1世	1318-32	ビオランテ（アラゴン国王ペドロ3世の娘）	
ターラント侯ロベール2世	1346-64		

オーシン	1307-20	ザベル（コリクス領主の娘）	
		イザベル（キプロス国王ユーグ3世の娘）	
		ジャンヌ（ターラント侯フィリップ1世の娘）	
レヴォン4世	1320-41	アリクス（コリクス領主オーシンの娘）	
		コスタンツァ（シチリア国王フェデリコ3世の娘）	
コスタンディン2世	1341-44	カンタクゼーネ（ビザンツ皇帝ヨハネス6世カンタクゼノスの従兄妹）	
		テオドラ（ビザンツ帝国の貴族シルギアネス・パレオロゴスの娘）	
コスタンディン3世	1344-62	マリア（コリクス領主オーシンの娘）	
キプロス国王ピエール1世（名目上）	1362-69	エシーヴ（トロン領主兼キプロス王国軍務長官オンフロワ・ド・モンフォールの娘）	
		レオノラ（リバゴーザ伯ペドロ・デ・アラゴンの娘）	
コスタンディン4世	1362-73	マリア（コリクス領主オーシンの娘）	
レヴォン5世	1374-93	マルグリット（ジャン・ド・ソワッソンの娘）	
キプロス国王ジャック1世（称号のみ）	1393-98	アグネス（バイエルン公シュテファン2世の娘）	
		エルヴィス（ブラウンシュヴァイク＝リューネブルク公フィリップの娘）	
以後、キプロス国王が兼任			

ラテン皇帝一覧

皇帝	在位	配偶者	在位
フランドル伯ボードゥアン9世（ラテン皇帝ボードゥアン1世）	1204-05		
アンリ1世	1206-16	アニェーゼ（テサロニキ国王ボニファーチョ・デル・モンフェッラートの娘）	
		マリーヤ（ブルガリア皇帝ボリルの娘）	
ヨランド	1216-19	ヌヴェール兼オーセール伯ピエール1世・ド・クルトネー	1216-19
ロベール・ド・クルトネー	1219-28	？・ド・ヌーヴィル	
ボードゥアン2世・ド・クルトネー	1228-73	マリー（元エルサレム国王ジャン・ド・ブリエンヌの娘）	
元エルサレム国王ジャン・ド・ブリエンヌ（共同統治）	1229-37	エルサレム国王マリー	
		リタ（キリキアのアルメニア国王レヴォン1世の娘）	
		ベレンガリア（レオン国王アルフォンソ9世の娘）	
フィリップ1世・ド・クルトネー（以降、称号のみ）	1273-83	ベアトリス（アンジュー伯シャルル1世の娘）	
カトリーヌ1世・ド・クルトネー	1283-1308	ヴァロワ伯シャルル	1301-08
カトリーヌ2世・ド・ヴァロワ	1308-46	ターラント侯フィリップ1世	1313-32
ターラント侯兼アカイア侯ロベール2世	1346-64	マリー（ブルボン公ルイ1世の娘）	

ピエール1世	1358-69	エシーヴ（トロン領主兼キプロス王国軍務長官オンフロワ・ド・モンフォールの娘）	
		レオノラ（リバゴーザ伯ペドロ・デ・アラゴンの娘）	
ピエール2世	1369-82	ヴァレンティーナ（ミラノ統治者ベルナボ・ヴィスコンティの娘）	
ジャック1世	1385-98	アグネス（バイエルン公シュテファン2世の娘）	
		エルヴィス（ブラウンシュヴァイク＝リューネブルク公フィリップの娘）	
ヤヌス	1398-1432	アングレシア（ミラノ統治者ベルナボ・ヴィスコンティの娘）	
		シャルロット（ラ・マルシュ伯ジャン1世の娘）	
ジャン2世	1432-58	アマデア（モンフェッラート辺境伯ジョヴァンニ・ジャコモ・パレオロゴの娘）	
		ヘレナ・パレオロギナ（モレアス専制侯テオドロス2世パレオロゴスの娘）	
		マリエット〔非合法婚〕	
シャルロット	1458-64	ジョアン・デ・コインブラ（コインブラ公ペドロの子）	
		ジュネーヴ伯ルイ・ド・サヴォワ	1459-64
ジャック2世	1464頃-73	カタリーナ・コルナーロ	1473-89
ジャック3世	1473-74		
以降、ヴェネツィア共和国領			

キリキアのアルメニア国王一覧

国王	在位	配偶者	在位
レヴォン1世	1198-1219	イザベル（アンティオキア侯ボエモンド3世の娘）	
		シビーユ（キプロス兼エルサレム国王エメリーの娘）	
ザベル	1219-52	フィリップ（アンティオキア侯ボエモンド4世の三男）	
		ヘトゥム1世（摂政コスタンディン・バベロンの息子）	1226-52共同統治 1252-69単独統治
レヴォン2世	1269-89	ケラン（ランプロン領主ヘトゥムの娘）	
ヘトゥム2世	1289-93		
トロス1世	1293-94	マルグリット（キプロス国王ユーグ3世の娘）	
		？（イルハン朝の貴族の娘）	
ヘトゥム2世（復位）	1294-96		
スムバト	1296-98		
コスタンディン1世	1298-99		
ヘトゥム2世（復位）	1299-1305		
レヴォン3世	1305-07	アニュエス（もしくはマリー）（キプロス国王ユーグ3世の息子のアモーリー・ド・リュジニャンの娘）	

トリポリ伯一覧

伯	在位	配偶者
トゥールーズ伯レーモン4世・ド・サンジル（トリポリ伯レーモン1世）	1102–05	？（フォルカルキエ兼プロヴァンス伯ベルトラン1世の娘）
		マティルデ（シチリア伯ルッジェーロ1世の娘）
		エルビラ（レオン国王兼カスティーリャ国王アルフォンソ6世の娘）
セルダーニュ伯ギヨーム2世	1105–09	
ベルトラン・ド・サンジル	1109–12	エレーヌ（ブルゴーニュ公ウード1世の娘）
ポンス	1112–37	セシル（フランス国王フィリップ1世の娘）
レーモン2世	1137–52	オディエルヌ（エルサレム国王ボードゥアン2世の娘）
レーモン3世	1152–87	ガリラヤ侯エシーヴ・ド・ビュール
レーモン4世（養子、アンティオキア侯ボエモンド3世の長男）	1187–89	トロン領主アリクス（アルメニア国王ルベン3世の娘）
アンティオキア侯ボエモンド4世（養子、アンティオキア侯ボエモンド3世の次男）	1189–1233	プレザンス（ジブレ領主ウーゴ3世・エンブリアコの娘）
		メリザンド（エルサレム国王兼キプロス国王エメリー・ド・リュジニャンの娘）
アンティオキア侯ボエモンド5世	1233–52	アリクス（キプロス国王ユーグ1世の寡婦）
		ルチアーナ・ディ・セーニ
以下、アンティオキア侯が兼任		

キプロス国王（国王の称号は1197年以降）一覧

国王	在位	配偶者	在位
ギー・ド・リュジニャン	1192–94		
エメリー・ド・リュジニャン	1194–1205	エシーヴ（ラムラ領主ボードゥアン・ディブランの娘）	
		エルサレム国王イザベル1世	
ユーグ1世	1205–18	アリクス（エルサレム国王イザベル1世の娘）	
アンリ1世	1218–53	アリーチェ（モンフェッラート辺境伯グリエルモ6世の娘）	
		ステファニー（ランプロン領主コンスタンディンの娘）	
		プレザンス（アンティオキア侯兼トリポリ伯ボエモンド5世の娘）	
ユーグ2世	1253–67	ベイルート伯イザベル・ディブラン	
ユーグ3世	1267–84	イザベル・ディブラン（キプロス王国軍務長官ギー・ディブランの娘）	
ジャン1世	1284–85		
アンリ2世	1285–1324	コスタンツァ（シチリア国王フェデリコ3世の娘）	
ユーグ4世	1324–58	アリクス（ニコシア領主ギー・ディブランの娘）	
		マリー（ヤッファ伯ギー・ディブランの娘）	

エデッサ伯一覧

伯	在位	配偶者
ボードゥアン1世	1098–1100	ゴドヒルド・ド・トニ
		アルダ（エデッサ領主トロスの娘）
		アデライデ・デル・ヴァスト（シチリア伯ルッジェーロ1世の寡婦）
ボードゥアン2世	1100–19	モルフィア（メリテネ領主コーリルの娘）
ジョスラン1世・ド・クルトネー	1119–31	ベアトリス（アルメニア人領主コスタンディン1世の娘）
		マリア（サレルノ侯リッカルドの娘）
ジョスラン2世・ド・クルトネー	1131–59	ベアトリス（ソーヌ領主ギヨームの寡婦）
ジョスラン3世・ド・クルトネー（以降、称号のみ）	1159–90頃	アニュエス（テンプル騎士修道会総長フィリップ・ド・ミイイの娘）
以降、略		

アンティオキア侯一覧

侯	在位	配偶者	在位
ボエモンド1世	1098–1111	コンスタンス（フランス国王フィリップ1世の娘）	
ボエモンド2世	1111–30	アリクス（エルサレム国王ボードゥアン2世の娘）	
コンスタンス	1130–60	レーモン・ド・ポワティエ	1136–49
		ルノー・ド・シャティヨン	1153–60
ボエモンド3世	1160–1201	オルグイユーズ・ダラン	
		テオドラ（もしくはイレーネ）・コムネナ（ビザンツ皇帝マヌエル1世の姪）	
		シビーユ	
		イザベル・ド・ファラベル	
ボエモンド4世	1201–16, 1219–33	プレザンス（ジブレ領主ウーゴ3世・エンブリアコの娘）	
		メリザンド（エルサレム国王兼キプロス国王エメリー・ド・リュジニャンの娘）	
レーモン・ルーベン	1216–19	エルヴィーズ（エルサレム国王兼キプロス国王エメリー・ド・リュジニャンの娘）	
ボエモンド5世	1233–52	アリクス（キプロス国王ユーグ1世の寡婦）	
		ルチアーナ・ディ・セーニ（教皇グレゴリウス9世の従兄妹）	
ボエモンド6世	1251–75	シビラ（キリキアのアルメニア国王ヘトゥム1世の娘）	
ボエモンド7世	1275–87	マルグリート・ド・ボーモン	
ルシー	1287–99	ナルジョ・ド・トゥシー（アンジュー伯シャルル1世およびシャルル2世のアミラートゥス（大艦隊長））	1287–99
以降、略			

十字軍国家支配者一覧

エルサレム国王一覧

国王	在位	配偶者	在位
ゴドフロワ・ド・ブイヨン（聖墳墓の守護者）	1099–1100		
ボードゥアン1世	1100–18	ゴドヒルド・ド・トニ	
		アルダ（エデッサ領主トロスの娘）	
		アデライデ・デル・ヴァスト（シチリア伯ルッジェーロ1世の寡婦）	
ボードゥアン2世	1118–31	モルフィア（メリテネ領主コーリルの娘）	
メリザンド	1131–43	アンジュー伯フルク5世	1131–43
ボードゥアン3世	1143–63	テオドラ・コムネナ（ビザンツ皇帝マヌエル1世コムネノスの姪）	
アモーリー	1163–74	アニュエス・ド・クルトネー（エデッサ伯ジョスラン2世・ド・クルトネーの娘）	
		マリア・コムネナ（ビザンツ皇帝マヌエル1世コムネノスの姪）	
ボードゥアン4世	1174–85		
ボードゥアン5世	1185–86		
シビーユ	1186–90	グリエルモ・デル・モンフェッラート	
		ギー・ド・リュジニャン	1186–90
イザベル1世	1190–1205	トロン領主オンフロワ4世	
		モンフェッラート辺境伯コッラード（ただし即位前に暗殺される）	1192
		シャンパーニュ伯アンリ2世（エルサレム王国「領主」）	1192–97
		キプロス国王エメリー・ド・リュジニャン	1197–1205
マリー	1205–12	ジャン・ド・ブリエンヌ	1210–12
イザベル2世	1212–28	神聖ローマ皇帝兼シチリア国王フリードリヒ2世	1225–28
ドイツ国王兼シチリア国王コンラート4世	1228–54	エリーザベト（バイエルン公兼ライン宮中伯オットー2世の娘）	
シチリア国王コンラーディン	1254–68		
キプロス国王ユーグ3世	1269–84	ベイルート伯イザベル・ディブラン	
アンジュー伯兼シチリア国王シャルル1世（エルサレム国王位継承権の購入による）	1277–85	プロヴァンス伯ベアトリス	
		マルグリット（ヌヴェール伯ウードの娘）	
キプロス国王ジャン1世	1284–85		
キプロス国王アンリ2世	1285–1324	コスタンツァ（シチリア国王フェデリコ3世の娘）	
以降、キプロス国王が兼任			

櫻井康人（さくらい　やすと）
一九七一年、和歌山県生まれ。京都大学大学院文学研究科博士後期課程修了。博士（文学）。三重大学非常勤講師、東北学院大学准教授などを経て、現在は同大学文学部歴史学科教授。専門は西洋中世史、とくに十字軍・十字軍国家史、聖地巡礼史。著書に『図説　十字軍』（河出書房新社）、『十字軍国家の研究――エルサレム王国の構造』（名古屋大学出版会）などが、訳書にロドニー・スターク『十字軍とイスラーム世界』（新教出版社）がある。

筑摩選書 0261

十字軍国家《じゅうじぐんこっか》

二〇二三年八月一五日　初版第一刷発行

著者　櫻井康人《さくらいやすと》
発行者　喜入冬子
発行所　株式会社筑摩書房
東京都台東区蔵前二-五-三　郵便番号　一一一-八七五五
電話番号　〇三-五六八七-二六〇一（代表）
装幀者　神田昇和
印刷製本　中央精版印刷株式会社

 ISBN978-4-480-01775-8 C0322

筑摩選書
0051

フランス革命の志士たち
革命家とは何者か

安達正勝

理想主義者、日和見、煽動者、実務家、英雄——真に世界を変えるのはどんな人物か。フランス革命の志士の生き様から、混迷と変革の時代をいかに生きるかを考える。

筑摩選書
0124

メソポタミアとインダスのあいだ
知られざる海洋の古代文明

後藤 健

メソポタミアとインダス両文明は農耕で栄えた。だが両文明誕生の陰には、知られざる海洋文明の存在があった。物流と技術力で繁栄した「交易文明」の正体に迫る。

筑摩選書
0129

中華帝国のジレンマ
礼的思想と法的秩序

冨谷 至

中国人はなぜ無法で無礼に見えるのか。彼らにとって法や礼儀とは何なのか。古代から近代にいたる過程で中華思想が抱えた葛藤を読み解き、中国人の心性の謎に迫る。

筑摩選書
0240

「笛吹き男」の正体
東方植民のデモーニッシュな系譜

浜本隆志

中世ドイツ・ハーメルンの「笛吹き男」伝説。一三〇名に及ぶ子供たちが突如消えた事件である。「東方植民」の視点から真相に迫り、ドイツ史における系譜を探る。

筑摩選書
0246

ストーンヘンジ
巨石文化の歴史と謎

山田英春

いったい誰が、何のためにつくったのか？ １００以上のブリテン諸島の巨石遺跡を巡った著者が、最新研究をもとにその歴史と謎を整理する。カラー図版多数。